玩微视 赚大钱

WAN WEISHI ZHUAN DA QIAN

佟道奎◎著

北方妇女儿童出版社

长春

图书在版编目（CIP）数据

玩微视，赚大钱/佟道奎著．—长春：北方妇女儿童出版社，2015.1
ISBN 978-7-5385-8604-6

Ⅰ．①玩…　Ⅱ．①佟…　Ⅲ．①网络营销　Ⅳ．①F713.36

中国版本图书馆CIP数据核字(2014)第210683号

出版人　刘　刚
出版统筹　师晓晖
策　　划　慢半拍·马百岗
责任编辑　张晓峰
封面设计　蔡小波
开　　本　787mm×1092mm　1/16
印　　张　18.5
字　　数　280千字
印　　刷　北京盛华达印刷有限公司
版　　次　2015年1月第1版
印　　次　2015年1月第1次印刷

出　　版　北方妇女儿童出版社
发　　行　北方妇女儿童出版社
地　　址　长春市人民大街4646号
邮　编：130021
电　　话　编辑部：0431-86037512
发行科：0431-85640624

定　　价　49.00元

目　录

PART3 抢占先机，打造微视“名”账号

PART4 将“创意”进行到底

PART5 爆红视频全攻略

PART 10 “微”整合，做“微”江湖霸主

推荐序

如果说 2013 年科技界的最后一件大事是 4G 的出现，那么“短视频”就是 2014 年移动端的开门红利。

随着移动互联网、信息传播形式以及媒介融合速度的不断发展，国外短视频市场的比拼早已打得水深火热，Twitter 收购 Vine，Facebook 旗下的 Instagram 迅速增加短视频功能，就验证了这一点。而反观国内市场，2014 年，以腾讯“微视”为代表的移动短视频应用已如雨后春笋般发展起来，短视频产品正随着 4G 网络的发展迎来重要机遇。

《玩微视，赚大钱》这本书，不仅仅是一本教你手把手玩转微视的工具书，更是一本教你在移动短视频爆发下，寻找商业机会的书。正所谓运筹帷幄、决胜千里，在企业参与市场竞争的过程中，历经了读文时代和读图时代，视频营销就是竞争的利器。

视频营销对企业提高竞争力至关重要，但企业要切记，我们不是为了做视频而做视频，由此也就突显了内容的重要性。好的内容基于好的创意，好的创意来源于好点子。实际上，在本书内容中，已经为我们提供了思路，另外，对于个人来说，本书也是非常有用的。例如时下很流行的自媒体、自明星，本书内容都已提及。

总之，《玩微视，赚大钱》是从读者对于移动短视频市场及短视频分享平台的一些主要困惑出发而撰写的一本书，具有相当强的操作性，致力于实现企业及个人营销进程的合理化和效果的最大化。

希望本书能对读者有所启发和帮助！

——腾讯微博事业部总经理兼微视总负责人　邢宏宇

微视来袭，你准备好了吗?

微博 + 微信 = 微营销? No！微视来了，你知道吗?

错过微博、错过微信，还能让自己错过微视吗?

CNNIC 2014 年第 33 次中国互联网络发展状况调查统计报告显示，中国手机网民已达 5 亿，较去年同期提升 6.5%。2014 年第 1 季度，中国移动购物市场交易规模达到 641.9 亿元人民币（如不特别标注，本书所列货币都是人民币），同比增长超过 100%。

有关数据显示，近 6 成 85 后、90 后每天用手机上网超过 3 个小时，甚至有 31.6% 的 85 后、90 后每天会在小小的屏幕上花费 5 个小时以上。可以毫不夸张地说，大多数年轻人已经达到“pHone 在人在，pHone 不在人疯”的境界。

回顾过去，淘宝的到来，使一些草根创业者变身商业巨头；而微博、微信的到来，使一些人的财富发生裂变！如果你关注这个领域，你会发现，像星巴克、小米、7 天、杜蕾斯这类我们熟知的品牌商家，还有靠微商出售生鲜、水果、服装等商品的普通商家，成功案例不一而足。

没错，十几年前，有自己 PC 网站的企业，就成功了；七八年前，有自己 WAP 网站的企业，也成功了；而今，即使企业有自己的 PC 网站及 WAP 网站，也无法在这个时代脱颖而出了。为什么? 因为网络时代已经由互联网时代悄然步入移动互联网时代了，随之火起来的就是在移动互联网时代应运而生的微营销。它以移动互联网为主要沟通平台，配合传统网络媒体和大众媒体，通过有策略、可管理、持续性的线上线下沟通，建立和转化、强化顾客关系，实现客户价值。想要靠微营销赚钱，一定要牢记以下九个标准动作，即吸引过客、归集访客、激活潜客、筛选试客、转化现客、培养忠客、挖掘大客、升级友客、结盟换客。

微营销是现今社会成本最低、性价比最高的营销手段。与传统营销方式相比，“微营销”主张通过“虚拟”与“现实”的互动，建立一个涉及研发、产品、渠道、市场、品牌传播、促销、客户关系等更“轻”、更高效的营销全链条，整合各类营销资源，达到以小博大、以轻博重的营销效果。曾经红极一时的微博营销、微信营销都属于这一范畴。

但是，茫茫人海中，也许你只是那些看客。眼看着身边的甲乙丙丁用微博、微信或者其他微营销方式，赚得了第一桶金，你却徒增羡慕，望而却步，因为你不知道怎么迈出这第一步。也许你还是试客，你亲自操刀，无畏风雨地从互联网时代一直走到移动互联网时代，你积极地抓住这个世界的每一次机会，却始终没能将机会变成现金。你怀疑自己，你对大环境感到失望，看了好多这方面的文章，依然如丈二和尚——摸不着头脑。你报了那些所谓的营销大师的培训班，最后感觉自己好像被忽悠了。你百思不得其解：那些成功者到底是如何做到的?

要想做到低成本、高性价比的“微营销”，不是只能依靠微博和微信。微博时代，社交强调的是文字；微信时代，社交强调的是语音；比文字和语音更能冲击人的是什么？是集文字、语音、图像于一体的视频影像。要知道，视频展示产品的效果是文字和图片的20倍，是口述的10倍。通过视频，客户接收的信息量可达100%，这不但能让客户直观全面地了解产品，而且印象深刻。

微信营销与微博营销的弊端逐渐暴露出来，恰逢此时，微视来了。也正是在这样的环境下，我写了这本书。这本书没有华丽的语言，有的只是实实在在的营销战术与策略。我希望任何一位拿到这本书的有缘人都能从中学到一些实用的微视营销方法。很多我们熟知的企业都是本书相关案例的尝鲜者，例如小米、万达等，他们在这个平台上所获得的利益，众所周知。除知名企业外，很多普通人也借助微视实现了从草根变达人的过程，以至于我们不禁感叹：“想成为明星，你也可以。”

粉丝经济横行，碎片化的媒体传播方式使得内容成为营销不可或缺的驱动力。微信、微博可能满足了你“吸粉”的目的，却无法满足你黏住粉丝的诉求。为大家解决这个问题，也是本书的主要内容之一，我教大家的是将微视看作一种营销工具，重点在于方法，在于方法的细致内容，以及如何运用这款软件实现赚钱的目的。如果你真正参透了其中内容，换成其他一款微媒体平台，你也能运用得如鱼得水，花很少的钱达到很好的营销效果。

本书不仅在用法技巧、内容创意上做了详细描述，还划分行业进行指导——服装行业、快消行业、教育行业、金融行业、餐饮酒店行业、化妆品美容行业等，书中运用案例，更形象、更直观地将不同行业的成功要素挖掘出来，以便让任何读者读完这本书，都可以清清楚楚地知道自己下一步该做什么。

有一句话说得没错：“互联网行业，第一的吃肉，第二的喝汤，第三的就得饿死！”现实就是这么残酷。其实任何一样互联网新工具和新媒体诞生的时候都会带来新的财富，就看你是不是敢吃这第一口螃蟹。微博刚刚兴起的时候，微信刚刚兴起的时候，第一批借着它们做营销的人都成功了，你观望来观望去，就让自己的竞争对手捷足先登了。

最后还要说一句，微营销时代，所有微媒体都是营销工具，不单单局限于微博、微信，当然，也不会局限于微视。掌握一种方法，万变不离其宗。

十年视频营销方得此书，还要向各方致谢。感谢腾讯推出微视这个平台，为移动互联网时代的营销再添一金；感谢各大企业试水微视营销，让我更加认可微视营销的商业价值；感谢各位微视达人对我的支持；最后还要感谢出版方的指导。期待各位读者在本书中寻得经营之道，愿与您共勉！

PART 1

欢迎进入微视时代

微视，这个融合社交、丰富视频表现力以及短小且循环播放特性的移动应用，正以前所未有的速度和力度，引领4G时代的社交媒体大变革。

从第一个试水微视营销的个体到现在单条取得千万播放量的企业案例，在品牌的不断实践中，针对如何解决商业和信息的完美融合，从而避免营销成为用户体验下降的最大问题，微视也是逐步找到了适合自己的独到良方。

而这一药方并不复杂，一句话表达就是营销内容化，内容即营销。具体来说就是将娱乐和营销进行深度融合，以极富创意和观赏性的短视频内容来打动用户，从而引发用户发自内心的一种认同，而非霸王硬上弓式的强行植入。

天然强娱乐

决定这一药方疗效的核心药引，是短视频天然的强娱乐属性，以及微视的特有话题形成结构。与其他社交平台相比，微视是这个队列中，唯一能玩且能玩出不同花样的平台。也正因为这样的差异性，在微视的用户构成上便形成了年轻用户占比例最大的现象，整体产品氛围也显得更具活力且轻松。这种氛围带来的变化是，人在良好的情绪下显然更易接受一些附加商业信息，也更易达成对品牌的某种认同和主动传播。

此外，微视对用户在产品中的存在感和参与性的重视也是一大重要药引。这一点从微视的“发现”栏中不难感受到：15个频道中，除了明星频道外，绝大部分都是以普通用户为主的推荐，而这种结构在给用户极大表现空间的同时，也更极大地激发了用户的创作欲望以及主动参与到话题中的积极性。于是微视上常有的一个现象就是，微视每天不仅有花样繁多的话题更新，且绝大多数话题都是由用户在使用中自发形成，或由网友发起后迅速吸引大批用户参与其中，形成热门话题的。

而这些特有的生态现象，则让微视营销的形态突破单一的发布一转发局限，呈现出多元化的发展趋势。就目前来讲，微视上至少已初步形成三大营销形态，一是在微视上发起一些热门话题、标签，来吸引网友参与其中拍摄短视频，以期形成效应而实现品牌的大面积传播。比如大众汽车在北京车展期间推出“感受大众之美”的微视互动活动，以及海信“我的声音上央视”活动。

二是建立一个账号，以此为阵地进行整合包装传播，用每天提供的优质内容聚集粉丝，这也是众多企业机构运用微视的又一方式。三是倾向于与微视达人合作。很多品牌在微视达人的微视中进行品牌深度植入，通过其高人气和影响力传递出品牌的核心信息。而重要的是，这些达人完全不同于微博时代的大V，经过优质视频内容的长期输出，在用户养成“追剧”习惯的同时也形成了更强烈的感性互动，他们更像是明星与粉丝的关系，而又由于他们的草根特性，他们对粉丝的影响力和渗透力相比大V有过之而无不及。

可以说，这类短视频的社交营销玩法，不仅更易为大众所接受，且更易触动网友的兴奋点，从而引发对源视频的大量模仿，进而与品牌产生更深层次的互动，极大地缩短了消费者从品牌认知到认同的进化路径。而对于产品本身来讲，在不影响产品体验的同时还能丰富产品内容，可谓互利共赢。

此外值得一提的是，在传播力上，短视频轻盈和循环播放的特质，使得微视更具迅速形成病毒式传播的潜力。而作为腾讯的重磅产品，微视打通了微信、QQ、微博等腾讯大社交关系网及产品链，这张涵盖数亿用户的庞大传播网络，也是微视药方外不可或缺的一剂大补食材。

社交媒体新未来

事实上，对于短视频的传播价值，在更为成熟的国外市场早有验证。有国外媒体报道，已经有一些小企业主与Vine开始合作6秒视频营销，并且收获不错的市场反馈。而2014年年初，全球广告业巨头奥姆尼康集团更是与Instagram签署了高达一亿美元的广告合同。

这些现象的产生，正是当下大的行业趋势及产品特质所带来的强烈反应。

一方面，随着互联网在终端的加速移动化，用户在移动端的占有时间越来越多，且更加碎片化，并更加倾向于观看文字之外的多媒体内容。另一方面，品牌商的营销要求随着互联网的发展变得更加复杂，从简单广告投放到有趣互动，营销互动形式在朝着追求更深层互动的方向演化，文字和图片的形式显然已远远无法满足当下的需求。

业内人士认为，从Facebook到Twitter再到微信，社交形态始终处于不断的变化及扩展中，而随着终端硬件的普及和4G带来的网络环境变化，恰好给以微视为代表的短视频应用开创了前所未有的极佳生存环境。如今在各社交平台已不难发现，短视频已经无处不在，观众亦迅猛增长，且没有任何放慢的迹象。这些现象都在表明，短视频社交应用无疑正在成为下一代社交媒体的重要一员。

接下来，不妨让我们通过一组实际营销案例，来感受和认识微视营销的独特魅力及巨大威力，同时扪心自问：微视营销，我准备好了吗？

1.1 新社交工具：微视

微视，是腾讯公司2013年9月推出的一款独立App。微视即“微型视频”，用户可以通过腾讯QQ号、腾讯微博以及腾讯邮箱账号登录该应用，拍摄制作8秒钟的短视频上传或分享朋友圈、QQ空间、微信、微博等，以视频的方式实现互动。8秒短视频是微视的主体，也是微视的形式，在这8秒钟用户可以选择用各种各样的方法来填充主题和内容，可以按照微视主页的各种类别制作，如美女、搞笑、创意、才艺—绝技、宝宝—萌宠、旅行—美食等，或者也可以参与微视热门活动，如寻找fashion女孩、中国好声音之为你转身等活动。此外，还有很多明星也加入了玩微视的行列，与粉丝们互动。

从用户的角度来说，8秒视频虽然看上去短小，但十分符合当代人的接收习惯，用时短可以填充人们忙碌生活中的碎片时间，我们可以在8秒微视中看到很多人的故事，丰富又精彩；从技术角度来说，微视可以分段拍摄，且在拍摄中系统为我们提供各种配乐、滤镜、字幕、模板等，门槛极低，方便各种人群使用；从使用体验上来说，每一条微视的流量和一张普通图片的流量一样小，且微视可以自动播放，观看十分流畅。微视的这些特点奠定了它庞大的用户群体，已经渐渐成为新的社交手段和工具，正在慢慢改变着人们的信息接收习惯。

1.2 微视为何势不可挡？

1.2.1 微时代

伴随着互联网技术的发展，“微时代”的到来可以说势不可挡。互联网与移动终端的结合让我们拥有更加便利的信息接收工具，而新技术更是搭载着智能手机彻底改变了我们的世界。碎片化的时间被移动终端的内容填补，更是开发了以流动传播、迷你传播、瞬时性传播、扁平化传播为特征的“微”传播的巨大潜力。因此伴随着“微时代”的到来，一系列“微”产物纷纷进入人们的视线：微电影、微短片、微动力、微生活、微营销、微博、微信，人们已经渐渐熟悉并适应了“微时代”。

就社交媒体来说，微博是最早打入人们的社交关系链、改变人们接收信息习惯的社交媒体。短短140字的碎片化记录，顷刻间成为民间的舆论场。我们以小人物的微形态和微行动低调地发出声音，而这股声音却凝聚成了不可小视的大力量，在社交媒体中发挥着越来越重要的作用。

如果说微博的出现只是微时代的一个良好的开端，微信的出现无疑助推了微时代的高速发展。常常有人问我，为什么微信这样一个名不见经传的小角色一夜之间火遍中国呢？甚至大家连互留联系方式的时候也“抛弃”了QQ，而转向微信平台。大家不妨想想自己平常使用微信的情况，自从使用了微信，你还经常发短信吗？你还会收到彩信吗？微信不仅取代了传统的短信和彩信，只用一点手机流量就可以在任何时间任何地点与人联系，而它所增添的语音功能，更是给需要异地交流的朋友们“省去一大笔电话费”，不仅方便、快捷而且成本低，用户也易于接受。微信朋友圈则更是形成了新的社交关系链，每天每时每刻，只要一有空闲，人们就忍不住要去看看朋友圈里有什么新鲜事发生。

人们通过文字信息、语音信息或图片信息相互联系已经不是什么新鲜事，而微视的出现为我们开辟了一条通过视频交流信息的新道路。随着网络视频的兴起，我们在忙碌的工作之余已经很难看完长篇幅的视频，因此微视就盯准了这一点，专注于精简省时的小视频，不仅时间短，且占用内存小，方便人们观看、下载和收藏。8秒短视频将我们生活的状态动态、直观地呈现出来，比以往的社交媒体更加立体、全面、新颖。按照微时代的发展历程，微视时代的到来已势不可挡。

1.2.2 微视频

根据腾讯发布微视App的进程，2013年9月28日，微视8秒短视频软件IOS版1.0正式上线；2013年10月22日，微视8秒短视频软件Android版1.0上线；2013年12月5日，微视Android版更新，从最低支持安卓4.0系统，降低到支持安卓2.3.3版以上系统，扩大了普及面，吸收了更多用户；2013年12月24日，微视Android版2.0上线，可以一键添加配乐、水印、滤镜、字幕等，轻轻松松让你的视频更加“高大上”。

1.3 准备被微视改变吧！

微博让我们感受到140字带来的微文体验，而微信的便利和普及更是成为新的社交神器，那么微视这一新生事物，又将怎样改变我们的生活，影响我们的生活呢？根据目前我们对微视的了解，总结出了微视的以下几个特点：

1.3.1 娱乐功能突出

对于受众来说，新App最具吸引力的一个特征便是“好玩儿”，这是每个新App吸引用户的关键，在我们所生活的后现代社会里，碎片化、娱乐化是整个时代的潮流，因此毫无疑问，作为时代弄潮儿的我们，在选择使用微视时，盯准了它的娱乐功能。

微视之所以用8秒短视频吸引用户，是因为每个人生活中都有很多碎片化的时间——等地铁的时间、坐车的时间、堵车的时间、排队的时间等，而微视就巧妙地利用了人们在日常生活中不可避免地浪费掉的碎片化的时间，带给我们片刻的轻松和愉悦。无论是看几个搞笑的段子，或者看看别人家的萌宝卖个萌，抑或是看看美女提提神，跟着镜头感受千里之外的旅途风景，都可以舒缓身心的压力，让你一扫生活中的烦恼和不快。

1.3.2 社交功能突出

短信时代，我们用文字彼此交流；微信时代，我们用图片和语音相互联系；随着

4G时代的到来，视频这种直观、全面的表现形式，又将继续扩展社交圈，延伸社交的边界。因此随着微视的流行和普及，以“动态社交语言”为载体的“V（video）社交”概念，也开启了移动社交的另一途径。随着微社交平台的不断扩大，图像、视频即将成为社交主流，并为我们的社交生活带来史无前例的改变。

腾讯微博事业部总经理兼微视总负责人邢宏宇对于微视的定位如下：微视定位基于影像的动态社交语言，通过 8 秒分段拍摄视频以及传播力最强的社交关系链，满足人们深层次的表达和获取信息的需求，让社交变得更简单、更真实、更生动。

从社交属性上看，微视目前经过两次重大更新后，在账号登录、好友邀请以及分享平台等方面，已经打通了QQ、微信、微博等主流的社交圈，能够轻松将视频分享给好友。不仅如此，通过“发现”中“内容分类”以及“添加”的标签，用户可以迅速找到爱好相同的微视好友，而且可以直接互动点评赞，能够满足熟人社交和陌生人社交多样需求，并从线上社交延续到线下社交。

因此不难看到，很可能未来人们彼此沟通交流的方式就是使用这种 8 秒视频，随时随地分享有趣的故事，延伸社交媒体的一切可能。

1.3.3　营销功能的巨大潜力

小米手机的官方微博 5 月宣布其微视单条创意视频播放量已经超过千万，成为首个进入“微视千万俱乐部”的企业级用户。移动营销领域迎来了新的暴热焦点，也让人们开始关注微视平台的营销功能。

随着网络环境的变化，视频的流行是一大趋势。短视频输出的是UGC内容，即用户原创内容。网民联动起来自产自销，深受广大用户的喜爱，因此它还有无限的潜能。此外，短视频更能打动消费者，基于短视频推行广告营销，可以说这个载体选择得相当恰当。倘若这 8 秒钟经过精心设计，则更便于实施营销行为。再者，从营销趋势上说，广告向着多媒体发展，转化为视频广告也是大势所趋。针对用户对娱乐性内容的需求，短视频的优势更加明显。不仅可以形成更加庞大而又多元的用户群，又有丰富多样的表现方式和内容，还可以与受众互动。这些优势都满足了移动广告营销的要求。微视正在成为移动时代社交媒体的重要角色，如加以利用，有极大的商业化潜力。

1.4 你是“微视生物”吗?

微视在推出的时候并没有严格限定目标受众，而是期望通过微视能够让短视频成为用户的未来需求，通过微视挖掘用户的潜在需求、培育这种习惯。目前使用微视的用户除了明星之外，主要以 80 后、90 后年轻人居多。这与他们这代人成长所处的信息化时代密不可分。他们接受新事物也相当迅速，适应性更强。

根据工信部数据，截至 2013 年 6 月底，我国手机网民达 4.64 亿，比 2012 年年底增长了 4379 万，网民中使用手机上网的占比提升至 78.5%。根据艾瑞咨询数据显示，中国在线视频网站 UGC 视频播放覆盖人数超过 4 亿，领先于长视频的 3.8 亿人，覆盖人数增长率为 60.8%。2012 年，中国在线视频行业 UGC 视频广告收入为 5.5 亿元，增长 130.2%。从数据可以看出，短视频已经有相当一部分固定用户，这部分固定用户都是对移动视频和互联网相当熟悉的老用户，在微视出现之前就已经对移动视频有了了解。年轻人更愿意通过新技术维持日常社交圈，他们也是各大社交媒体的活跃分子，因而成为微视目前用户人群的主要组成部分也在情理之中。未来，他们也会是微视用户的中坚力量，源源不断地把创意新奇的微视内容分享给大家。

PART 2

手把手教你玩转微视

2.1 订一张“微视入场券”

2.1.1 为啥要订“入场券”？

微视是腾讯公司于2013年推出的一款独立的App。作为一款视频社交工具，它打破了之前文字、图片和语音对社交工具的垄断，恰到好处地迎合了今日阅听者的感官习惯。作为融文字、图片、视频、音乐、语音于一体的微视，虽然每个视频的长度不超过8秒钟，却与现今信息“碎片化”的特点相契合，受到许多人，尤其是年轻人的青睐。微视并非单独孤立的软件，它与腾讯旗下的其他社交工具有着紧密的联系。用户完全可以通过QQ、腾讯微博以及腾讯邮箱的账号登录，然后将拍摄的视频同步分享到腾讯微博、微信好友、朋友圈等各个社交圈中。

通过微视短视频能够迅速展现个人魅力、个人风采；企业等团体则可以用其实现宣传营销等目的。具体来说，微视不仅容纳了视频形式内容多样、感染力强、肆意创意等特点，而且集纳了移动网络互动性、主动传播性、传播速度快、成本低廉等优势。它作为两者“强强联手”的融合物，无论对个人账号还是公共企业账号，都是极为有效的工具。

一般来说，建立微视账号的个人或企业往往出于以下几方面的考量：

第一，互动和主动的融合。微视所在的移动网络、互联网具有强大的互动性，因而这一优势也被微视继承。微视自身设有“转发”、“评论”和“赞”等交互性强的项目，另外它与微信、微博等无缝连接，使得微视视频能够在更大程度上获取制作者和阅听者的互动。与此同时，网友还会把他们认为有趣的视频转发到自己的各个社交圈，甚至有创意、有点子的网友也可利用简易的摄像功能制作自己的短视频，与更多人分享。

第二，目标精准。微视的使用者往往是80后、90后的年轻人。因而使用微视进行营销的企业能够精确地找到企业想找的潜在消费者。广告商针对微视用户的特点投放产品，例如服装行业者投放吸引年轻消费者的视频广告，餐饮行业者投放具有创意、能对年轻人形成吸引力的视频作品，就能取得不错的效果。

第三，成本低廉。腾讯微视的视频制作，只需要有一部可以摄像的智能手机即可，其营销投入的成本远远低于传统的广告。但要想使在微视上投放的广告更具吸引力，则需要企业团队或创作人员精准把握微视视频“短”的特点，即呈现出的视频必须精悍、创意十足，能一瞬间吸引消费者的注意。

由此可见，无论对于个人还是企业等团体，微视已经成为展现自身或是向更多消费者展现产品的有力“舞台”。

2.1.2 定位自己的个性微视!

1）微视定位的过程

古人常言，“名正而言顺”，微视建立者只有在明确自己微视账号定位的前提下，才能有效利用这个平台，达到自己预想的效果。因此如何给自己的微视定位是首要问题！

一般来说，微视账号围绕定位的工作应经历以下过程：

（1）定位微视主题。一方面可以结合个人兴趣，如喜欢旅游的人可以将自己的旅游见闻等拍摄成作品进行分享，并找到喜欢该主题的用户。另一方面也可结合用户的关注度，调查哪些主题是用户偏爱的。可以通过微信、微博、贴吧等各种平台发现其中的热门话题。不论是个人的魅力展、酷炫创意的分享，或是商品的展示等都需要在一开始就有明确的定位。

（2）根据主题的需要，为自己的微视命名。如微视“幽默和搞笑结婚了”，这个名字一看就会让网民会心一笑，猜到其是以“搞笑”作为主题的；又或是“一起去旅行美景”，即会对钟爱旅游的网民产生直接的吸引力。

幽默和搞笑结婚了

7月17日 21:58　13454 次播放

《逗你孩子》跟小朋友学习下怎么逗女孩子开心…ht

一起去旅行美景

6月20日 07:38　8956 次播放

创意大神

7月15日 19:14　10876 次播放

_justin

今天 08:57　16184 次播放

（3）**围绕主题编辑内容，发展喜欢该主题的粉丝。**如微视账号“创意大神”，其推出的 200 多个视频作品都与各种创意相关，也吸引了 2 万多名喜欢创意设计的粉丝；一个以表现宠物鹦鹉为主题的账号“_justin”拍摄了近 500 个视频，表现的全都是一只会说话的鹦鹉，也赢得了 2.5 万多次的关注量。

（4）**围绕主题寻找赢利点。**赢利是许多人建立微视的目的之一。一些网络达人利用微视创造出新颖、搞笑的视频赢得了许多关注，而其自身可能也是淘宝店的店主，利用微视这一平台为自己的销售积攒人气，最终实现自身赢利的目的。微视账号“恋珊妮”拥有80万的粉丝，她本人经常“一饰多角”做搞笑视频，同时也将自己的淘宝店名附在微视主页，从而引导喜欢她的粉丝移步其淘宝店。

总的来说，微视账号的定位是个复杂而且消耗脑力的过程，一个微视账号的成功依赖的是“天时、地利、人和”等各个方面的合力。有了基于深思熟虑和认真调查建立的定位，就要有与定位相匹配的内容支撑，而微视的内容和微信、微博截然不同，不仅要拼创意，还要拼演技。但无论怎样，定位是微视账号成功的关键，好的定位是成功的一半！

2）微视成功定位的案例

（1）个人微视账号的定位

① 明星微视。微视作为影响人们生活的新社交平台，明星们当然不会错过。放眼望去，曾经开通微博账号、微信公共平台的明星们也开始将关注点转移到微视上。他们认识到比起微博、微信多使用文字和图片与粉丝互动的方式，这个随时可以拍摄自己生活见闻的微视，更利于其快速而直接地向关心他（她）的粉丝展示所思所想。到目前为止，如何炅、杨幂、莫文蔚、刘烨等一众娱乐圈明星在微视上的粉丝都已超过百万，他们在微视上更新的“秒拍”也往往一天之内就达到几百万的播放次数。

② **草根微视。**草根在以往的媒体中很难展现自身才华，即使是微博微信，也因其表现方式的局限，限制了部分草根展现自身才华。微视的出现使一些拥有特殊技能的人，可以直接拍摄记录，分享上来就能得到比以往更多的观众，近来一些拥有姣好身材和容貌的女生，也青睐于使用微视展现自己，从而获得更多人的关注。

③热门话题类微视。微视的页面上对话题进行了一定的分类，其中包括：才艺绝技类、旅行美食类、宝宝宠物类、交友类、搞笑类、创意类等。随着曾红极一时的《中国好声音》第三季的开播，又开辟了“中国好声音”的微视，各个学员的微视都被聚集在这个“专题”下。不偏重于展现个人魅力，而聚焦于搞笑话题的微视账号“二货情侣欢乐多”至今已有近40万的粉丝，他们的一些视频点击率超过百万。“iCherry在伦敦”账号则是擅长记录生活中的美食和胜景，也在持续的分享中赢得了许多关注。

二货情侣欢乐多
7月16日 20:56 1347385次播放

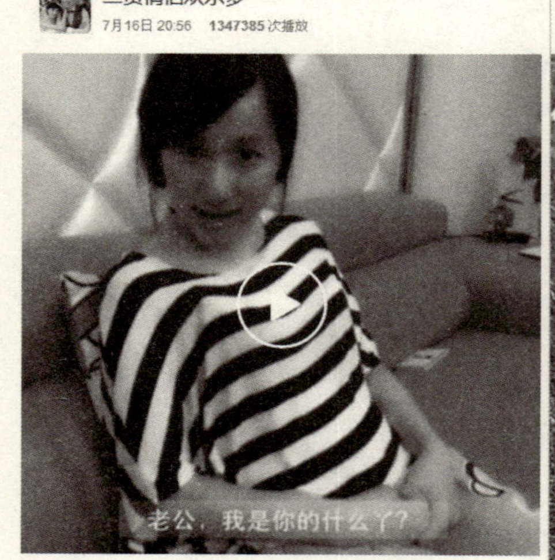

（2）团体（企业）微视账号的定位

微视作为继微博、微信后的又一创造性的“自媒体”，许多团体尤其是传统媒体看到了其不可取代的作用，纷纷“入驻”微视，继续扩张其作为媒体的影响力。湖南卫视作为媒体中的佼佼者，迅速抓住微视的优势，成为拥有多个新媒体平台的传统媒体。除了传统媒体外，糗事百科、路边社等网络媒体也进军微视，在“秒拍”社交领域争得自己的一亩三分地。如果说媒体因其特性，更容易迅速嗅到微视的优势，一些商业企业也很快发现微视对其营销具有不可估量的作用，开始经营这块“视觉宝地”，为自己的有效营销做好基础。

2.2 “微视”游戏规则

微视该怎么使用？对于玩遍微博、微信的年轻用户来说，这个问题似乎有些“可笑”。诚然，智能手机上大多数的App大同小异，一个公司出品的软件更是在使用习惯上极为接近。但不可忽视的是，微视有别于之前的微信，它更可以被认为是一个“面子工程”的App，而这个关乎自己“颜面”的视频内容一旦被分享到微信朋友圈、腾讯微博，其传播量可是不敢小觑。因此，使用好微视中的各项功能，不仅要将自己的视频内容做好，而且要利用好其中的“隐藏技巧”将作品做得美观大方。

1. 下载微视客户端

由于微视是手机移动端的视频拍摄应用，因此下载微视客户端最直接的方式是在智能手机上完成。无论苹果手机的IOS系统还是大部分手机使用的安卓系统都可以完成微视的客户端下载。在苹果手机上，一般进入App Store，在“搜索”栏中输入“微视”，即可出现提供微视下载的页面；对于安卓系统的用户来说，则可以在手机本身下载的或自带的“软件管理”App（如91助手、360手机助手、豌豆荚等）中进行搜索，而后下载。

而今，电脑互联网与手机移动网络建立了紧密的互动，如果无法在手机上进行微视客户端的下载，电脑上依旧可以提供各种途径。最为直接有效的方式，是进入微视的官方首页（http://weishi.qq.com/），其中提供“iPhone版下载”和“Android版下载”，根据自己手机的情况，直接点击即可下载。同时，微视官方也提供了“微信扫一扫”，如果手机中本就有微信客户端，可直接通过“扫一扫”实现微视客户端的下载。

值得注意的是，有些iPad用户因想使用更大的屏幕，在微视上拍摄制作自己的视频，发现在App Store中没有提供相关软件下载，这只是个小小的疏漏。iPad用户只需在搜索栏中输入“微视”后，在左上角的“仅iPad”一栏中点击并选成“仅iPhone”就可发现“微视”的下载安装页面。

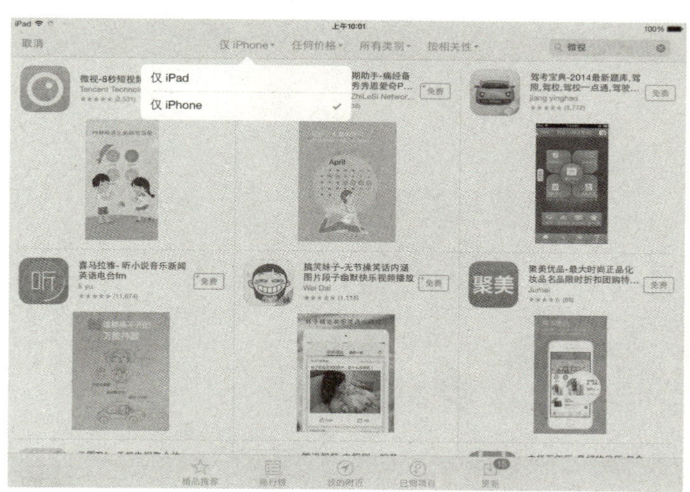

2. 账号登录（QQ、微信号同步均可）

进入微视的页面后，屏幕上提供了微视现有的各个频道，用户可结合自身兴趣选择关注如“每日精选”“明星”“搞笑”等各个频道，但如果要参与互动、转发则必须在登录后才可实现。

主页面的下方呈现“拍摄视频”和“登录微视”两个选项，点击“拍摄视频”选项即可直接开始制作自己的8秒短视频，而“登录微视”则是与之前用户所拥有的QQ账号、微信账号、新浪微博账号相关联，这几个账号中任意一个都可以直接登录微视。

根据自己的喜好，在登录页面输入账号和密码，并为自己选择头像和设置名字，在阅读并同意“使用条款和隐私政策”后，点击屏幕右上角的“完成”进入到“推荐关注”页面，在此页面用户可按照自己的关注点，对一些明星或频道添加“关注”。这一步骤完成后，点击“进入微视”，就开启了制作、上传、与别人分享微视的旅程。

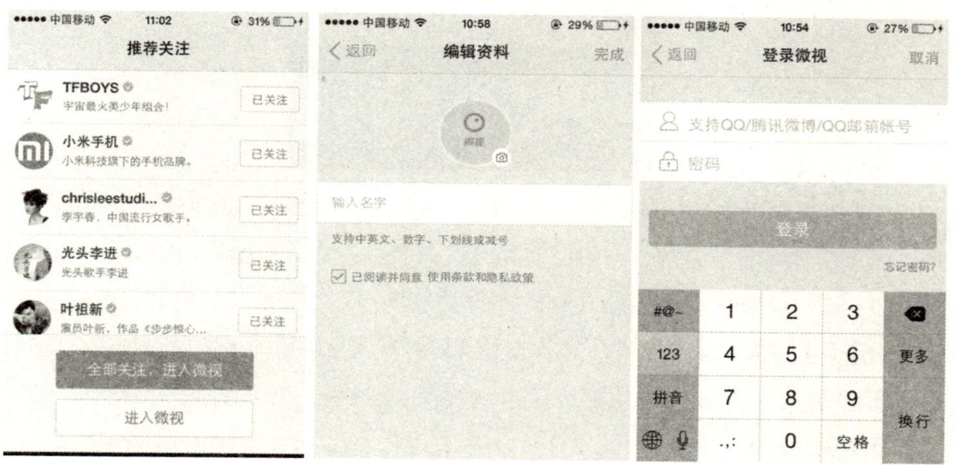

3. 如何录制、上传视频

进入自己的微视页面后，屏幕上主要显示的是用户所关注的微视账号，以及其所分享的微视视频，这个同微信的朋友圈、微博一样，构成了我们的社交网络圈，在这其中可以领略到自己关注的明星、朋友的各种视频动向，同时也可了解自己喜欢的一些领域的状态。在看过别人的精彩视频后，我们开始进入DIY过程，学习如何录制和上传自己的作品。

在微视页面的下方，有“主页”“发现”“消息”“我”以及中间的摄像机图标“ ”，这个图标正是用户录制视频所要使用的按键，点击即可进入。

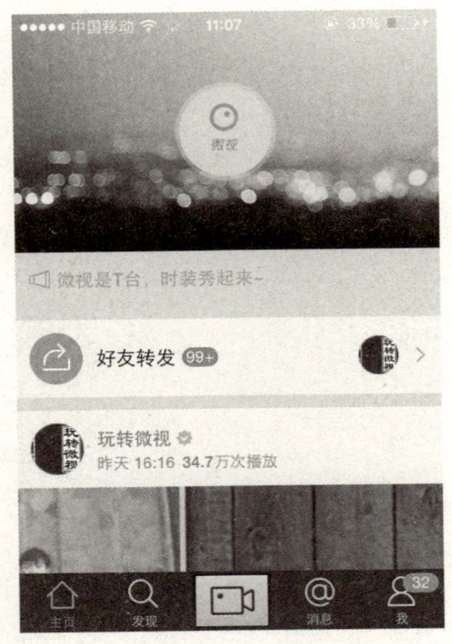

在进入录制页面后，屏幕上直接呈现的即为摄像头所对准的事物，如果需要自拍，则点击屏幕右上方的“自拍”按钮，进入自拍程序。自拍按钮右方的“设置”键下拉，即可调整手机摄像机镜头的“延时”“网格”“闪光”“对焦”等各个参数。设置中还包含“视频素材”菜单，点击进入后可对以往手机中保留的视频进行剪辑，应用到新的视频中，值得注意的是，这一功能只支持小于 30 分钟的视频材料。一切准备就绪后，开始录制视频。

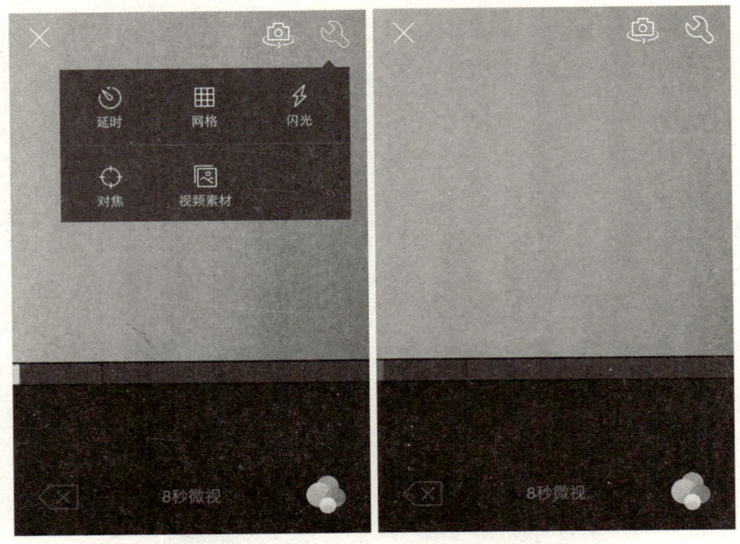

第一，将镜头对准要拍摄的人或物，手指长按屏幕开始记录，在记录过程中，画面下出现蓝色的“时间轴”，随着时间的推移，蓝色时间轴也向后移动。

第二，微视的录制可以随时中断，即松开长按的手指，蓝色时间轴停留在暂停的画面处。因此，如果用户拍摄的是多个画面，则可以通过暂停，转换场景，然后再重新长按屏幕，记录新的拍摄主体。

第三，拍摄到第 8 秒后，录制自动结束，视频段落形成，进入后期美化阶段。后期处理中主要分“特效”“美颜”“水印”“配乐”等各个方面的美化。一开始进入的页面则是“特效”页面，微视提供了“浪漫蔷薇”“烟雨朦胧”“棱镜”“自由幻想”“晨光”“黄金年代”“淡雅”“老电影”等超过 10 种的特效；点击“美颜”按钮，则进入“美颜”功能，用户可根据需要，将照片上的人物外貌进行“自然”“唯美”“怀旧”“黑白”等处理；点击“水印”按钮，则可在视频上添加水印，添加“时间”“心情文字”，还有“REC”“信封”等相框可以使用；点击“配乐”按钮，则可以调整视频的背景音乐，微视中除了推荐的配乐外，还有配乐库供用户选择。在此页面的左下角，还有“喇叭”按钮，用户可以通过它选择是否关掉视频的同期声。

经过以上的前期准备、拍摄、后期处理后，用户就可以得到一个精美的 8 秒短视频了。但这只是传播的第一步，要想让自己的作品被朋友看到，给陌生人带来欢乐，就需要将其上传，与更多的人分享，接下来介绍一下视频如何在微视上进行上传。

第一，视频录制并美化后，页面的右上方会出现“使用”二字，点击后进入上传页面。用户可在此页面对视频进行描述、定位、添加标签等，然后选择发表的平台。可供发表的平台有“微信朋友圈”“QQ空间”“腾讯微博”“新浪微博”，只需在要发表的平台前点击，激活其logo即可。值得注意的是，上传页面上有“提醒好友”的选项，用户可以指定“观众”，提醒好友关注。

第二，上述工作完成后，点击屏幕上方“发送”即将视频成功上传。上传后，用户可在微视的主页中看到自己刚刚发送出的视频。

如果视频在制作完成后还不想立马上传，则可以点击美化页面上方中间的“保存”按钮，完成对视频的存盘，可在适当时间重新上传。微视软件提供给用户灵活自由的录制上传空间，这使得视频的分享更加随心所欲。

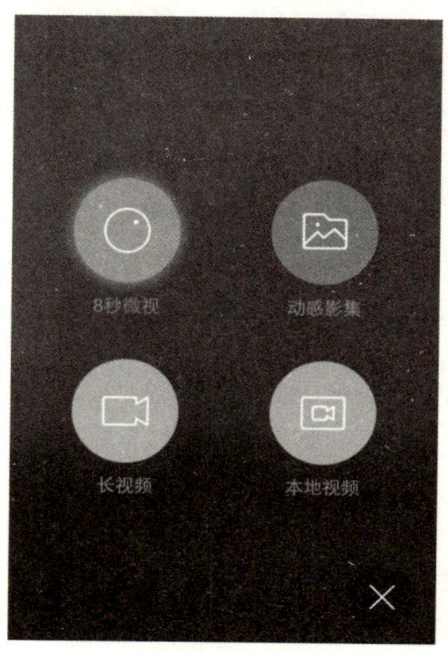

4. 如何使用微视的各个功能

点击按钮，进入视频录制页面。屏幕的右下方出现如糖果般的按钮，点击后则会出现“8 秒微视”“动感影集”“长视频”和“本地视频”4 个选项。“8 秒视频”是最为常用的，即微视“秒拍”的精华，也是本书介绍的重点。此节中的第三点已经详细介绍了如何录制和上传视频。接下来详细介绍微视的其他功能：

（1）微视的“动感影集”功能

如果你懒得拍摄视频，只要手机中有多于 2 张的精美照片，微视仍可以为用户制作酷炫的视频。“动感影集”是微视推出的通过多张照片组接形成视频的功能，它一般支持 2~6 张照片的上传。其使用步骤为：

第一步，用户选择自己要制作的照片，可使用软件自带的“时尚志”“似水年华”“原色人生”“致青春”“回忆墙”“旋转时光”“特写”“魔方”等不同炫丽模板，对其上传照片的组接进行美化，这些模板本身根据其题目也自带匹配的音乐，使静态的图片立马变得视觉效果强烈。

第二步，在选好合适的模板后，点击屏幕右上方的“下一步”，进入对影集的“精细化”后期处理，后期处理中也与视频制作一样分“特效”“美颜”“水印”“配乐”等各个方面的美化。

（2）微视的“长视频”功能

点击“长视频”按钮，进入长视频的录制界面，可再次选择自选按钮，进行自拍。拍摄物体等一切准备就绪后，点击屏幕左下方的“录制”键，即可开始录制视频。视频完成后，进入“截取片花”环节，用户可以根据需要对长视频进行剪辑，最终精剪出的视频可以按照上面介绍的第三步的方法进行修饰和上传。

（3）微视的“本地视频”功能

点击“本地视频”按钮，微视进入本地相机的界面，其支持小于60分钟的视频。在此可挑选已经拍摄好的视频，并进行截取，然后通过“编辑片花”，即可将本地视频美化后上传至微视社交圈中。

5. 如何关注别人，如何分享或收藏有趣的微视、隐私设置等

（1）如何在微视上关注别人

在微视的主页面下方，点击“发现”菜单，其上方出现“搜索微视/用户/标签”的搜索栏，在其中输入要寻找的微视号、名字或其他关键词。以寻找明星莫文蔚的微视为例，可在搜索栏输入“莫文蔚”进行查找，最终查出40个相关用户，用户按照自己的需求，定位最符合要求的用户，然后点击“+关注”完成对别人的关注。

（2）如何分享或收藏有趣的微视

在观看自己喜欢的微视视频时，用户往往想对视频进行转发、评论或收藏。微视每条视频下方都提供了这几个需求的按钮。点击 即可进行转发，转发时也可同时输入自己的评论。 即为收藏键，点击后页面出现“收藏到微信”等收藏服务。

（3）如何在微视上进行隐私设置

进入主页面，点击屏幕右下方的“我”进入“设置”，点击“设置”按钮，其中即出现“新消息提醒”“隐私设置”等菜单，进入隐私设置后，可对“我可以接受哪些人的私信”以及“通讯录”的权限进行设定。

●●●●● 中国移动 15:11 95%
设置
隐私设置
我可以接收哪些人的私信
所有人
我关注的人
通讯录
把我推荐给我的通讯录好友
向我推荐通讯录好友

●●●●● 中国移动 15:10 95%
我
设置
帐号绑定
播放和上传设置
新消息提醒
隐私设置
关于腾讯微视
意见反馈
清除缓存 36.6M

微视是继微博、微信之后的又一热门社区平台，作为一种8秒短视频分享社区应用，相比微博、微信营销来说，微视的视频营销将更加有吸引力，虽然只有短短的8秒短视频，但完全可以设计广告视频来宣传推广产品和品牌。因此，随着微视的知名度以及普及率越来越高，其商业价值也会突飞猛进地增长。如何利用好微视来进行营销，将成为企业和个人必须研究的课题。

在微视的使用过程中，账号的设计及包装作为第一道门槛，它的成功与否直接影响账号以后的发展。因此，下一章将重点讲解如何对微视账号进行设计和包装，争取使自己的微视账号赢在起跑线上。

PART3

抢占先机，
打造微视“名”账号

3.1 面子工程第一步：做个标题党

网络社交媒体中的昵称就如同现实生活中的名字，是一个人在网络中的代号。在现实生活中，人们能否给别人留下深刻的第一印象，除了长相、性格等方面，姓名同样是重要因素。在网络中也是如此，一个好的昵称，不仅能吸引人的眼球，同样能代表一个人的气质，甚至体现一个人的性格特征。

我们知道，玩转微视的重要前提就是要为自己的账号取昵称，无论是个人还是企业，若要想吸引更多的粉丝，首先要在昵称上下功夫，起一个响亮、容易被人记住的昵称是至关重要的。不过，在昵称的选取上，个人和企业的侧重点还是有所不同的。

1. 个人昵称的选取

在个人昵称选取上，综合各种成功案例，我们总结出了以下几种类型以供参考。

（一）超长昵称型

曾经有一句话在贴吧里比较火，那就是“妈妈说名字不长不会火”。因此，无论是发帖子还是取网名，人们都热衷于用一长串文字组成标题或者自己的网名。在帖子中，标题是吸引人眼球的第一道门槛，标题甚至决定了人们是否会打开看贴。长标题首先在视觉上给人以冲击，昵称亦是如此。一个长的昵称首先会在众多昵称中吸引人的目光，从而在起跑线上领先别人，获得点击率。例如，微视中比较火的“圆圆眼的圆圆圆圆脸”“剪刀剪刀石头石头布”“阿凯毕业后要当空乘”等，这些都是典型的超长昵称型。

通过分析我们可以看出，这些昵称不仅具有“超长”这一特征，它们同样有一定的规律，并不是随意地拉长自己的昵称。例如前两个，它们是通过重复来实现的，重复使用词语，以使自己的昵称有规律地长，而且读起来朗朗上口。而第三个昵称同样具有它的规律，那就是“一句话式”昵称。仔细观察这个昵称，“阿凯毕业后要当空乘”这本身就是一句完整的话，主谓宾齐全，这类昵称具有逻辑性，很容易使人记住，并富含一定的趣味性。

（二）俗不可耐型

当今时代，“俗”似乎已成了一种风潮，甚至有“不俗不火”这样的说法。“俗”其实并不是没有可取之处的，在现实社会中人们往往要承受很大的压力，而网络社区已经成为人们缓解生活压力、尽情释放压力的地方。在网络社区中，人们其实是很乐意看到一些稀奇古怪的昵称的，人们在看着俗不可耐的网名的时候，通常会一边骂着：“这网名起得可真俗！”而另一边则其实早已记住了这个名字，甚至会成为人们茶余饭后的闲谈。

没有最俗，只有更俗。只要你不是无下限地甩节操，只要你俗得有特点有个性，那么你的昵称就一定会给别人留下深刻的印象。

（三）借来一用型

“炒作”一词想必大家都不陌生，该词语在娱乐圈使用范围广、频率高，通常是指名人利用某件事或某个人来提升自己的知名度，类似于“芙蓉姐姐”“犀利哥”“凤姐”等网络名人的出现就是利用网络推手的炒作实现出名。明星之间闹绯闻已经不是罕见的事情，而娱乐圈的是是非非又岂是我们能揣摩得透的，很多时候其实只是这个明星借那个明星的身份来炒作自己，提升自己的知名度，通过互相利用来实现自己的利益罢了。

昵称的选取亦可以模仿明星之间的炒作，可以借已出名或者已经耳熟能详的人或事，作为自己昵称的一部分，从而达到提高自己昵称熟知度的目的。比如可以取“××姐姐”“××哥”，或者“芙蓉姐姐是我偶像”“犀利哥最受欢迎”之类的昵称。这种昵称借已经出名的热度较高的词汇，在众多昵称当中能够较快吸引人的目光，并且简单易记。此外，除了借用名人们的名字之外，还能够借用人们耳熟能详的事物，可以是吃的、穿的、用的等，还可以借用当下的热点话题，比如一些热门的节目《爸爸去哪儿》《中国好声音》《舌尖上的中国》等，目的只有一个，那就是能够最快最便捷地赢得受众的目光。

（四）注意事项

个人昵称在选取上自由度很高，很多时候都是根据自己的兴趣爱好来选取，不会考虑太多因素，但是，如果想要成为微视达人，就要吸引更多的粉丝；想要吸引较多的粉丝，就必须要在昵称的选取上下一番功夫。在选取昵称的时候，除了要把握我们上面所提到的原则和方法，同样要注意：切忌使用生疏、冷僻词汇。

经过以上分析，我们知道昵称在选取的过程中应尽可能地拉近与受众的距离，这也就是要切忌使用生疏、冷僻的词汇的原因。这些词语很少有人能够看懂，在信息爆炸的社会，网络中的信息始终是海量的，人们不可能在一个自己看起来很费劲的昵称上停留过长时间，昵称过于冷僻也许看起来有个性，但是也只能得到人们目光的短暂停留，甚至只是一瞥。

2. 企业等公众账号的选取

自由度较高的个人在昵称的选取上，不用受到过多的限制，可根据自己的喜好自由发挥。而公众账号作为企业的代言，在考虑企业微视账号推广的同时，应讲究一定的策略技巧，并且在选取上受到一定程度的限制。具体体现在以下几个方面：

（一）方便记忆、利于搜索

互联网的一大特点是信息爆炸，汹涌而来的信息有时使人无所适从，从浩如烟海的信息海洋中迅速而准确地获取自己最需要的信息，变得非常困难。同样地，人们每天可以看到无数个公众账号，但能记下的能有几个？因此，企业的公众账号方便人们记忆是很重要的，只有这样，才能在众多公众账号中脱颖而出。

此外，互联网还有一大特征是信息传播的快速性、及时性。无论是什么信息，在网络中都能够得到快速传播。在QQ、微信、飞信等即时聊天工具中，公众账号在人们聊天过程中得到传播，那些方便记忆的昵称，能够快速进入人们的大脑，即使当时没有记录或者收藏起来，也能够在日后记起来，这对企业搜索量、知名度的提高大有裨益。

利于搜索同样是企业在选取昵称时需要注意的。为了方便快捷地找到用户感兴趣的账号，微视里有一个搜索的功能，用户在搜索栏里输入自己感兴趣的关键词，就能搜出来带有这些关键词的账户。比如，用户想要学习化妆技巧，则在搜索栏里输入“化妆”或者“化妆技巧”这些关键词，就能找到自己想要的信息。因此，化妆类的公众账号在选取昵称的时候一定要带“化妆”二字。也就是说，公众账号在取昵称时，应首先明白自己的定位是什么，并且在昵称中把自己的定位体现出来，这样才能快速有效地被用户搜索到。

（二）特点鲜明，符合定位

很多人对营销的概念很模糊，其实我们可以把营销比作“三座大山”，这样就可以更好地理解了。

一、我们要攻哪座山——我们的目标市场在哪里？

二、怎样才能攻下山——针对目标市场进行分析、策划。

三、攻山需搬哪些山——实施的过程、方法。

那么，为微视公众账号选取昵称的首要就是明白前两个要点，也就是明确自己要攻哪座山，以及怎样才能攻下山。具体说来有两点，第一，就是要找准自己的目标定位，例如做化妆品行业的首先要明白自己主推适合什么年纪使用的化妆品，以及推广的品牌是大众品牌还是高端品牌等要素。第二，要针对自己的目标定位进行分析，通俗地说就是要揣摩自己受众的心理，只有做到目标受众的心坎里，才能得到消费者的支持。

因此，每一个微视公众账号都应该有自己的目标受众，企业在选取昵称的时候，一定要跟自己的受众定位相符。

假如你是从事培训行业的，那么在运作微视的时候一定要把自己定位成有权威的专业人士，选取昵称的时候一定要严肃、庄重。因为专家相比普通人而言，更具有威信，更容易使人信服。只有把自己定位在专家的水准上，才能取得人们的信任。而若是从事轻松幽默的行业，例如向人们推送冷笑话之类的缓解人们压力的微视账号，在选取昵称的时候则可以尽量地轻松诙谐，尽量做到有自己的个性，并且足够吸引人。

如“奇葩笑话”“萌宠笑话”和“讲笑话”“笑话控网”比起来，很容易看出前两个昵称更容易获得点击率。原因很简单，相比较后两个昵称，前两个定位明确、个性鲜明，简单明了地告诉了受众自己的定位是什么。这样一来，喜爱恶搞和奇葩见闻的人自然就会点击“奇葩笑话”这个账号，而喜爱小动物的人看到“萌宠笑话”这样的昵称时一定会倍感欣喜。再来看“讲笑话”和“笑话控网”这两个昵称，毫无特点而言，只是告诉人们这是推送笑话的账号，而我们知道，关于讲笑话的微视公众账号多如牛毛，人们为什么点击你的账号，靠的就是“特点”二字。

（三）昵称跟头像要搭配使用

微视账号除了昵称之外，都需要设置头像来更加形象地向受众展示自己。个人账号的头像设置可以是自己的照片、自己喜爱的风景、卡通形象等，只要是自己喜欢的，并且合法的，都可以设置为头像。而公众账号的头像设置就不是这么简单随意了，它的设计不是以自己喜欢为出发点，而是要以展现自我形象、突出个性特征为出发点，与自己的昵称相搭配，更好地吸引受众。

昵称和头像的搭配分好多种，最简单的就是一些知名企业或者传统媒体的公众账号，它们的昵称和头像通常都与现实社会中的形象相符合。例如，央视新闻的微视账号昵称就叫“央视新闻”，而配的头像就是“CCTV 央视新闻”的图片。麦当劳的微视账号昵称就是“麦当劳”，头像就是麦当劳的品牌商标。由于这些媒体和企业已经广为人知，它们不需要再做任何改变，只需要把现实中的模样在微视上面呈现给大家就可以了。相反的，如果它们做了一些调整，反而会不方便大家的寻找，甚至会使公众怀疑其真假，产生一种山寨版的感觉。

而对于那些不是品牌的公众账号，若想吸引更多的粉丝，就要在昵称和头像上下功夫了。昵称的选取有很多原则，同样，一个好的头像也十分重要。公众账号头像的选取除了需要和自身的气质相符之外，最重要也是最简单方便的原则就是与昵称相搭配。昵称和头像单方面再好，如果二者放在一起不协调也是会影响传播效果的。而如果头像选择得好，则会使自己的昵称立体化、形象化，更好地诠释自己昵称的意义和价值。

例如，微视上关于化妆的公众账号有“化妆”“化妆女王”“化妆秀”等，这些账号基本上都是以美女作为头像，这在一定程度上的确也符合账号的定位，但大家都用美女来做头像就有些雷同感，甚至有些分不清楚哪个是哪个。笔者还看到一个账号叫“化妆训练营”，它的头像就很独特，是一个简笔画的眼睛和眉毛，眼睛是闭着的，露出了长长的睫毛和自然的眼线。很明显，看到这个头像我们就可以明白这个账号是教人们化妆的，甚至知道它的侧重点也许是眼妆的教学。这就与它的昵称“化妆训练营”十分相符，自然也就能获得更多的点击率和关注。

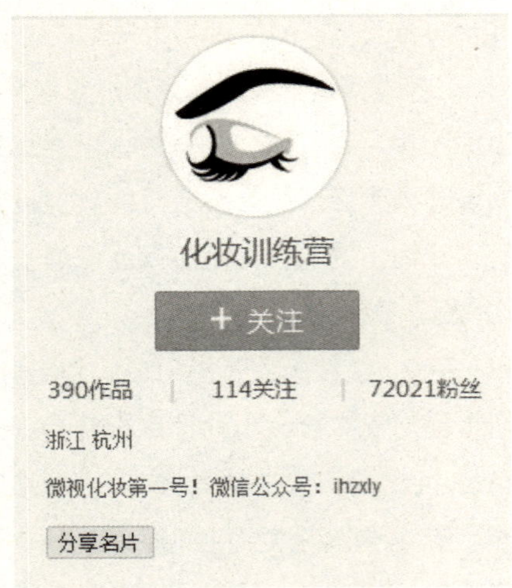

（四）提问句式，发人思考

以问题的方式、提问的方式取名，让关注者获得兴趣。纵观多个昵称，无论是微视，还是微信、微博、QQ，很少有用提问句来做昵称的。公众账号采用提问句，在另辟蹊径的同时，能起到一种与受众沟通交流的效果，昵称采用问句问了受众所想问的问题，点开账号是对受众想知道问题的回答，这在很大程度上符合受众的心理，无疑是一种高效的吸引受众的方法。

例如“爆笑去哪儿了”“旅游去哪儿”“去哪儿玩”这类昵称就是采用了提问句，受众在看到这种账号的时候，假如有类似的需求，就会觉得符合自己的心意。例如，想要旅游的受众，在看到“旅游去哪儿”这个昵称的时候，会觉得正好回答了自己的问题，自然会点击账号进行浏览。这类账号的最大特点就是顺应了受众的思维模式，直接明了。

3.2 面子工程第二步：花样展示自己

前面我们讲了昵称的选取，我们知道，昵称在网络中相当于人们在现实生活中的名字，如果还拿网络与现实相比较的话，那么微视里的简介就相当于在现实生活中，人们初次见面时的自我介绍。自我介绍通常很简短，比如各种面试，通常都有一定的时间限制。所以，想要在别人了解你基础信息的前提下，又给人留下深刻印象，也是需要花费一番功夫的。微视中账号的设置显示的信息除了头像、昵称之外，简介也是直接显示出来的。受众在“发现”一栏里随意搜索，或者浏览推荐的各种明星达人时，都能看到他们的简介。微视中的简介有 40 个字的字数限制，如何利用 40 个字来吸引受众，从而获得点击率至关重要。

（一）对自己的账号进行简要说明

通常情况下，个人账号的昵称一般都具有自己的风格特征，根据前面讲到的，可以是超长昵称型、俗不可耐型、借来一用型等。那么，仅从一个简单的昵称是很难看到这个人的身份、性格、爱好等一系列特征的，这个时候，就需要在简介上面说明。说明主要分为以下几个方面：

说明自己的身份：很多时候一些人可能在自己所属的圈子内小有名气，但是并没有达到家喻户晓的地步，这个时候可以在简介上标明自己的身份，也就是自己的职业，使得大家更好地认识自己。当然，为了便于自己和业界其他人士联系，或者是为了自己的事业，也可以在简介中标明自己的真实姓名，以便于联系沟通。

说明自己的爱好：俗话说得好：“物以类聚，人以群分。”想要吸引到与自己志同道合、趣味相投的朋友，就需要在填写简介的时候标明自己的兴趣爱好。这样一来，跟你有相同喜好的人看到你的简介，自然就会关注你。以下两幅图中所显示的账号简介，都简明扼要地指出了自己的爱好。第一个很直白很明显，而第二个仔细看来也不难理解，那就是一个爱猫人士。

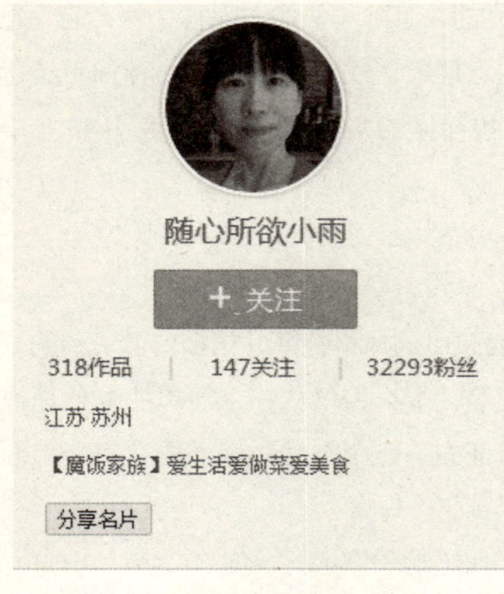

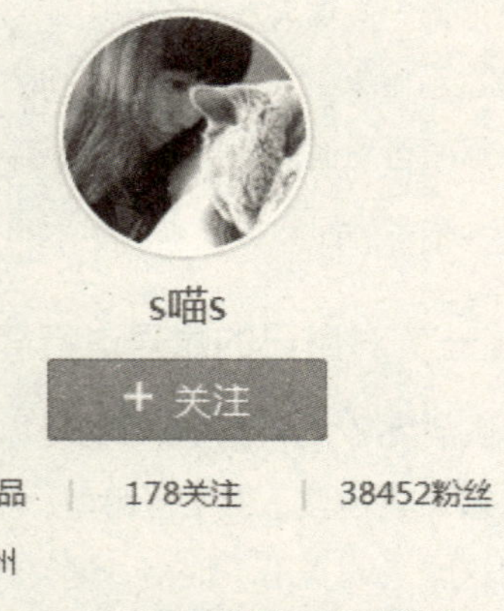

说明自己创建微视的目的：很多情况下，人们开通微视账号只是很单纯地想记录自己的生活，并没有想借此来推销自己或者做广告，但有时候他们的简介无意中表达了自己开通账号的目的，而有些人看到他们的简介后，了解到了该账号经常发布的会是什么内容，如果是自己感兴趣的，同样会关注他们。例如“中国小妞一樱桃”，她的微视简介里除了公布樱桃的出生日期，最后还加上了该账号的目的，就是“用微视记录宝贝成长”。那么很显然，该账号发布的内容自然就是跟小孩儿的成长有关，这样一来，即便是没想要“吸粉”，恐怕一些准妈妈或者是刚做妈妈的年轻女人们也会关注该账号的。不得不说，这在一定程度上达到了“无心插柳柳成荫”的效果。

（二）推销自己的账号

个人的微视账号可能不是为了“吸粉”，或者并不想在微视圈里成名，所以他们的简介就完全随心所欲，按照自己的喜好来。但若是企业等公众账号，他们的目的往往是吸引更多的粉丝，鉴于此，他们的简介一定要最大化地展现自己的优点，以向受众推销自己的微视账号。通过简介，他们可以简明扼要地表达出此账号可以给自己的目标受众带来哪些便利和好处，以此来达到吸引受众的目的。如下所示，“笑话 8 秒”“每天穿衣打扮”和“美女教你穿衣打扮”这三个公众账号采取的是通过利益诱惑来展示自己的优点，受众可以方便快捷地了解到该账号将给自己带来的好处。而类似于“化妆训练营”这种账号则是通过向受众展示自己的地位来达到“吸粉”的目的，受众看到“微视化妆第一号”这样的字眼时，必定会觉得该账号很权威，人们都喜欢关注最好的，这么一来，吸引受众眼球也就自然而然了。

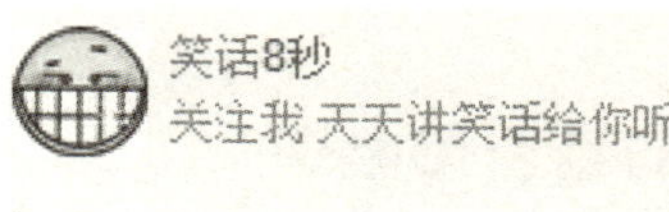

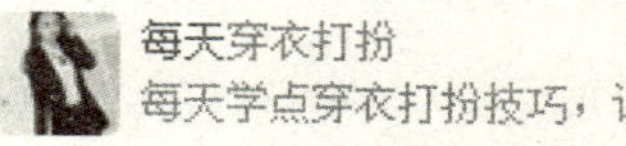

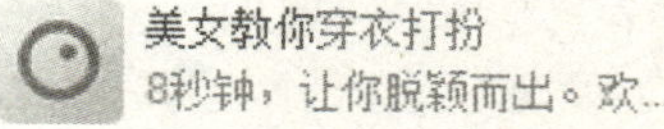

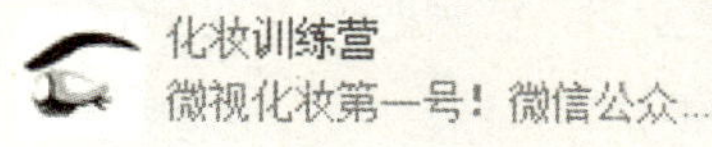

不过，除了对自己的微视账号进行推销以外，很多时候，一些人在吸引了足够多的粉丝以后，就会通过微视这个渠道来对自己的其他账号或者网站等进行宣传，而把这些宣传内容放在简介里是再合适不过了。只要是该账号的粉丝，就能看到他的简介，从而使发布者达到宣传自己其他账号的目的。这样的例子有很多，如下图中所示，曲珈叶 Gaia 的微视账号简介，就直接把自己的微信号和淘宝店网址发布出来，而实质性的简介只有一句“很高兴认识大家”。这种情况就是很直接地利用简介来推销自己的账号，使受众了解并关注他。

3.3 面子工程第三步：一句话引爆眼球

打开微视，我们可以看到，很多视频的下面都有一段简短的文字描述，或是几个表情。在拍摄一段微视准备发送的时候，会提示添加描述，但如果不想添加也可以发送出去。那么，为什么几乎所有的微视下面还是会有一段文字描述呢？

其实不难理解，拍摄一段视频之后，想要把自己的视频推销出去，一个具有强大说服力的描述必不可少，这就像推销员推销自己产品时的说辞一样，想要别人对你的产品埋单，则必须要抓住受众的心理，对其进行产品特性的讲解。因此，一个好的描述，同样是吸引粉丝的强大武器。具体来说，描述主要从以下几个方面着手来写，也可称之为描述的分类：

（一）对内容进行解释说明

这一点算是对微视内容的最基础的描述。我们知道，很多情况下一段视频我们只看视频内容时，会觉得把握不住主题和中心思想，甚至看完之后有种一头雾水的感觉，不知道作者想要表达的到底是什么意思。比如“Roy和Sue”曾发布的一段微视中就是一段三人组成的乐队的表演，看完之后如果不看下面的描述，丝毫不知道想要表达的是什么。只看视频人们不知道这三个人是谁，他们是哪里人，是什么乐队，以及作者想要抒发的是什么感情。而看完文字描述之后，我们的疑问都会得到解答。很显然，描述起到了解释说明的作用。

还有一种解释说明，是对内容的翻译。有很多时候微视的发布者是外国人，拍摄内容也是有关外国人的，视频中的语言是外语，这时候就需要在文字描述中对视频中的话语进行翻译。否则，一些人听不懂，就十分影响视频的传播效果。以下图中的视频为例，视频中男孩儿说了一句："This is my sad face." 以及后面拿起电话说了一句："Hello grandpa." 如果没有下面的描述，不懂英文的人完全看不懂视频在讲什么。就算是懂英文的人，明白第一句话的意思，也可能把握不住视频发布人想要表达的东西。其实，作者是想说视频中小男孩说自己表现的是难过的表情，但作者并不觉得他的表情显得难过。此外，最后小男孩儿给爷爷打电话的镜头，如果没有下面的描述，受众同样不知道男孩儿是在假装给他爷爷打电话。总而言之，这段描述首先对视频中男孩儿说的话进行了翻译，但更为重要和传神的是，它用疑问句“这好像不是悲伤吧？”一下子点明了这个视频的笑点，把小男孩儿的调皮可爱刻画得活灵活现，起到了画龙点睛的作用。

This is my sad face这是我悲伤的脸，可是Isaac，这好像不是悲伤吧？后来又假装哭了，还假装给爷爷打电话。

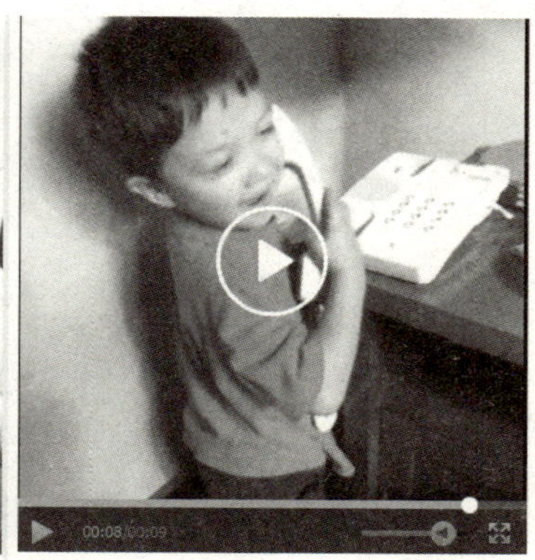

This is my sad face这是我悲伤的脸，可是Isaac，这好像不是悲伤吧？后来又假装哭了，还假装给爷爷打电话。

（二）开门见山，直指亮点

一段好的描述一定是最大化地为视频服务的，描述具有吸引力，受众才有想要观看视频的冲动。我们知道，尽管微视只有 8 秒，但它毕竟是一段视频，即便是在 WiFi 网络的情况下，可能还要缓冲几秒钟才能观看。那么，这时候受众就会趁着缓冲的空当看一下关于视频的描述，如果描述让受众觉得没有兴趣，那么可能就直接滑向下一条微视了。更何况有时候是在花费自己手机的流量观看，受众一般会选择“仅在WiFi下自动播放”，那么，除了视频的第一帧画面以外，一段描述的好坏直接决定了受众是否会点击视频进行观看。因此，对视频的描述一定要开门见山，在描述中展示出视频的亮点。

如下图所示，由第一帧画面并不能看出他们两个在做什么，如果没有一个很好的描述，人们很可能就不会打开观看。再看该视频的描述，直接指出这段视频讲的是演员在拍戏，而且拍的是危险动作，最后又加上了一句“估计这辈子都只有这么一次经历”。这就直接点明了这段视频的亮点，那就是危险。人们对一些具有刺激性的东西天生感兴趣。很明显，描述中所展现的亮点直接抓住了受众的心理。人们会很想看一看，到底是什么危险动作。

因此，对于画面第一帧看不出来是要表达什么，而且又不容易吸引人的视频，可以采用开门见山、直指亮点的方法来对视频内容进行描述，通过描述来推销自己的视频，获得受众的点击。

（三）设悬念吊胃口

悬念，在古典小说里称为“扣子”或“关子”，即设置疑团，不做解答，以唤起读者“刨根究底”的欲望和急切期待的心理，借以激发读者的阅读兴趣。这种写法容易引人入胜，形成波澜。正如写文章时，不同类型的文章要采用不同的开头一样，对于不同的视频内容，同样需要运用不同的手法来描述。有些视频就适合用开门见山式，而有些视频则需要设置一些悬念来吊足人们的胃口，也就是人们常说的噱头。在许多时候，噱头是不可或缺的，一个好的噱头能达到一种令人非看不可的效果。

悬念的设置一般要有三个环节：第一是提出悬而未决的问题，设置谜面，把观众置于悬念之中；第二是利用“悬”而有“念”的心理因素，使观众产生急切求解的心理；第三是拨开密布在观众心头的疑云，即解决矛盾，揭示谜底，让观众获得心理上的满足和艺术上的享受。

例如下图所示，描述中指出“最后一张有惊喜，其实我是男孩子”。这句话本身就设置出了谜面，我们可以看到，视频中的第一帧画面是一个身着古装的小女孩，而这句描述则与视频中的第一帧画面形成了强烈的反差。为什么说画面中的人物其实是个男孩子呢？人们自然而然就会产生这样的疑问，这也就把观众置于悬念之中了。这就是第一个环节。而描述中告诉人们，最后一张照片会给人们惊喜，那么也就是说观众要看到最后一张才能见到“庐山真面目”，这就吊足了人们的胃口，给了人们看到视频最后一秒的动力。这也就是第二个环节，利用了“悬”而有“念”的心理因素，告诉了观众最后一张有惊喜，使观众产生了急切求解的心情。直到第三个环节，当人们看到最后一张照片的时候，的确看到了一个帅气可爱的小男孩，并且认出这个男孩就是刚才照片中的小女孩时，便获得了心理上的满足和艺术上的享受。这便是充分使用了设置悬念的方法，来达到吸引受众，获得点击率的目的。

最后一张有惊喜，其实我是男孩子！

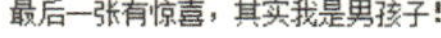
让照片飞

最后一张有惊喜，其实我是男孩子！

让照片飞

（四）利益诱惑

企业等公众账号在发布微视的时候，通常情况下是对自己产品的宣传，而受众其实往往不太喜欢过于商业化的视频，如何利用好视频的第一帧画面，以及如何对视频进行描述，是需要深思熟虑的。原则是拉近与受众的距离，不要让受众觉得你的视频是在为自己做广告，要尽量具有趣味性，足够吸引受众。此外，描述要具有一定的技巧，除了前面讲的可以开门见山地指出亮点，或者制造悬念来吊足受众的胃口，企业等公众账号在制作微视宣传其产品的时候，一定不能忘了满足受众的需求。下面以小米官方账号为例，看看他们是怎么利用描述来获得点击率和转发量的。

由上图我们可以看出，该视频的描述只有两句话，第一句话给人制造了悬念，饿了就可以拍点小米出来，人们不禁会想，怎么才能拍出小米。这就是通过制造悬念的方法获得了点击率。而企业等公众账号的目的不仅仅是获得点击率，他们同样想获得转发量和点赞数，因此就有了第二句话，只有点赞才能揭晓答案。这也就是说，只观看视频是得不到答案的，必须得点赞才行，这就一环接一环地使观众心甘情愿地按照商家设计好的路线走。

再来看一个例子，下图所展现的视频中，描述所带的利益诱惑就更加简单直白了，想要得到年度发布会珍藏版邀请函，就得点赞转走，并且还有机会抽到一枚红米Note F码。从这个例子不难看出，发布者在描述中最大限度地对受众进行了利益诱惑，在描述中适当地加入一些受众可能会感兴趣、又不损害企业利益的小回馈，能够很大程度地调动人们的积极性，拉近受众与公众账号的距离，使人们有一种参与感，同时企业又获得了他想要的转发量、点赞数等。

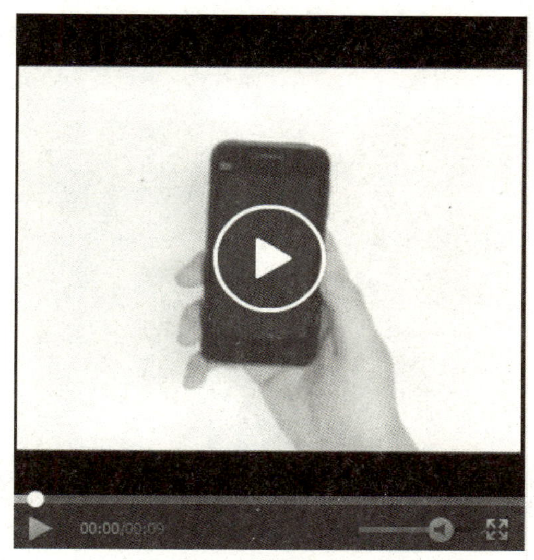

惊天小魔术，小手一抖，门票到手！2014小米年度发布会珍藏版邀请函来了，想要请点赞转走。顺便抽送一枚红米Note F码～http://url.cn/PGeGFe

（五）描述为主，视频为辅

大多数微视中，都是以视频为主，描述只是起到辅助性的作用，对视频进行锦上添花。但随着微视中“动感影集”的出现，越来越多的人发布由照片和音乐组成的视频，而不仅仅热衷于拍摄8秒微视。这就带来了这样一种情况，那就是以描述为主，微视的发布仅仅是为了发表一段优美、或者是富有哲理的文字，而视频和音乐只是作为辅佐来使人们更好地理解描述中所展现的文字。

这样的现象在微视中也是很常见的，例如下图所展现的视频，第一张画面是奥黛丽·赫本，人们对她耳熟能详，但点开视频后会发现，这段视频仅仅是配上了赫本的几幅图片，视频本身并没有表达出任何故事情节，而视频下方的描述才是亮点。发布者的账号昵称是“疗伤话_”，由他的昵称就不难看出，他发布这段视频主要就是让受众看下面的描述，通过描述中所呈现的文字来达到疗伤的目的。最后，还推荐人们关注下面的三个微信号。通过这些可以看出，这类微视账号走的是文字路线，他们的重点不在发视频，而只是通过照片和音乐来烘托文字。通过分析该公众账号的昵称，以及账号所发布的内容，和最后一句推荐女性朋友关注三个微信号可以看出，“疗伤话_”的目标受众应该主要是女性群体，而且是成年的女性朋友。不难分析出，该账号主要是通过发布类似的疗伤话语来吸引女性受众，从而获得她们的关注。

有多少人故意赌气关掉手机，忍不住打开后，发现什么也没有。自作多情以为自己在他心里有多重要，　到最后才发现自己原来是个笑话。别在傻了，人家不在乎你。女性请加微信号：kkzz80 推荐关注林心如_RubyLin 林俊杰_JJLin

PART4

将“创意”进行到底

4.1 完美微账号是这么来的！

了解了如何开通微视账号，如何使用微视，以及如何给你的微视添加描述之后，想必你对微视已经有了初步的了解，但玩转微视的关键在于微视的内容是否“够有料”，是否足够吸引粉丝。那么如何填充内容，如何让你的视频更有创意、更特别、更容易脱颖而出呢？

微视首页每天都会推送用户的精品微视，被推送到“每日精选”的微视，播放量基本都在四五万以上，甚至达三百多万。什么样的微视才能够吸引人们关注呢？

在拍摄微视前，除了要准备好拍摄所需的设备，更重要的是要构思好微视的内容，这时你需要好点子的支撑。好点子是怎么产生的？从什么角度选取点子？这些便是我们所要关注的内容。

4.1.1 激发情感，引起共鸣

要想构思出一个成熟的创意，必须了解受众的心理，把握好受众的关注点，才能有针对性地抓住他们感兴趣的内容。

人们无论是欣赏电影，还是看电视剧、戏剧、小说，或者听音乐，这些内容中某种情节或者旋律触动了他们记忆深处的某种情感，便会让他们觉得作品亲切感人。比如电影《归来》让很多中年观众纷纷落泪。可以说《归来》正是借用历史题材，勾起了人们对20世纪70年代的特殊记忆，一首《渔光曲》更是感染了无数观众，因而其票房成绩十分傲人。好的作品一定具有某种情感诉求，能够关照到某些人群的情感需求，引起他们的共鸣。因此无论是广告还是微视的拍摄，如能在创作过程中投入情感，运用一些能够引起共鸣的素材，便不难吸引受众。

在拍摄微视时，内容构思一定离不开对受众的关注。对某些热点问题或热点事件的关注，对人们身边发生的趣事的关注，或者对人们普遍具有但往往被忽视的习惯或细节进行改编和创作，都可以很好地吸引人们的关注。但是并不是引起人们情感共鸣的内容都是优美、淡雅或悲伤的，在微视这个相对“娱乐化”的平台，幽默、搞笑的创意内容更能吸引大家的关注和共鸣。

（1）萌宠萌娃萌倒粉丝，卖萌无极限

在这个“萌物”横行的时代，各种“萌”都被用来吸引受众。为什么这些“萌物”能够如此受欢迎呢？先看看下面几张图：

单单看图片，也许你就已经被这几个萌娃萌宠楚楚可怜的眼神吸引了。看到他们8秒的动态视频，更会让你的心瞬间变得柔软。这就是萌娃萌宠萌物们的吸引力所在。

可能有人会问，这种萌物的微视怎么能叫“激发情感，引起共鸣”呢？

其实，无论男性还是女性，当他们看到小动物或者小孩的时候，心中都会产生怜爱的情感。这些萌物往往会激发人们心中强烈的保护欲。每个人都天生地对弱者有爱怜和关怀的情感。相关研究人员也称这是一种高度积极的情感互动，是一种正向的情感宣泄和本能反应。微视中传播萌物萌娃走萌系路线的用户们，正是抓住了当前“萌系”当道的机遇，激发了人们的情感，引起了大家对萌物们的怜爱。比如在微视上比较火的“@奥利消解and叮叮先生”就以宠物猴的生活记录为主，现在已经吸引了18000多名粉丝，他的宠物猴也大受欢迎。

所以从你家萌宠下手说不定就是个好主意呢。

（2）“井姐”犯二女神经当道，搞笑无极限

“井姐”是什么？

“横竖都是二啊！”

没错，现在微视当红的内容中，少不了“二”这个题材。千万别以为激发大家情感的一定都是主流价值情感，反而以前相对边缘的价值情感在“娱乐为主”的微视平台大受欢迎。因此我们可以发现，在微视中受欢迎的达人们，哪有中规中矩地对着镜头讲话的？几乎所有人都要“无厘头”一番。而这种无厘头又是怎样激发起大家的情感的？

比如下面这条微视，是@罗休休在七月初发布的，标题为《据说大学生都是这样复习的！》。在这条微视中，用四组镜头分别表述了“考试前一周”“考试前三天”“考试前一天”以及“考试当天”的四种状态。“考试前一周”拿着iPad边吃东西边看电影，乐不可支；“考试前三天”拿着手柄打游戏，激情无限；“考试前一天”就临时抱佛脚，比热锅上的蚂蚁还焦虑；到了“考试当天”，就只能烧高香求过了。

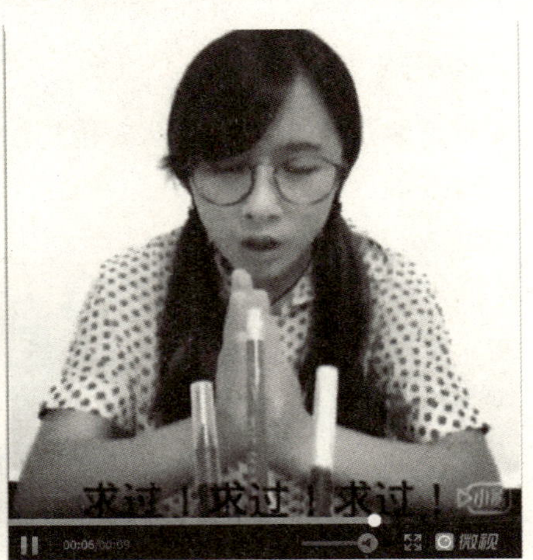

这条微视被播放了 90 多万次（数量还在增长中），被 9623 个用户点赞，被转发了 610 次，获得了 329 条评论。几乎所有大学生一看到这条微视便能够迅速回忆起自己的大学生活。网络上流传一句话，大学生的考试用最后一周就可以完成，集中反映了大学生在临考前一周抱佛脚的普遍状态。看到自己大学生活的真实写照，激起了自己对大学生活的记忆，会心一笑，开心地点个赞表示支持便是这群用户的普遍观看心态了。

再如下面这条微视，是由微视达人@恋珊妮发布的。这条微视反映了不同科目老师对学生的不同要求，但这些要求之间或许是矛盾的。比如语文老师会告诫学生“你们每天拿一小时背课文，语文能学不好？”英语老师则告诫学生：“你们每天抽几分钟背单词，英语能学不好么？”而班主任却抱怨：“你们每天早点睡，至于上课睡觉吗？”学生们只能弱弱地说句：“老师，你们在逗我！”老师们的建议看似很有道理，但把这些建议加起来，我们会发现，时间用来背单词和课文，就没有时间睡觉。这便是众多老师们留给学生的两难问题。

这条微视已经被播放了40多万次，获得了8142个赞，有436条评论，被转发了572次。这条微视几乎激起了所有人小学或初中时代的记忆。这种现象几乎在每个时代都会出现，因此不管哪个年龄层的受众，看到这条微视一定会引起共鸣，老师们的殷切期望和学生时代的学业负担构成了我们学生时代的记忆。而这条短短8秒的微视，瞬间打开了我们记忆的闸门。这种能够引起共鸣的微视，在调侃了我们记忆的同时也让我们欣喜不已。以上只是就“激发情感，引起共鸣”举的几个例子，只要能够抓住引起人们共鸣的核心，就一定能让你的微视脱颖而出。

4.1.2 打破思维定式，意料之外，结局大反转的剧情

一般而言，剧情短片都有一个通用的流程，分别是开端、发展、高潮和结局。8秒钟的微视与其他类型的剧情短片相比，可以说是将时长和节奏大大缩水了，但是也加强了对于刺激性剧情和情节的需要，需要在一瞬间搭建起来稳定的故事架构，推动情节游走，给予观众深刻的观看感受。于是打破思维定式，推行“反转”和“意外”就成为剧情设计的捷径了。

“反转”的大规模运用并为广大观众所熟知，是从韩国SBS播出的45分钟《反转剧》节目开始的。如果从电视与电影中汲取灵感，我们会发现，“反转”之所以能取得相对震撼的心理感应，是因为当观众对信息不了解或者不完全了解时，人物行动的目的就能得到很好的隐藏，观众只能凭借支离破碎的信息和编导设计的剧情在自己的潜意识中推导出自己认为的结局，直到剧情结束观众才掌握人物的真实想法和意图，并为此感到惊讶。“反转剧”最大的特点就是“反”，故事内容和人物形象在剧中随时间的推移发生了巨大逆转，这是它的最大看点，也是反转剧受到观众热捧的根本原因。在故事短片里，一部反转剧要么体现“人物反转”，要么属于“剧情反转”。两者常常互相渗透，彼此推动。

“人物反转”是指设置的人物与当前媒介中常见的人物形象相比有着鲜明的“个性”特征，这种特点为反转剧最终反转创造了有利条件。比如电影《中国合伙人》中主角成冬青身上一开始出现的与其他创业者格格不入的人物标签：平凡、土鳖、笨拙、老实，这与他事业成功后的严苛、固执、张扬的性格形成强烈反差。“剧情反转”就是指“真结局”与观众自己推断的“假结局”是完全相反的。比如好莱坞大片《惊天魔盗团》中，在叙事将要完成之时，导演才告诉观众，本片的第一反派与第一正派为同一人，幕后推手即是负责本案的FBI探员。观众大跌眼镜，并为严密的剧情与层层的悬念设计叫好。

但是微视只有8秒钟，8秒钟如何策划出严密的剧情，怎么塑造出立体的人物呢？其实不难。微视反转剧中的人物形象要尽量性格简单，做到扁平化。短片人物只有一个特点，你要牢牢把握这个特点，并发扬光大，再进行反转。要多从现实生活中汲取经验和灵感，充分使用道具与表演，设计出有意思的、有创造力的桥段。下面，从两种策略入手，来教大家如何实施“反转”。

（1）视角不同，真相就不同

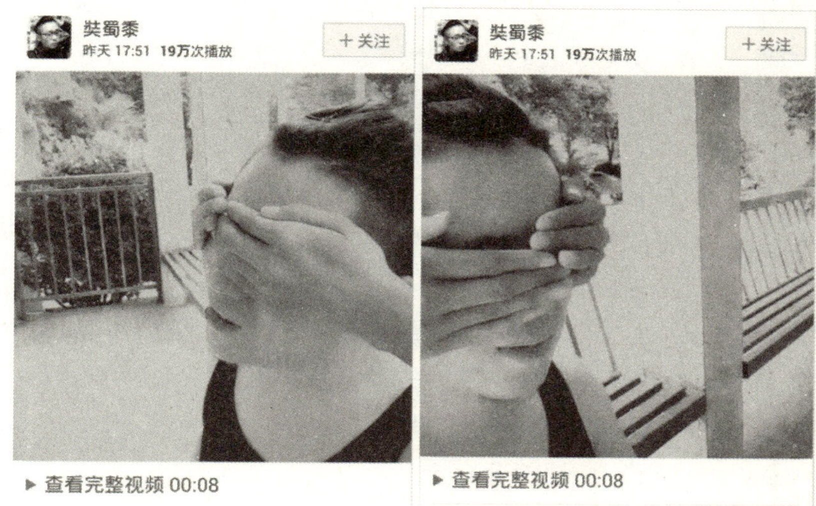

观众其实是狭隘的、片面的，因为他们只有通过摄像机和剪辑才能窥到事件的真相。当导演所知道的信息比观众得到的信息多的时候，我们就可以推出一个“假真相”来为“反转”创造条件。如上图所示，在“奘蜀黍”这条微视中，其实第一个镜头就已经巧妙地塑造了“假真相”：一双白净细腻的手蒙住男主的眼睛，男主不禁柔声问道：“是你吗？”而周围的环境显得清新安宁，这似乎是个校园爱情故事呢！第二个镜头，换机位、拉特写，男主还是在呼唤身后的那个姑娘，“是你吗？”

可是姑娘就是不撒手，观众不由会心一笑："真是个淘气的妹子！"其实这个镜头也在继续为"假真相"造势，多机位只会让观众以为自己的视角是客观的、是真实的。待到第三个镜头，终于轮到正面拍摄，拉镜头，从男主特写拉到双人景，出现一位正在鄙夷主角的配角，而男主……等等！只见一个束起长发的肌肉男在那里捂住自己的眼睛，来回扭动肩膀，娇声喊道："别捂人家！别捂人家！"原来他在自导自演啊！

一般而言，反转剧情的8秒微视里，最后1~2秒才是真相推出的时刻。开头1~3秒是"假象"浮出水面，中间的段落是反复在为"假象"蓄势，营造真实感。在铺陈和反转之间，铺陈其实更为关键，只有"假象"塑造得更为自然不造作，不泄露反转的可能性，才会在最后1~2秒形成强烈的反差，以达到"反转"的效果。这不是对剧情设计的考验，而是摄影和剪辑技术水平的体现。

（2）单纯利用道具和表演推动反转

仅仅靠道具和表演来实现反转，就是指抛弃了给观众塑造主观视角的做法，纯靠戏剧本身的情节线来讲故事。这种做法在微视中运用得更为广泛，因为它对拍摄和剪辑水平的要求不高，一般使用正面视角将所有信息不加遮蔽地传达给观众。但是另一方面，它对演员表演的要求就会比较高，没有摄像机的帮忙，是否能做到随意、搞笑、不生硬，很大程度上取决于剧情设计和演员的表现力。在这里用两个例子来进行对比。

在明星张含韵这条名叫《被嫌弃了》的微视里，采取了一镜到底的模式。张含韵站在台式电风扇旁端起架势练歌，身后一位男士伏在桌前写字。忽然电风扇风向一转，对准了张含韵，使她瞬间成为“梅超风”，并且歌声由于扇叶转动变得极其怪异，这时一个枕头对准张含韵砸来，原来是那位男士被“鬼音”干扰得忍无可忍了。

平心而论，作为明星个人账号，这个创意是相当可取的，演员的走位、道具的设计、声音的渲染都可圈可点。但是由于它一镜到底，而且缺少动态感，使得整条短片充满了“摆”的不适感。这个不适感从何而来呢？观众不排斥以“笑点”为目的的摆拍视频，但是从拍摄风格来说，这条“被嫌弃了”的无断点、无转场的风格使它更像一个抓拍的纪实视频，但是它的剧情却充分说明了它是摆拍“反转剧”。下面我们来看一条草根创作的“反转”微视。

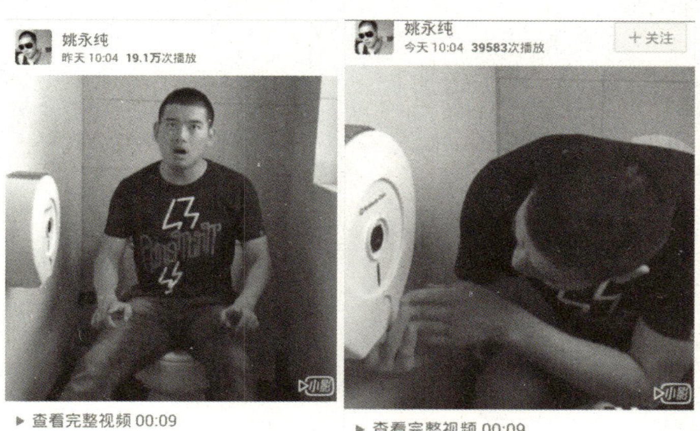

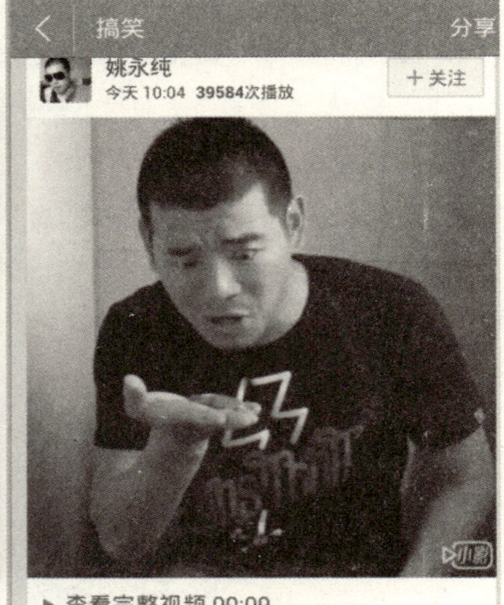

如上图所示，姚永纯在方便的时候发现没有了厕纸，居然幸运地在厕纸箱里找到一张 10 元的纸币，情急之下他敲了隔间的门，通过隔板下的缝隙想换来 10 张 1 元的纸币救急，正当他想为自己的机智叫好时，隔壁递来了 10 枚 1 元硬币，让他当场傻眼。这是一条成功的反转短片，互联网对于“新、奇、特”的追求使得题材与内容都不排斥“俗”，相反，越是“俗”越有传播的可能，但是此类题材需要演

员放开姿态、夸张表演。此外，频频的特写镜头、恶搞的表情与恶作剧似的剧情浑然天成，让人忍俊不禁。姚永纯在微视的标签是“雷人队队长”，他的喜剧脸为这种客观视角叙事的反转剧注入了关键的要素，这对于一个草根账号来说，是难能可贵的。

4.1.3 设置悬念

生活中，那些会讲故事的人，总是能通过各种方法来吸引你的注意力，他们总是在不知不觉中最大限度地激发观众对故事的兴趣。其实，剧情片使人们感兴趣的关键是悬念的设置，这样的方式从一开始，就把握观众的情绪，使他们持续关注人物的命运，勾起他们对情节和结局的迫切的求知欲。

悬念和情感是分不开的，悬念依赖于人的情感。悬念抓住观众，换句话说，就是牢牢锁住了观众所期待的范畴和方向，在他们的情感导向方面占据了主动，留给观众一种欲知下文如何的心情。电影《盗梦空间》延续好莱坞大片常规套路，似乎很难创新打开局面。导演为了吸引更多观众的眼球，选择从电影内部另辟蹊径。在情节中，在电影叙事结构上，设计了层层悬念，让悬念衍生出庞大事情节点，把一个类似盗贼的故事讲得扣人心弦。

微视虽然时长短，但是我们可以做到小而精，专注于一个悬念点，并贯穿整个 8 秒钟，就足够使短片紧密而流畅，具有爆发感和刺激性。在 1~3 秒之内通过文字或静帧展示一个超乎常理的情境，通过画面表现一个不可思议的结果，或者是引人注意的场面。当受众接触到这些第一手信息时，不能够马上得出结论，由此萌发了揭开谜底的好奇和欲望，这时悬念就随之产生了。经过一段思索和求知的过程之后，受众可以借助于影像或者配音提示信息，获得背后隐藏的真相，悬念由此破解。

（1）标题设悬念。在微视界面上，描述（即微视的标题）与视频是同时显示的，往往在等待画面加载的时候，观众会迅速扫一眼描述。如果微视的描述设置了悬念，人们自然会在加载完成后看完这 8 秒；如果描述丝毫没有吸引力，观众完全有可能用手指划过这一条拒绝收看。运用标题制造矛盾、设置疑团或问题，是在第一时间设置悬念的一种方法。

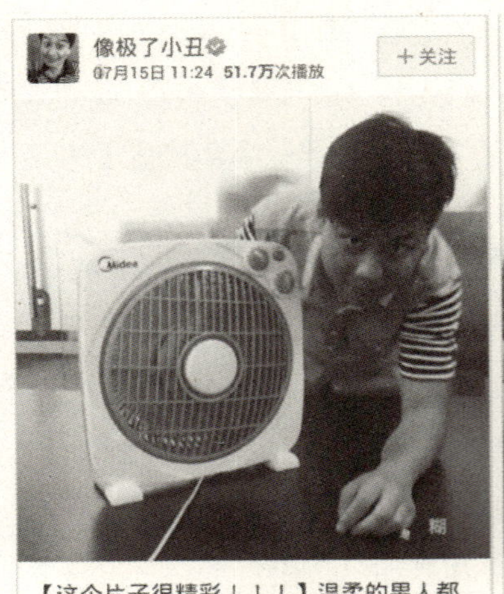

如图所示，在“像极了小丑”这条微视中，悬念成功地设置在了两处。一是描述与第一帧所提供的信息冲突，二是描述的语气与口吻挑起了观众的好奇心理。第一帧是一个男人与他的电风扇，描述的前半句是“温柔的男人都是纸做的”，起始画面并没有出现纸张，这会让观众感到好奇。描述的后半句又以自信满满加挑衅的口吻说“不信我证明给你们看”，似乎猜中了观众怀疑的心思，激起观众想看“证明”的心理。在微视正片里，男人借位冲进电风扇“里面”，飞成五彩的纸张飘散出来，这一视觉奇观既满足了悬念的结局，也制造了一种无厘头的笑果，可笑又可气。

（2）**开头设悬念。**这是所有艺术载体，包括文学、影视惯用的设置方式，在叙事前半段就设置一个“圈套”，吸引受众跟随作者、导演一同探究。这也是一种“结果前置”的方式，先将人物命运或者故事结局放在眼前，再去叙述真相。在微视中，这个开头即是第一、二个镜头，在前几个镜头就要给予观众充分的震撼感，使得他们在观看时投入更多的注意力。

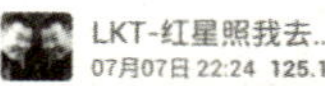

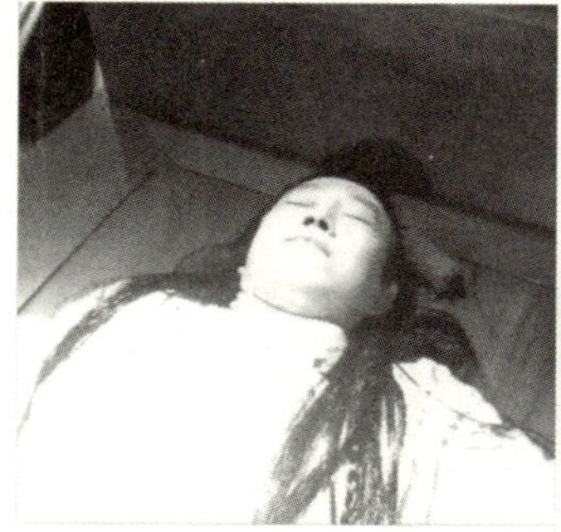

李元芳重病失忆，狄仁杰前去探望~【狄仁杰】元芳、元芳，我是狄仁杰啊【李元芳】你胡说！我只听过情人节，哪有什么敌人节？~（元芳你怎么看）

导演好玩儿　每日精选

LKT-红星照我去...
07月07日 22:24 125.1万次播放

李元芳重病失忆，狄仁杰前去探望~【狄仁杰】元芳、元芳，我是狄仁杰啊【李元芳】你胡说！我只听过情人节，哪有什么敌人节？~（元芳你怎么看）

导演好玩儿　每日精选

李元芳重病失忆，狄仁杰前去探望~【狄仁杰】元芳、元芳，我是狄仁杰啊【李元芳】你胡说！我只听过情人节，哪有什么敌人节？~（元芳你怎么看）

导演好玩儿　每日精选

李元芳重病失忆，狄仁杰前去探望~【狄仁杰】元芳、元芳，我是狄仁杰啊【李元芳】你胡说！我只听过情人节，哪有什么敌人节？~（元芳你怎么看）

导演好玩儿　每日精选

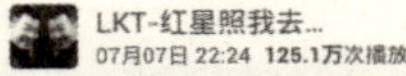

“LKT-红星带我去赞逗”这条恶搞微视获得了百万次转发。我们在观看时可以发现，从第一个镜头起，悬念就被导演埋下了。第一个镜头里，一个古装的白衣男子昏迷在地上（或许已经死去），这是一个超乎常理的情景。第二个镜头里，“元芳，元芳，我是狄仁杰啊”的呼喊和全景交代了真相，这是狄仁杰来看棺木里的元芳啊！第三个镜头是狄仁杰的特写，让观众对于事实本身更为了解。至此，悬念的设置完成了。这个男人为什么躺在地上？……他死了。他是谁？……他是元芳。元芳为什么死了？……还不知道，但是狄仁杰来看他的遗体了。短短 2 秒，疑惑和解答已经迅速在观众的脑海里翻转了几个来回，并设置了更深的疑问。忽然，元芳应声起身，拔剑相向，大喊一声：“你胡说！我只听过情人节，哪有神马敌人节？”剧情大反转，将之前所有的铺陈全部推倒，并利用谐音抖了一个包袱，令观众忍俊不禁。

（3）对比设悬念。用对比的方法设置悬念。对比的方式有两种，一种是短片内部的对比，比如曾经在媒体上红火过好一阵的“女汉子”与“小娇羞”的对比，展示了不同性格的女生在与男生相处时不同的策略和态度。观众就想看到这个“反差”到底在哪里。这就是悬念所在。另一种是与短片外部事物对比，比如利用热门事件和热门人物，进行恶搞或者翻唱、翻拍，与原版形成强烈对比，从而吸引观众点击收看。

二货情侣欢乐多
昨天 20:56 59.7万次播放
＋关注

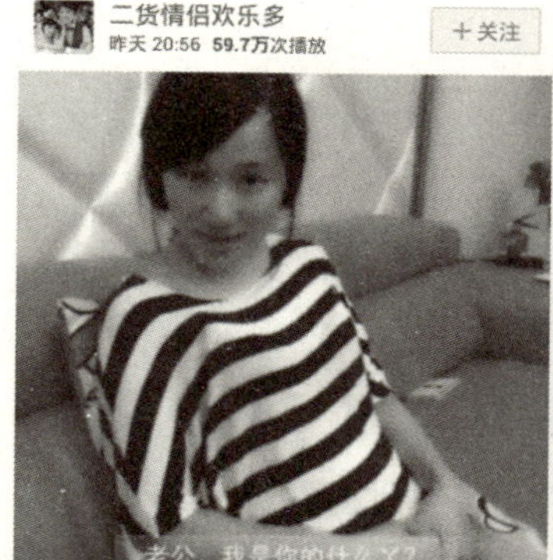

【8秒微电影-《二货情侣可爱多》第25集：媳妇，你永远是我的小苹果，哈哈】看完请转发点赞哦 爱你们

二货情侣欢乐多

二货情侣欢乐多
昨天 20:56 59.7万次播放
＋关注

你是我的小呀小苹果！

【8秒微电影-《二货情侣可爱多》第25集：媳妇，你永远是我的小苹果，哈哈】看完请转发点赞哦 爱你们

二货情侣欢乐多

二货情侣欢乐多
昨天 20:56 59.7万次播放
＋关注

【8秒微电影-《二货情侣可爱多》第25集：媳妇，你永远是我的小苹果，哈哈】看完请转发点赞哦 爱你们

二货情侣欢乐多

二货情侣欢乐多
昨天 20:56 59.7万次播放
＋关注

【8秒微电影-《二货情侣可爱多》第25集：媳妇，你永远是我的小苹果，哈哈】看完请转发点赞哦 爱你们

二货情侣欢乐多

如上图所示，微视电影《媳妇，你永远是我的小苹果》，融合了刚才提到的两种对比悬念方式，第一，在标题上标明了与神曲《小苹果》的关系，建立起短片内部与外部的对比关系，让观众产生好奇心理。第二，在短片内部，前后两段对于“小苹果”的理解也形成了如期的反差。“老公，我是你的什么啊？”“你是我的小呀小苹果！”“老公，你真好呀，我好爱你，么么哒！”但是最后一个镜头中，二货老公跷起二郎腿，将刚刚捧在手心的苹果，攥在胸前，拿水果刀一片片地削去，并狠狠地说：“看我怎么削你！”可谓是看似没有包袱，其实处处都是悬念。除了标题和剧情，分镜拍摄的手法也提高了观众的期待值，分处于两个画面的主角使得观众好奇下一个画面里下一句应对是什么，是否会有新的火花和反转。

在这里介绍了三种设置悬念的方法，其实它们并不是独立运用的。相反，在微视创作中，它们常常是互相渗透，层层推进。综合其中几种并形成统一、自然的整体，才会有充足的、神秘的、环环相扣的悬念感。

4.1.4 发挥想象力

想象力在任何领域都不多余，即便是科学家牛顿，如果那个普通的苹果砸在他的头上，而他缺乏想象力，那么万有引力的伟大发现也将不复存在。也许你忘记了许多2014年巴西世界杯中精彩的进球，但你一定对荷兰队长范佩西的“飞鱼”头球印象深刻，这个进球因其充满想象力，而成为世界足坛的经典。对于8秒钟的短视频，倘若不是由一呼百应的闪亮明星作为主角，有什么理由可以吸引你？一定是让你眼前一亮、想也想不到的好点子，这个一般人想也想不到的点子，当然需要制作者在毫无边际的思维边缘驰骋，然后提供给观者以surprise感觉的内容。

“发挥想象力”在人类的视觉史上绝不稀奇。聪明的人类不仅挑战对自身所处的地理环境的认知，制作出了如《星球大战》般的史诗巨著，也在思考人类自身境遇的时候，呈现出了“人变成猪”的经典动画片《千与千寻》。当你认为宇宙中只有地球存在生命，当你以为人在长期的进化中已是“高级动物”，这些聪明的导演充分发挥了想象力，一方面使我们大开眼界，一方面使我们开始对自身所处的环境以及状态进行更为深入的思索。想象力就是对自身习惯了的事物发起疑问，并将定式的思维归零，重新回到较为初始的状态进行考量。

除了对自身习惯的事物进行思想上的颠覆外，精妙的想象力有时则来自与现实生活的巧妙联系。“冯氏幽默”已伴随中国人很多年。《非诚勿扰2》的开篇以“离婚纪念典礼”赚足观众眼球。现实生活中很多人都经历了不少，甚至包括自己组织的“结婚纪念典礼”，而“离婚纪念典礼”虽然只有一字之差却从未被人想到过，也因而使人眼前一亮，有了继续看下去的强大动力；同样是冯小刚，在贺岁片《私人订制》中又再次耍出了同样的“伎俩”，日常生活中人们花钱买各种服务，他把这个服务延伸到了“做梦”——做梦成为官员、做梦成为高雅之人、做梦成为有钱人。冯氏的想象力正是建造在现实生活的基石上，他只需将现实的一些事物稍稍变个模样，二者虽具有紧密的联系，效果却十分不同。

由此可见，无论是制作电影，还是拍摄广告作品，除了可以使观众产生共鸣，从而在情感上接受呈现的内容外，另辟蹊径打造观众从未想到过的场景或事件，也能引起足够的关注。微视作为 8 秒短视频的新型工具，对制作者的想象力的考验更为严峻，茫茫视频中，才能在最短时间内捕获观众的眼球。因此，我们接下来通过两个部分几个案例，来探讨如何通过“发挥想象力”产生好点子。

（1）寻找联系点，出奇制胜

想象力不是凭空而来的，正如看到白天鹅的存在，可以自然而然问自己世界上是否存在“黑天鹅”一样，好点子的诞生也往往是从惯常的生活中来的。

作为专注于智能产品自主研发的移动互联网公司，小米在其微视上打造的视频与其公司本身的气质十分吻合——集创造力、新锐力、想象力于一身。小米打造的商品本身就对年轻一代有较强的吸引力，“为发烧而生”的广告词更是说出了很多为其痴狂的年轻粉丝的心声。

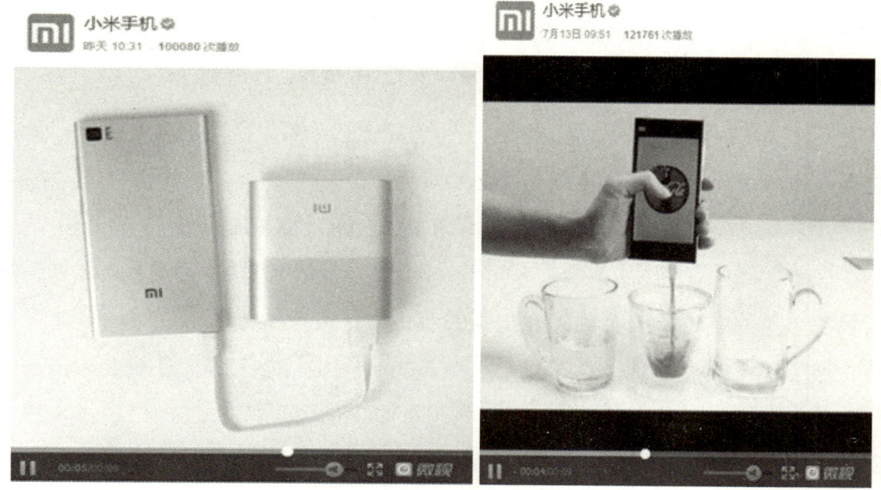

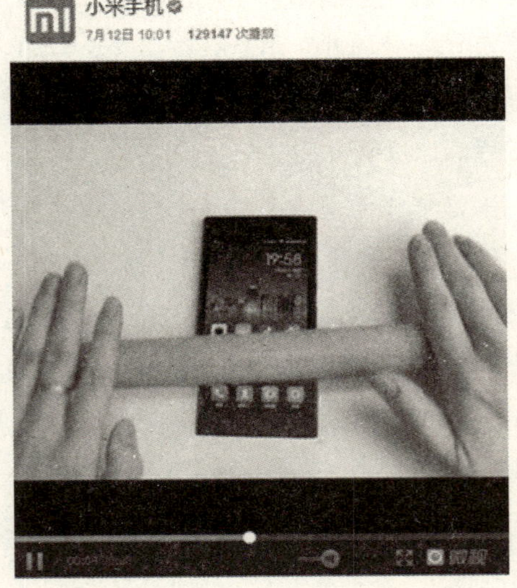

小米的创意味道十足的微视往往采用的是寻找联系点，然后呈现出令人意想不到的效果。手机变薄，很多手机公司的广告绞尽脑汁为客户呈现视觉效果，但小米手机拿出了我们日常生活中，可能再普通不过的擀面杖。这个平时在妈妈手中的厨房利器，却被用在了高科技上，令人只觉“surprise”；随着智能手机越来越与生活中的消费购物相关，小米手机在视频中将手机打造成了“饮料机”，只要通过轻轻一按图像上的雪碧、可口可乐，就能制作出相应的饮品，这又是一次从现实生活中最平常的事物出发，与人们眼中的高科技的完美融合；为了展现小米土豪金的魅力，充电宝也随之变成了土豪金，视频的下方注解“土豪金竟然也会传染！微视君的移动电源不幸感染，目前情况稳定并且感觉自己能量满满的”，将传染运用到对土豪金的宣传上，依旧是带着想象力的佳作。

从小米微视视频的案例可见，创意十足的好点子绝不是凭空出现，而是与日常生活的点点滴滴紧密相关，只是创作者必须具备“联系”的能力，将两件完全没有关联的物体相互联系，这样往往会制造出令人瞠目也令人称赞的结果。

除此之外，网络上不少具有较多播放量的创意视频，都具有此类特点。如一位美丽的跳芭蕾舞的姑娘，没有跳起她擅长的芭蕾舞，而是摆好姿势绕圈圈，这让人看到后立马想起了“音乐盒”上的舞者，唯美的感觉油然而生；平时被人熟悉的“拳皇”游戏，被制作者注入了新的意义。“人类VS外星人”中外星人用百元大钞将人类KO，既令人忍俊不禁，又让人思绪万千。

（2）反其道而行之，颠覆惯常思维

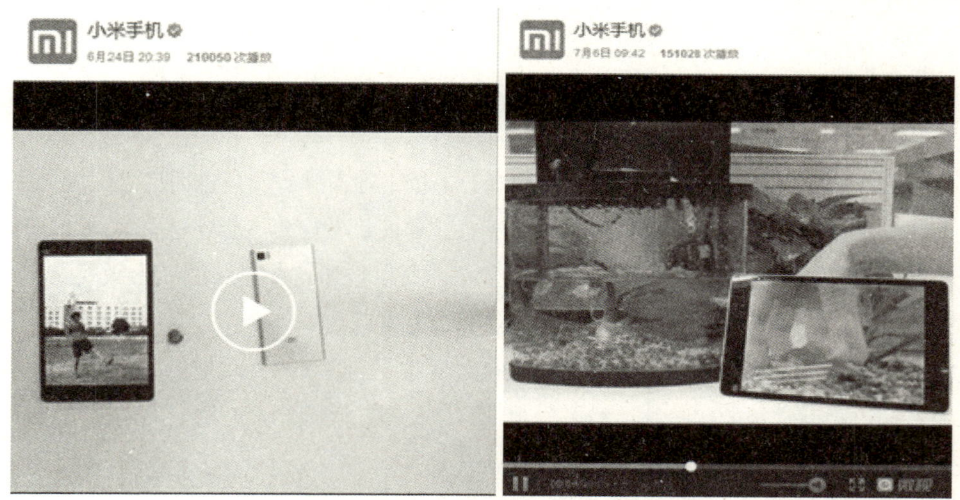

为了表现小米平板画质的绝佳，一只手能直接进去将里面活生生的小鱼拿出来，这难道不是想象力“泛滥”的结果吗？为了表现小米手机的结实坚固，从小米平板中踢出来的足球击打上去也纹丝不动，虽然知道这绝非真实，但你还是赞叹不已吧；如果你的手机忘在了公司，你的同事通过电脑把手机塞进去，它就到了你手上，这是“穿越”的剧情吗？

做现实生活中不可能发生之事，也许与科学常识相违背，但这就是天马行空的想象力的杰作。那些让人过目不忘的微视视频正是来自于不着边际的想象。这些其实能代表人们的一些想象，比如希望忘带的东西能通过一个电脑屏幕，直接“穿越”到自己身边。

4.1.5 反常规实验

反常规实验就是打破人们固有的观念、不按常理出牌、反其道而行之，借助一些实验来取得令人意想不到的效果。由于有违常规，一般人不会轻易去做，一旦你实验出了意外的结果，那就可以一鸣惊人了。所以按照这个思路去摸索微视内容，一般都可以视为好点子。比如，平时大家都认为火遇到水就会灭，但是当你把一根火柴放入水中再拿出时，你会发现，它的火苗是不会熄灭的。你是不是觉得很奇怪呢？像这种反常规的实验往往能吊住观众胃口，引起受众的好奇心，而结果也往往会出人意料，引起更多的关注和转发。

在微视平台中，就有很多用户做了许多出其不意的实验，或是博观众一乐，或是让观众恍然大悟，或是让观众深觉受用，从而获得了不少点击量。下面，我们就来看几个有趣的例子吧，或许从这些好点子中你也能为自己的微视创作找到些灵感！

巧克力真没少

想象一下，一块分为 24 小块的长方形巧克力，拿走 1 小块，那巧克力还能拼凑完整吗？下面的“30 岁蜀黍”就做了一个这样的实验，结果是：“巧克力真没少！”这是怎么回事呢？想必看了这个微视内容的观众对此一定很好奇。

那这样的好点子怎样才能和营销挂钩呢？做实验要有工具吧，这个工具就是某某牌“巧克力”了。你在做完实验后，惊喜之余应该不会忘了把巧克力吃掉吧。如果这个巧克力又很合你胃口，那么，你以后恐怕就会钟情于这块既能做魔术又美味的巧克力了。

这就启发我们用逆向思维激发灵感，先明确营销的目的和产品特点，然后在产品身上找到有趣的实验点，在实验的过程中隐晦地进行品牌推广，以达到宣传的效果。

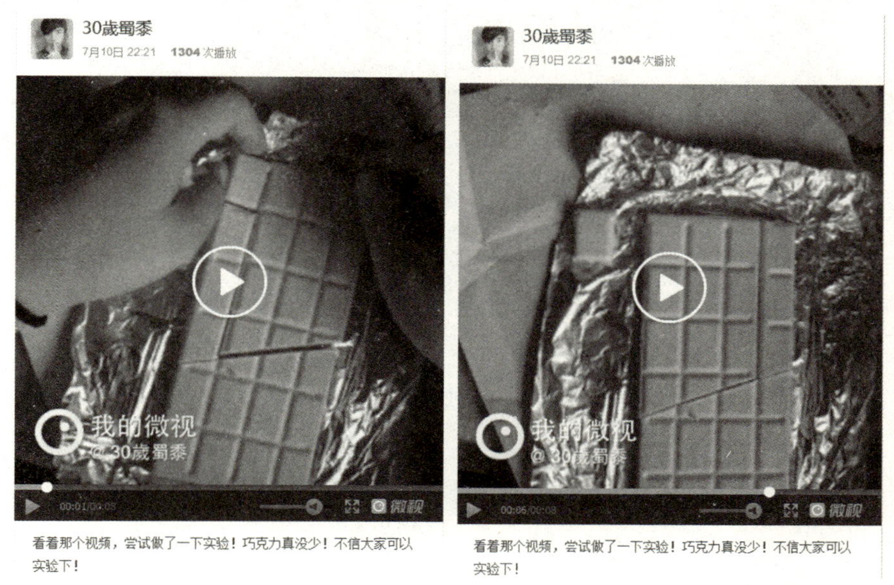

说好的牛肉块呢

“牛肉方便面，拆开包装，真相让人不忍直视啊！”想必平日我们吃方便面的时候也会质疑，里面的牛肉好少好少，根本没有广告里说的那么多。可是谁又会去真正地测试一下到底有多少牛肉块呢？微视账号“好奇实验室”就一反常规，真的不怕麻烦，把方便面里的菜肉包撕开来，从中把牛肉粒一粒一粒拣出来，然后再去称重，让大家看到真相。

可能你会觉得这一点大家都能想得到，但是真正去做的却没有几个人。所谓“反常规”并不一定是颠覆惯有逻辑、制造新奇，只要是突破常人的做法，自己“敢为天下先”，就可称之为“反常规”。其实我们在日常生活中也时常质疑一些问题，但却没有再进一步，把这个疑问变成有意义的创意点子。创意的好点子常常就源自生活，只有你肯挑战生活、突破常规，才能想到好的微视作品创意，就像“好奇实验室”一样，把一个司空见惯的生活问题做成一个有意思的实验，在娱乐的同时也让受众获益。

广告里都是骗人的，三块钱的袋装牛肉面里到底有多少牛肉粒？较真的好奇君蛋疼地数给你看：康师傅红烧牛肉面，平均每包1.251g；统一红烧牛肉面，每包0.377g；统一老坛酸菜面，每包0.241g；今麦郎老坛酸菜面、康师傅老坛酸菜面、康师傅卤香牛肉面、农心石锅牛肉面都是牛肉粉，木有找到牛肉粒！

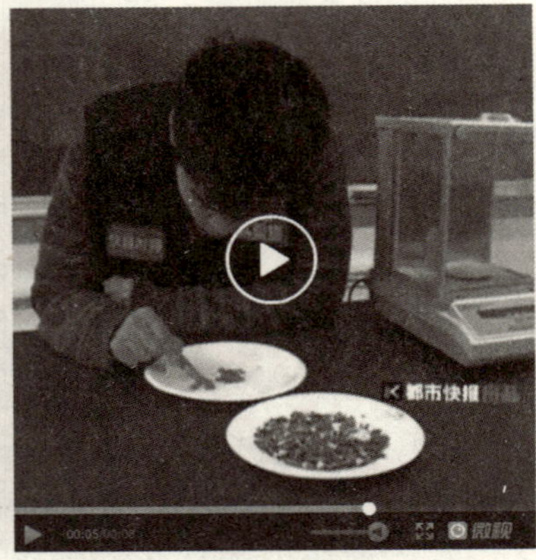

广告里都是骗人的，三块钱的袋装牛肉面里到底有多少牛肉粒？较真的好奇君蛋疼地数给你看：康师傅红烧牛肉面，平均每包1.251g；统一红烧牛肉面，每包0.377g；统一老坛酸菜面，每包0.241g；今麦郎老坛酸菜面、康师傅老坛酸菜面、康师傅卤香牛肉面、农心石锅牛肉面都是牛肉粉，木有找到牛肉粒！

皮鞋开红酒

网络上之前传说用皮鞋可以开红酒，说用皮鞋敲两下红酒瓶，然后将酒瓶塞进鞋中往墙上拍，似乎不用很费劲，木塞就会弹出。感觉很是神奇，大家知道这是什么原理吗？有心人就亲自做了实验，并把实验的过程传到了微视平台上。实验证明，用皮鞋确实可以打开红酒，以后出门在外没有红酒开瓶器也不怕了。

这条微视已达到 1 万多的播放量了。这种反常规的、实用的技巧，受众自然喜欢转发。把实验的过程拍摄下来，也更方便受众学习。对于微视营销来讲，这里面也是可以植入广告的。例如，所使用的红酒标签可以在视频中展示出来；在微视中显示拍摄地，可以用来表示红酒的产地；标签添加中可以以红酒的品牌名称做标签。这样的话，该微视就不仅是一条实用的生活技巧了，还是一则成功的红酒营销视频。

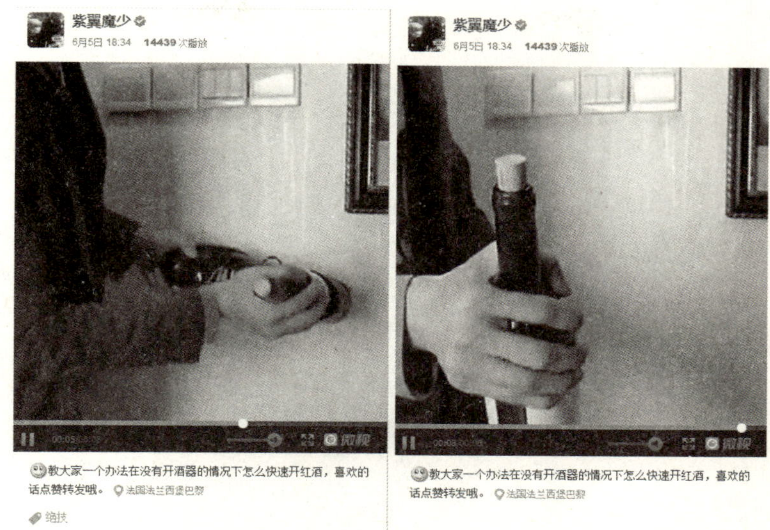

4.1.6 夸张

夸张是指为了达到强调或滑稽效果，而有意识的言过其实的表达方式。夸张法并不等于有失真实或不要事实，而是通过夸张把事物的本质更好地体现出来。夸张的手法经常被运用在微视创作中，因为夸张的画面与声音往往能刺激到观众的神经，会把原有的内容修饰得更加鲜明、更加突出，能够让观众印象深刻。例如，一个做家政服务的公司，要突出自己公司月嫂带孩子的能力，就用夸张的手法表现了月嫂的强大、能干。通过让月嫂抱三个孩子，同时给孩子喂奶、讲故事，把孩子照顾得井井有条来告诉受众月嫂有多能干。这样，给人的直观印象是这个月嫂“很能干很强悍”“靠谱”，通过这种夸张的表现手法，把欲表现的主题植入受众意识以达到宣传的目的。

夸张的表现主要有三个方面：

1.扩大夸张：故意把客观事物表现得“大、多、高、强、深……”的夸张形式。例如上面提到的把“月嫂”的能力夸大化。

2.缩小夸张：故意把客观事物表现得“小、少、低、弱、浅……”的夸张形式。例如用错位的拍摄角度把人物缩小来进行创作。如下图展示的那样：“去了趟小人国，欺负小矮人！第一次觉得自己这么伟岸！”看看100多万的播放量就足以说明这样的夸张创意带来的吸引受众的效果。

3. 超时间夸张：在时间上把后出现的事物提前一步的夸张形式。例如，一条微视中主人公对着麦苗（其实是韭菜，为了表现其“二”）说：“看见这样鲜绿的麦苗，就嗅出白面包的香味来了。”

具体地，我们看以下几个例子是如何用夸张手法表现其宣传效果的：

1. 请用达克宁

这是一条关于达克宁的恶搞广告，单条播放量就有 18 万余次。之所以很多用户会转发评论，就是因为其夸张带来的恶搞效果让人忍俊不禁。视频中，小女孩夸张的表演已是令人捧腹，而夸张的广告词更是搞笑到极点。广告说：“杀菌、治脚气，请用达克宁。”然后小女孩闻了一下自己的脚，说：“味道好极了。”这种用夸张的对比来表现达克宁的效果，显然是一种扩大夸张的表演，虽然是恶搞，但宣传的目的达到了。

2. 奇葩洗发水广告

一个泰国的洗发水广告，在 8 秒钟的微视视频中，为了显示女主角飘逸的秀发，就用夸张手法展现其摇头的动作，带动满头秀发飞舞。女主角一句“no”，男主角一个惊羡的表情，加上夸张摇头的画面，就构成了一个颇具张力的视频广告。所以说，尽情夸大你的故事情节或表现手法，就能为作品带来生动的效果。我们都知道做洗发水广告肯定要在头发上做文章，要显示头发的飘逸，大家可能会想到“风吹发动”，因为这比摇头带动的发丝舞动要唯美、有意境。但这条微视广告就是把“摇头”的动作夸大化，嵌进特定的故事情节中，以夸张的表现来博得观众眼球。像这样，把日常生活中的细节加以夸张而产生的好点子，正是我们创作吸引受众的微视内容时可以考虑的创作方向。

3. 自拍的最高境界

华为手机的一则搞笑微视，用了极其夸张的手法来表现爱自拍的境界，其“境界”真是不得不让人折服。视频中的女子在生孩子的过程中痛苦地喊叫，接着拿起手机自拍时就立马做笑脸状，并摆出萌萌的剪刀手。这样极具反差的夸张对比让观众对此人佩服得五体投地。这种夸张的表现可以归为“超时间夸张”的类型，因为把不可能在同一时间出现的人物动作和情态放在了同一时间环境中，以制造戏谑、无厘头的搞笑效果。这样夸张的好点子，你会不会想到呢？

值得注意的是，利用微视来营销，不仅要有好的视频内容，也要适时地做文字描述以配合。这条微视中，就很好地在文字描述中点明了此为“华为”的泰国广告。这就让观众在感叹视频的精彩之余有意识地联想：“噢，原来这是华为做的！”企业文化就这样不知不觉地在观众的潜意识里留下了烙印。

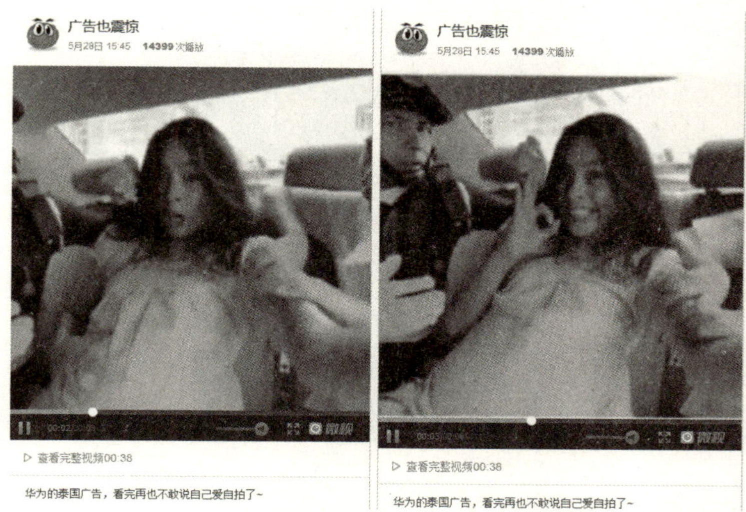

4.2 有“看点”=点石成金

虽然有了好点子、好创意，但对于一个优秀而又成功的微视作品来说还远远不够。如何让你脑海里的好点子落实成为好作品，就需要通过缜密的策划把这些不够成熟的点子嫁接到具体的选题上，那如何寻找合适的选题切入点呢？我们给您提供了以下几个方面的建议，作为创作微视的切入点供您参考。

4.2.1 借助事件新闻或社会热点

已经有了好点子，如何选择一个切入点实施这些点子，把各种天马行空的想法变成现实呢？考虑社会热点或事件新闻倒是个可以轻易驾驭，并嫁接你各种想法的好主意。因为往往事件新闻或者社会热点都是某一具体的事件，从某种程度上说，主题基本已经确定了，只需要添加你的创意和点子，便可以很容易地将你的点子嫁接到热点上，也更容易引起人们的关注。

凤凰卫视的著名记者闾丘露薇就常常在自己的微视中直播自己在战场上的新闻，发布战场前线的最新状况常常可以引来很多人的关注，毕竟只有自媒体当道的现在才可以如此迅速地借助微视的平台收到最快的消息，而不必等到官方媒体发布权威消息。

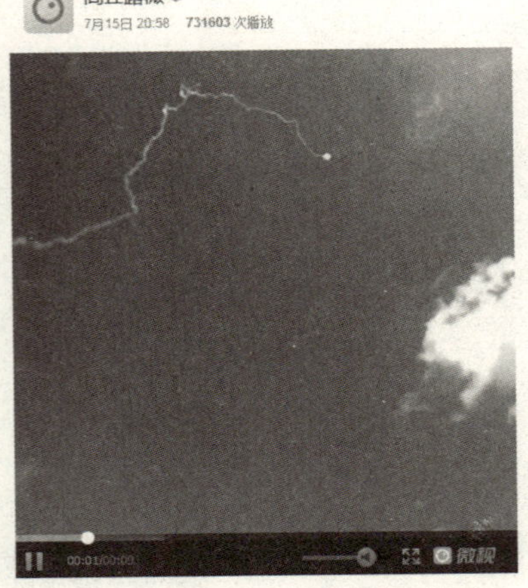

刚刚头顶一声爆炸，铁穹拦截了一枚来自加沙的火箭弹。我们距离铁穹一百五十米，刚做完连线上车，来不及拍发射呀。

当然这里的“事件新闻”或“社会热点”并不一定非要是像上述例子那样严肃的大新闻或大事件，因为对于大部分受众来说，获取这种独家新闻并非易事。而在微视平台中，大家更愿意拿一些热点进行创作，这些热点常常是娱乐性的，或者在某一时期备受关注，比较火的主题。比如2014年世界杯期间，很多媒体、明星、自媒体以及普通用户都纷纷拍摄视频，一借世界杯的“东风”。比如，央视主持人王曦梁在世界杯期间，通过采访各类明星嘉宾对于比赛结果的预测，广受微视球迷用户的欢迎，借世界杯这个社会热点，以及明星的宣传参与，取得了很好的效果。

▷ 查看完整视频03:43

我跟靓靓和梅西都有过一次近距离的接触。我们一口同声的觉得他是一个害羞的巨星球员，希望他取得今天比赛的胜利！

这是王曦梁在世界杯尾声发布的一条微视。在世界杯尾声时大家的关注点都在最终哪国球队会取得世界杯的胜利，这次她邀请了张靓颖和她一起参与预测，这条微视播放了60多万次，也兴起了对比赛结果的预测潮。同时也让更多人记住了王曦梁，为她积攒了固定的受众群。除此之外，也有很多明星加入到了借世界杯话题发微视的行列，主题基本以“预测哪支队伍胜利就有可能获得明星送出的玩偶”等内容为主。世界杯这个话题，带动了微视的播放量。

除了这些明星借世界杯的力量，普通用户也纷纷发布有趣的世界杯视频来助阵。如@jaysin发布的这条关于世界杯的微视，主要以独特的内容创意和剪辑技术取胜。穿插着的画面完全补足了他天马行空的创意。当这个创意落实成为这条微视的时候，让人觉得眼前一亮，颇为惊叹。

再如@人民网发布的一条关于文明看球的微视，也因话题的热度和内容、画面的独特新颖而受到了不少粉丝的欢迎。下面这条微视就巧妙地反映了世界杯期间不少球迷的不文明看球行为，以人民网的官媒姿态提醒大家文明看球，颇有公益之味，但这种提醒又一反严肃的说教式传统，而采用颠覆传统、戏谑讽刺的方法。独特炫酷的电脑特技让人过目不忘，达到了它的最佳宣传效果。

又如前阵子在网上红透半边天，被称为继《最炫民族风》之后广场舞专用最新神曲的《小苹果》也在微视上火了一把。这首歌几乎以迅雷不及掩耳之势迅速蔓延全网，侵占了包括微博、微信和微视在内的所有社交网络，但凡参与社交媒体、使用手机的人都对这首歌的旋律耳熟能详。这么火的歌曲也算是社会流行的热点了，当然不能放过，微视上也出现了各种各样的《小苹果》。

比如在网上很火的外国姑娘翻唱抒情版《小苹果》，该微视的主角是在北京卫视担任主持的金小鱼。她是一个地道的法国姑娘，但她也是个中文很溜的歌手，所以在这条微视里，我们看到她一边演奏钢琴，一边深情地演唱这首抒情版的《小苹果》，几乎颠覆了网络上所有对《小苹果》恶搞和戏谑的视频，故而被疯狂转发点赞。

金发洋妞神改抒情版小苹果！喜欢就关注音乐时光 推荐关注全球热

除了这种改编，还有一种改编就是借用《小苹果》的旋律，填充其他的歌词改编成新的更有趣的内容。当然如能像@恋珊妮那样再配上道具和精彩的表演，会使得这一创作更加有趣，富有新意。在@恋珊妮改编的这首《小啤酒》之歌中，除了歌词与原歌词十分相似，且相当贴切外，她的表演更是这条微视的亮点。

除了这种嫁接，还有一种方法就是借这首歌来炫技，微视上出现了各种版本的《小苹果》，其中不乏炫技的微视。比如有人上传用古筝弹奏《小苹果》的微视，古典高雅乐器与现代流行音乐的结合形成了极大的反差，很有亮点，当然还有网友精心策划了“男友嫌弃女友容貌，女友怒弹《小苹果》”的桥段，将钢琴的精彩演绎与时下热门音乐结合，并放置在剧情中，可以说费了不少心思。但不是所有的炫技贴都这么“高大上”，比如下图所示的就是一条，利用计算器这一根本算不上乐器的工具演奏出了《小苹果》的曲目，让网友忍不住直呼“这也可以？！”“高手在民间！”

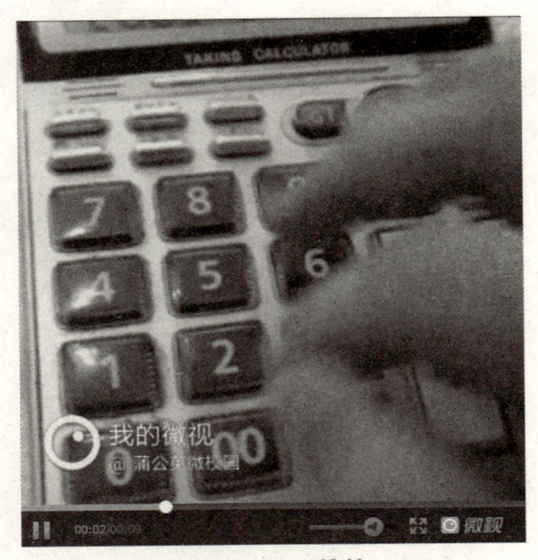

你是我的小呀小苹果~计算器都被洗脑了，根本停不下来嘛~
高手在民间吖，听出来的记得点赞哦~

其实，只要仔细观察世界，关心社会，你会发现自己身边每天都会发生新鲜事儿，这个社会每天或每一时期都会有热点事件，所以可以拿来借用的题材和主题相当广泛。艺术界流传的名言“源于生活，高于生活”，也正是这个道理，我们可以从广阔的生活经验和历史长河中发掘题材，加以利用和整合便会成为我们微视中出彩的内容，而时间还在不断向前发展，将会有更多更有趣更新鲜的题材源源不断地出现，所以只要你用心体验生活，观察细节，便不难找到好段子。

4.2.2 特效炫技

在微视营销整个环节中，昵称、视频描述、拍摄方法和技巧等固然重要，但制胜的关键仍然是内容这一环节，视频的内容是否足够吸引人才是最重要的。要做到营销内容化，内容即营销。

什么样的视频内容才会吸引人呢？这是每一个想要成为微视达人和企业等公众账号所要思考的问题。既然目的是要吸引更多的粉丝，那么就不能完全按照自己的喜好，整日发布一些自己生活中的平淡无奇的事情，甚至是记录自己的普通生活。微视的视频内容时，一定不能仅仅拘泥于正常的逻辑思维，而要多发布一些精心制作的视频。特效炫技类视频又分为展示自我才艺的视频、通过后期剪辑达到一定效果的视频两类。

1. 具有技术含量的视频

我们知道，在微视的“发现”中有一项选择就是“才艺－绝技”，这里发布的视频大部分都是在秀自己的才艺或者独门绝技。“杂技”一直是人们非常爱看的一种节目类型，这也正是每年春晚都要有一个杂技类节目的原因。同样，倘若人们能够在8秒钟看到一个才艺展示或者是独门绝技，那必定会喜笑颜开。“才艺－绝技”里又包括才艺和绝技两个方面，通常情况下主要是发布唱歌、跳舞、杂技和魔术表演等内容。

图一

图二

图三

从图一我们可以看到，该视频主要展示的是一段舞蹈，每天都有无数个舞蹈视频在微视里发布，怎样才能脱颖而出也是需要花费一番功夫的。图一中所展示的舞蹈质量就很高，除了跳舞者身材姣好、舞姿曼妙等因素，还有一个小细节造就了该段舞蹈的成功，那就是在拍摄的时候采用了仰拍的方法，稍微把相机向上倾斜一点，看起来人腿长个子高，更能衬托舞者的身材，这样一来整段舞蹈也就更加好看。

图二中的视频主要拍摄的是一段魔术表演。魔术一直是十分吸引人的节目形式，魔术又分大型魔术和小型魔术，一些小型魔术不用花费太长的时间，因此，把魔术引入微视也切实可行。

图三中的视频拍摄的是台球进洞的几个镜头，但不同于普通的进球，这个视频所展示的台球打法比一般的打法更具有挑战性。从视频中我们就可以看到，在台球的案子上坐了一位女士，打台球者使球分别从该女士的身后、腿下绕过，再进入洞里，十分具有技巧性。台球和美女相结合，本身就具有一定的看点，更何况是如此高难度的进球，吸引人的眼球就不足为奇了。

2. 后期制作的视频

我们知道，微视视频除了运用手机软件拍摄后直接发布以外，还可以进行特效制作后再加以发布，有些对画面质量要求高的甚至用专业相机拍摄，再通过视频剪辑软件处理后发布，这样就可以通过后期的制作达到一些令人意想不到的效果。只要能想象得到，就能够最大化地通过后期制作来实现。

后期制作最常用的手法就是蒙太奇。蒙太奇源于法语montage，是建筑学上装配、组合的意思。后来，电影借用这个概念，使其逐渐成为影视制作的一个专用术语。狭义的蒙太奇是指影视作品的组接技巧，即在影视制作时期，将前期采集的画面和声音素材按照主题要求组合在一起，形成一部完整的影视作品。当不同的镜头组接在一起时，往往会产生各个镜头单独存在时所不具有的含义。例如卓别林把工人群众赶进厂门的镜头，与被驱赶的羊群的镜头衔接在一起；普多夫金把春天冰河融化的镜头，与工人示威游行的镜头衔接在一起，就使原来的镜头表现出新的含义。

微视虽然为短视频，但同样可以通过后期对镜头的剪辑、组合来达到意想不到的效果，而这种视频人们看起来也会觉得更加过瘾。利用蒙太奇手法对镜头进行后期加工也分简单的和复杂的。简单的就是把镜头进行剪切和再组合，并且在镜头间加上淡出淡入、交叉叠化等特效，使画面过渡看起来更加自然流畅。例如微视曾发布的一个活动叫“假装时装周”，就是让人们发挥自己的想象，利用废弃物制作衣服并加以展示。其中一位叫“Kiki麦汐”的用户制作的视频点击率很高，一方面是因为她选取一条围巾来制作服装，并且穿出了不同的风格，如图依次为女神风、复古风、古装风、时尚风；另一方面则表现在每个风格的拼接和过渡方面。从视频中我们可以看出，视频中的女主角并不是站在那里不动来换装扮，而是慢慢地走近，并且她的发型也有所改变，因此这个过程不可能是 8 秒所能完成的，只有先拍摄完所有装扮，再进行剪辑。这个时候每个画面的贯穿和过渡就显得至关重要，发布者运用了淡出淡入等特效来快速地转变不同风格，看起来十分流畅完整。

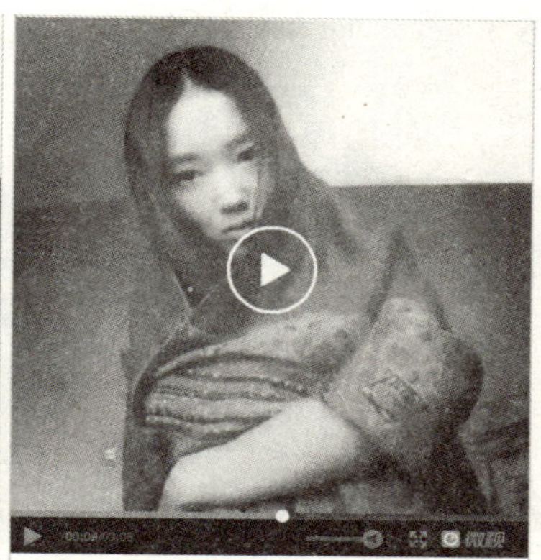

除了画面的剪切和加入专场过渡以外，更复杂和专业的是具有故事性的视频，尤其是一个人扮演两个角色的故事。这类视频在拍摄的时候就要有一定的构思，以方便后期进行剪辑。如下图所示，该视频发布者“罗休休”在视频中一人扮演了两个角色，一个是孩子，一个是孩子的妈妈。妈妈在问孩子背什么书，孩子回答在背古文，而妈妈把“古文”听成了“滚”，就十分生气，打了孩子一巴掌，也就是最后一幅图所显示的画面。这个就很有意思，因为很多画面中要么就是一个人，要么就是好多人，很少出现一个人同时扮演两个角色的视频。要做到这点，首先需要想点子，也就是所谓的创意，只有自己首先想到这样的段子，才能拍摄成视频。而在拍摄的时候，可以选择两个不同的人来对话，但如果能做到一个人展示两个不同的角色，就产生了锦上添花的效果，在故事原来的基础上又增加了搞笑的成分。因此，通过后期制作来增强视频的耐看性和吸引力是十分重要的。

4.2.3 情感需求

无论是小说还是电影，优秀的往往都是最能够打入人内心的。微视作为 8 秒视频，可以被看作一个比微电影还要再小的电影，虽然很短，但同样具有一定的故事情节在里面。通过特效等后期制作虽然能够在一定程度上使画面看起来更炫酷，但它始终是为故事情节服务的。在任何时候，特效的使用都是为了通过画面的组合剪接来达到情节的峰回路转，以便给观众带来心灵上的冲击。

通常，人们会在什么情况下打开微视观看呢？也许是无聊的时候，也许是迷茫的时候，也可能是开心的时候、难过的时候。无论是出于什么样的心情来打开微视，人们都是想获得一定的心灵慰藉，激励自己，抑或是娱乐生活。

1. 心灵鸡汤型

（1）照片型

由于微视又增加了“让照片飞”这样一个新的板块，用户可以挑选 6 张照片运用其中的模板制作出一个 8 秒视频，来展示自己或者是自己喜爱的照片。通过这个板块，用户除了可以单纯地发布照片以外，还可以精心配上描述，通过描述来增加亮点，比如说配上一段具有疗伤功效的文字，或者是一小段哲理性的文字。这点跟我们前面讲到的描述设置中“描述为主，视频为辅”具有一定的相似性，都是重点突出文字，通过描述来达到吸引受众的目的。

照片型除了把重点放在描述上面、通过描述来慰藉心灵之外，还可以直接用带有文字的视频来展现。如图所示，视频发布者运用4幅带有文字的图片来制作出视频，并以《时间都去哪儿了》这首歌的高潮部分作为配乐，以最大化起到感染人们情绪的作用。早前，我们可能大多从书本上摘抄一些哲理性的文字；后来，我们又习惯了直接从微信、QQ空间、微博等社交网络或者直接从网站上搜索观看。这些方法足够方便快捷，也在一定程度上起到了慰藉心灵的作用，但微视和它们相比，始终有一定的优势。因为，微视可以很方便地添加配乐，而书本上是不可能有的，有些网站上发布的文字也可以配乐，但那些文字是静态的，微视上的文字在图片上是通过图片的缩放来动态展示的，这在一定程度上降低了人们的视觉疲劳，足够耐心地去欣赏观看。

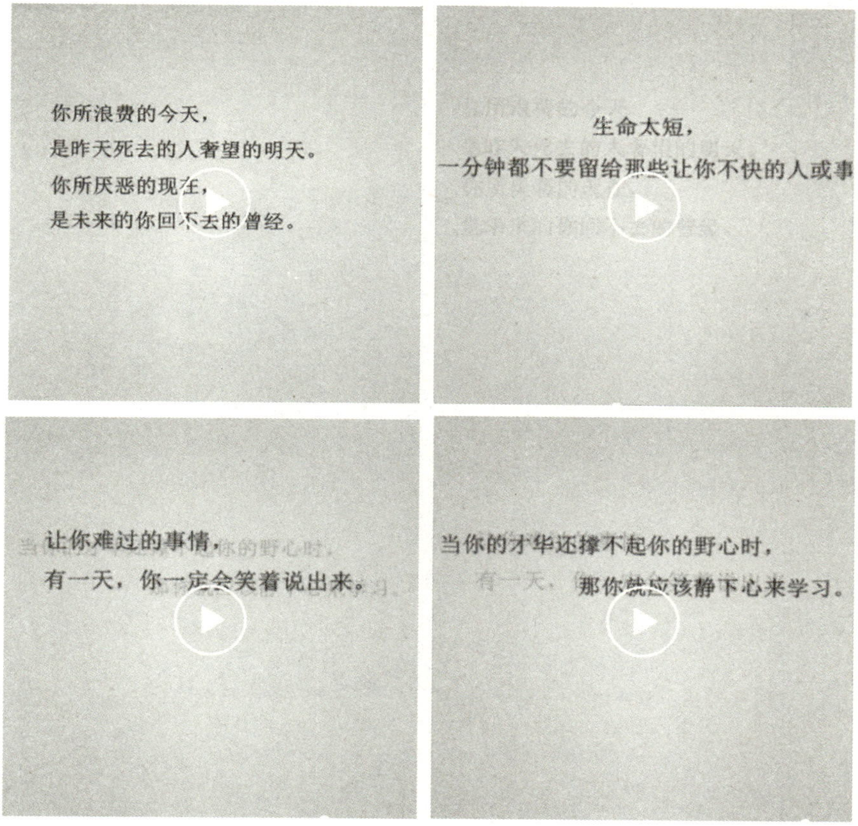

你所浪费的今天，
是昨天死去的人奢望的明天。
你所厌恶的现在，
是未来的你回不去的曾经。

生命太短，
一分钟都不要留给那些让你不快的人或事

让你难过的事情，
有一天，你一定会笑着说出来。

当你的才华还撑不起你的野心时，
那你就应该静下心来学习。

（2）视频型

虽然新版微视开通了“让照片飞”这个板块，但 8 秒视频毕竟是它的品牌项目，在能够利用照片制作动画视频之前，已经有公众账号发布一些通过人来读出哲理文字的视频，并在描述中也发布出来以示强调。通常情况下，我们都是直接观看一些优美文章，或者是至理名言，很少能有机会观看那种由人们直接读给我们听的视频。我们每个人或多或少都会需要一些心灵鸡汤或者大道理，每当我们打开朋友圈，有时会被一些无聊的无病呻吟者搞崩溃。但是在某个特定时候，我们却又如此地需要。达心的一段话，一个句子，会让我们瞬间潸然泪下。通过视频，来直接讲述一些心灵鸡汤，会给人一种面对面交流的感觉，甚至会觉得是不在身边的好友、亲人在安慰自己，在对自己诉说，这种感觉更让人觉得亲切和感动，会大大降低观看者心中的孤独感或者是挫败感。如下图所示，画面很简单，就是在一间布置温馨的房间里，有花有草，左上角的墙上还贴上了“心灵鸡汤”的字样，镜头前是一位看起来就很知心的女士，点开视频后，该女士娓娓道来，讲述的就是描述中的文字。真诚的表情、动人的话语，就像是在专门安慰自己受伤的心灵，再加上舒缓的背景音乐，很容易就使人得到慰藉。观看的人们既有种听广播电台的感觉，但又可以看到画面，一举两得。

【心灵鸡汤】这世上最好的爱情 并不是白富美找高富帅，而是一心想想寻找一个帅哥，却不小心掉进了胖子的怀抱里，所以不要给未来的爱人定标准，爱上谁 就是谁了。。。何晟铭

2. 幽默搞笑型

无论是走温情疗伤路线，还是幽默搞怪路线，这些都是从观众的情感需求出发，为的是达到某种情况下的共鸣。心灵鸡汤类的视频的确能够在人们迷茫无助的时候，给人们一些安慰和启迪，但更多情况下，由于当今社会的巨大压力，人们还是更乐于在网络中释放压力，寻求快乐和放松，这也正是许多账号都选择发布一些恶搞、逗乐视频的原因。更明显的是，微视中还专门单列出了“搞笑”这类视频，以方便人们直接点击来观看。幽默搞笑，这种看似简单易操作的视频，其实也有很多学问在里面。幽默搞笑并不是一成不变的模式，而是可以通过多种方式来实现的。

（1）文字游戏型

中国的汉字文化博大精深，一音多字、一词多义、谐音等都可以闹出笑话，创造出具有中国特色的幽默搞笑。如下图所展示的视频，描述中说是“烟熏妆的一种，大烟熏！”我们都知道烟熏妆什么样子，但是该作者反其道而行之，把“烟”和“熏”二字分开，就出现了图中所展示的女主角嘴里叼着一根烟，而且烟雾缭绕，熏得眼泪哗哗直流。这类幽默搞笑给人带来了一种意想不到的快乐。从文字下手，一反常态，可以多学习借鉴。另外比如我们上面讲到的妈妈在问孩子背什么书，孩子回答说是“古文”而被妈妈听成了“滚”，也同样是在玩文字游戏，利用汉字的谐音造就了一个经典笑话。

烟熏妆的一种，大烟熏！你学会了吗？

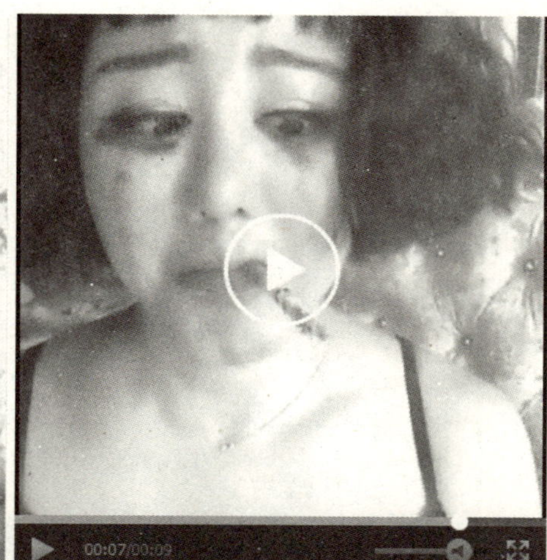

▷ 查看完整视频00:09

烟熏妆的一种，大烟熏！你学会了吗？

（2）借来一用型

凭空编造笑话不太容易，而借助人们耳熟能详的人和事、电视剧和电影中的经典桥段，或者其中的人物来制作笑话，是另一个不错的方法。例如，下图所示的“罗休休”发布的这条关于牛顿的段子。大多数人都熟知牛顿的故事，用他来作为段子的主要人物并不会让人感到陌生或者难以接受。这个段子从牛顿的发型入手，讲了课堂上学生提出的一个无厘头的问题：“老师，牛顿那卷发在哪儿烫的呀？”让人看完之后捧腹大笑、忍俊不禁。

再比如，“袁刀刀”发布的一个关于琼瑶迷的视频，琼瑶剧大家都十分熟悉，《还珠格格》《情深深雨蒙蒙》等大多数人都看过，这个段子就是利用剧中人物“依萍”和“书桓”来制作的。剧中卖水的男士是琼瑶迷，他问顾客要几瓶矿泉水，当听到顾客回答说“一瓶”的时候，他立马想到了“依萍”，还以为是在叫他依萍，他就马上进入角色称呼对方为“书桓”，最后被骂为神经病。这个段子之所以搞笑，首先，在于人物设定为经典剧目中的经典人物，其次，剧中男士的表演也十分搞笑，最后，这个段子还结合了上面我们讲到的“文字游戏”，那就是利用了“一瓶”和“依萍”发音相同这一特点，使得该段子得以成型并十分成功。

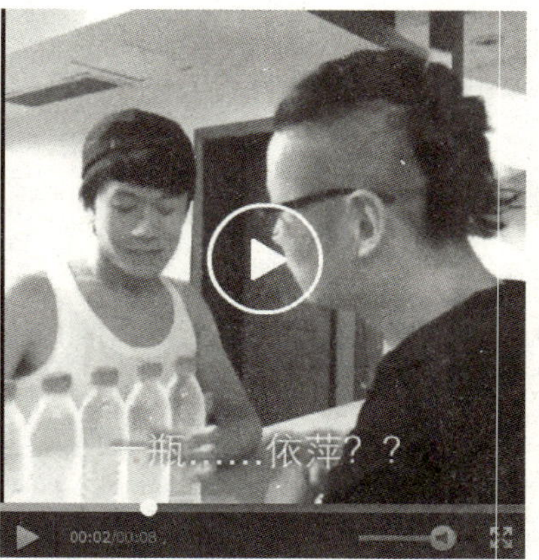

这种借来一用型的段子还有很多，比如可以自己直接在视频中扮演一些经典角色，或者改编一些经典的桥段等。国内外各种素材是很丰富的，关键就看怎么用了，只要多摸索，多尝试，就一定能创造出一些优秀的作品。

（3）重口味型

从芙蓉姐姐到凤姐，从艳照门到兽兽门，从犀利哥到伪娘，层出不穷的八卦事件，赚足了世人的眼球。仿佛直到现在我们才相信，世界真的可以无奇不有。有人总结说，我们已经进入了“重口味时代”。对于一个社会的传统而言，“重口味”所包含的不仅是刺激，更是挑战。

随着时间的推移，人们已经将重口味形象地总结为“无丑不快，无二不欢”，大多数人始终愿意对重口味抱一种宽容的态度，因为重口味在人们眼里，归根到底只不过是一场娱乐，既然是娱乐，也就不必太认真。因此，重口味的存在，有了天然的合理性。发布重口味的搞笑视频，也成了微视用户火一把的方式。例如，在搜索栏中搜索“上厕所没带纸”，就会有N多种版本，诠释了各种雷人的解决办法。这种重口味类型的搞笑，使得人们在吐槽的同时又得到了欢乐。

▷ 查看完整视频00:09

上厕所请注意。□先看有木有纸再上厕所，以免像我一样。欢迎加入雷人突击队家族，推荐副队长师亦涵 分享，点赞，转发收人微信yao18608793772 天津市宝坻区

雷人突击队家族

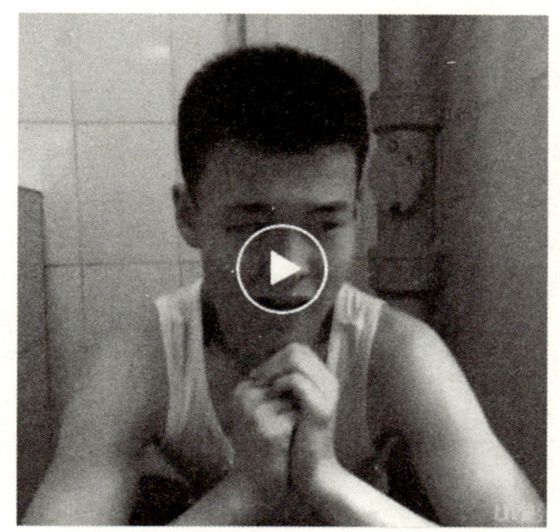

今天上厕所没带纸，于是我急中生智，……哈哈，后事如何，请自行观看，大家喜欢就多多点赞，转发，给我们动力，@包贝尔_奇葩二人组

搞笑

（4）萌物型

前面我们也已经讲到，萌宠、宝贝容易和人们产生共鸣，激发人们的情感。那么，多发一些萌宠宝贝的精彩瞬间，也不失为幽默搞笑类视频的优质题材。其实，无论是搞笑还是感人，源自生活的题材永远是最好的。孩子们的可爱和笨拙，宠物的呆萌和滑稽，是大多数人喜爱的题材，多发布一些这样的视频，同样能够赚足眼球。微视开发者也早已认识到了这一点，他们单列出了“宝宝－宠物”这一栏，方便人们发布和观看。如图所示，里面的视频丰富多彩，宝贝、猫咪、狗狗一应俱全，足够让人们喜笑颜开。

但发布这类视频同样要注意一点，那就是无论是萌宠还是宝贝，一定要有鲜明的特点和个性。可以是呆萌或可爱，恶搞或滑稽，但最忌讳的就是毫无特色，只是占了“宠物”或“宝贝”的身份，这样的视频不会受到人们的喜爱。

恭喜大家身体健康天天开心

额滴娘啊谁那么无耻状睡觉呢也没人管管

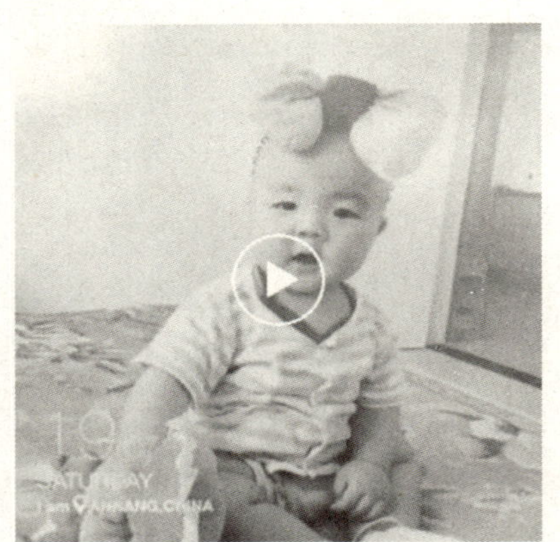

明一国际宝宝萌态奇 这个造型不好看

4.2.4 常识窍门

究竟什么样的视频才能吸引人呢？除了我们讲述的特效炫技、情感需求等纯粹的视觉欣赏方面的类型，如果一个视频能够给人们带来一定的用处，能够开阔人们的眼界，传播一些知识，或者讲述家庭生活方面的窍门，也必定会受到人们的欢迎。为了更详细地给大家以指导，我们把常识窍门类又分为烹饪类、家居类、旅行类三大类型。

1. 烹饪类

在生活中，有不少人喜欢做饭，喜欢研究各类食物。另外，还有一些做饭不太在行的人，需要通过各种书籍和视频来学习做饭。这样一来，就可以发布一些教大家烹饪方法和技巧的视频。由于视频时间较短，可以把制作流程发布在描述里，把视频重点放在每个步骤中食物应该弄到什么成色方面，这样人们可以结合文字和图片、视频来更好地把握整个流程。

如图所示，视频中教授了“奥尔良空气炸翅”的做法，主要制作方法在描述中写得很详细。另外，配有视频中展示的三个重要步骤的画面，这样就言简意赅但又十分形象生动地告诉了观众该如何去制作这道菜，观众还可以把握每个步骤的具体方法。这种短视频相较于烹饪类书籍更加动态形象，而相较于网络上那种大段大段的教人们烹饪的视频来说，又十分简洁，节省时间。

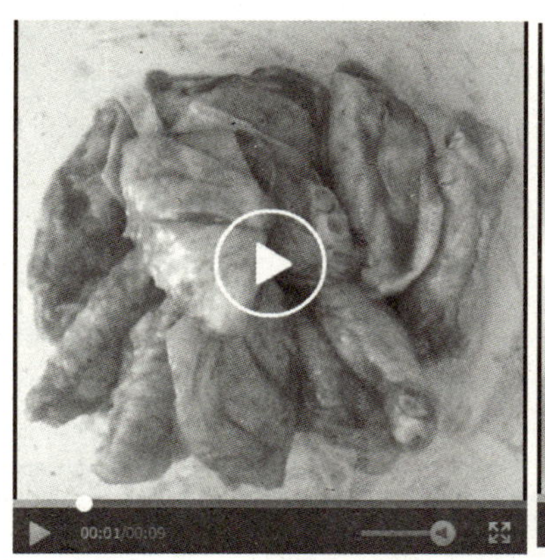

奥尔良空气炸翅：鸡翅洗净后正反面划两刀，加入适量奥尔良粉，抓匀，冷藏一夜，我这个着急做就多抓一会，好入味，这样腌一个小时也入味了！以前是烤或沾炸粉油炸，现在用空气炸，无需别的材料直接放炸锅里，190度10分就好了，更快更

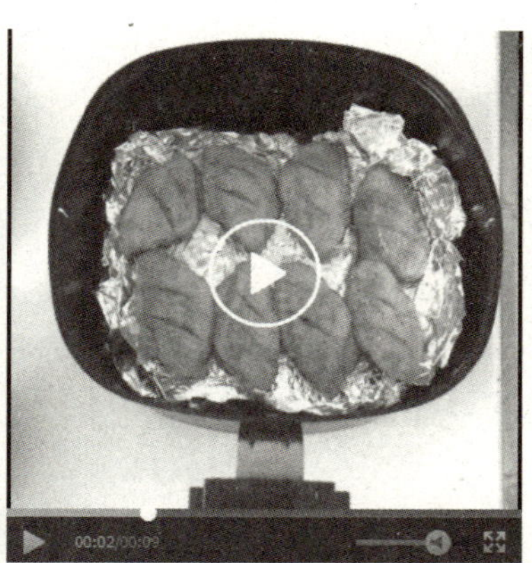

奥尔良空气炸翅：鸡翅洗净后正反面划两刀，加入适量奥尔良粉，抓匀，冷藏一夜，我这个着急做就多抓一会，好入味，这样腌一个小时也入味了！以前是烤或沾炸粉油炸，现在用空气炸，无需别的材料直接放炸锅里，190度10分就好了，更快更

奥尔良空气炸翅：鸡翅洗净后正反面划两刀，加入适量奥尔良粉，抓匀，冷藏一夜，我这个着急做就多抓一会，好入味，这样腌一个小时也入味了！以前是烤或沾炸粉油炸，现在用空气炸，无需别的材料直接放炸锅里，190度10分就好了，更快更

2. 家居类

网络上有一段关于如何快速叠衣服的视频曾经很火，整个过程很短，也就几秒钟，观众多看几遍就能学会。那么微视用户也可以借鉴这个成功案例，发布一些类似于卧室收纳、洗澡护发、系鞋带、打领带这样的视频，以传授一些生活家居类的小窍门。在搜索框中输入“窍门”两个字，可以看到有“生活窍门”“生活小窍门”等微视账号，专门发布一些日常生活的窍门。其实，有很多生活窍门类的网站，如果想专门做这些内容，用户可以直接从网上拿来作为文字描述，可以示范的就拍作视频，不方便拍成视频的就拍一些重要步骤的照片，做成照片视频，这样也是一个好的吸引受众的点了。例如切圣女果的方法，由于该方法简单易操作，发布者就可以拍下整个过程，后期再调一下速度，把一些赘述的过程剪掉，然后通过视频直接向大家展示使用方法，而不用再对方法加以描述。

此外，由于现在微视除了发布8秒视频以外，可以添加长视频，受众如果对视频感兴趣的话可以点击观看完整的长视频，这也对想做常识窍门类的用户提供了一个更好的平台和契机，用户不用过多地担心视频的长短，可以尽可能地把窍门都拍成视频，并且力求详细地把受众教明白。

3. 旅行类

如何让人们足不出户就了解到世界各地的自然风光、特色美食、风土人情等，微视同样可以通过用户发布的旅行视频来做到。在微视的发现栏里，有一项叫“旅行－美食”，通过这一板块，观众可以了解到不同地方的景观特色和出行要领，在一定程度上告知人们旅行中的窍门。此外，通过视频下方的描述，受众可以了解到一些地理知识，拓宽受众的知识面。

受众可以通过视频了解到香港的著名游览胜地“维多利亚港”，还可以欣赏到意大利著名的“tivoli喷泉”的美景，这类视频重点在于发布一些世界各地的美景来吸引受众，但又可以让受众在欣赏美景的同时，不知不觉了解到一些知识。有的甚至是少数人还未了解到的但大多数人都知道的常识，达到一举两得的效果。不得不说，这类视频也可以是用户深挖的点。在未来的发展中，用户还可以开创一类专门介绍各地风景名胜，并讲解旅行攻略的题材，以方便人们出行。

4.2.5 借用微视活动或者发起微视活动

微视活动是微视平台的一项独特的功能，它能在短时期内发起相同主题的活动，形成一个活动系列，集成一个相对集中的场域，有点儿类似于学生时代的“命题作文”，也就是说有一位用户或者某一企业发起关于某一主题的活动，召唤微视用户就这一主题拍摄相关视频来参与活动。有人质疑，如果大家参与同一活动，那么自己的微视是否就难以脱颖而出。其实不然，参与微视活动是一种集中用户创意的方法。如果活动的参与人数多，活动反响热烈，则你借力该活动而创作的微视就更容易受到关注。只要你的内容足够有创意，你的点子足够精彩，想要从大批同主题微视中脱颖而出也并非难事。

当然，对于有一定资金基础和资源的企业来说，入驻微视意味着他们可以通过微视发起关于某一话题的微视频征集活动，一方面为自己的企业或产品做宣传和推广，另一方面也可以借助微视征集活动，吸引更多用户参与体验，为自己的产品积累口碑。

在微视中，比较有影响力的活动有万达发起的“万达广场就是城市中心”，这一针对所有用户的微视活动，发起“拿起手机拍出创意微视频”的活动，只要你的微视频里有“万达广场就是城市中心”，就有机会赢取3D电影票、iPad mini、长白山双人游、神秘南极游等诸多神秘大奖，更有万汇网为网友们提供的兑奖大礼包，只要参与就有奖。不仅邀请到了当下非常受欢迎的电视节目《爸爸去哪儿》的主持人李锐作为此次活动的代言，更是邀请了10位粉丝、50位达人参与其中，有搞怪、炫技、温情等各种风格的微视，大家一起用8秒传递“万达广场就是城市中心”这一主题。这其实也是万达公司借此征集用户一起为万达广场做广告的一次大胆的尝试。我们从数据可以看出此次活动很成功：万达此次发起的活动从4月1日开始，截至4月22日，微视客户端收获了总计近800万的播放量，收集了近10万的点赞量，PC端微博分享了近30万次，阅读量达140多万次，且该活动到7月份还一直在持续，依旧有不少微视用户参与这一活动。由此可见，万达此次花费大力气所做的微视平台的传播推广为自己赢得了更多关注。当然，如果你有好点子，也可以借助万达此次发起的活动将你的微视做得更加成功。比如@像极了小丑，他是一个善于借助微视平台、利用视频特效把自己的微视变得像变魔术一般神奇的微视达人，因其微视常常以天马行空的创意嫁接到强大的视频特效中，再参与这样一个备受瞩目的活动，他的微视自然轻松地脱颖而出了。下图就是他为万达广场所做的创意微视频。

《魔镜》第一季第五集完结篇。万达百万征集创意 正在制作另一块更好玩的镜子

除了万达，春秋航空也看准了微视这一全新的平台，通过发起“我要当空姐”的活动，利用微视发起空乘招募活动，也吸引了不少帅哥美女参加。

我要当空姐！春秋航空微视空乘招募活动！

2014-06-06　春秋航空

2014年6月10日—6月30日
微视线上提交视频
2014年6月10日—7月2日
网友点❤评选
2014年7月8日
最终面试入围结果公布

在此次春秋航空发起的空乘招募活动中，主办方要求将简历视频化，也就是通过微视介绍自己、推广自己，因此他们分了三个阶段不断推进：第一阶段，主办方要求参与活动者在 6 月 10 日到 6 月 16 日发布一条中文或外语自我介绍的应聘视频，在 6 月 17 日到 6 月 23 日分享自己的优秀微视作品并说出加入春秋航空的理由，在 6

月 24 日到 6 月 30 日展示个人才艺。在第一阶段发布的三条视频一定都要加上“我要当空姐”的标签，最终根据参与活动的选手们的微视获得点赞量高低排序来评选，这个点赞量就由围观活动的其他微视用户决定。这一活动虽然有明确的目的，即招募空姐，但这对于有好创意却不知道如何发挥的用户来说是绝好的机会，不论比赛的结果如何，一方面发起活动的春秋航空借助这一活动宣传了自己的企业，另一方面普通用户，可以在这一活动中尽情发挥自己的创意，向人们展示自己，不论对哪一方来说，都大有裨益。

所以，如果你有好的创意和点子，而恰好又有合适的微视活动，不妨借着活动把你的创意和点子表达出来。

任何好点子都需要变成视频作品才能展现它的无穷魅力。从想出点子到作品出炉是一个复杂而又简单的过程，说它复杂，是因为如果没有对应的技术做支撑，理想与现实一定会南辕北辙；说它简单，是因为仅 8 秒的时长，微视一定比其他类型的视频要节省人力财力。但是，想要 8 秒就让创意得到完美呈现，这需要更为精准的拍摄手法和更为巧妙的剪辑包装。如果说想法是帐篷里运筹帷幄的军师，那么技术就是战场上整装待发冲锋陷阵的大将军。想要在微视营销中打一场漂亮的战争，灵活多变的技术可不能少。方法不难，却也要有的放矢；劳力不多，却还是必须用在刀刃上。

PART 5

爆红视频全攻略

5.1 拍视频是个技术活儿

5.1.1 设备选取

同样的创意，拍 10 条，可能每一条的效果都有差异——这就是摄像艺术的魅力。怎样越来越接近甚至是超越构想中的效果？多拍多练。在攒够经验和灵感之前，首先要挑选好你的拍摄设备，并和它磨炼出革命的默契。轻骑兵也好，重甲战队也罢，关键是要适合你的身形和速度。

低级工具：普通智能手机

微视在研发之时，就是主打手机用户群体。因为随着智能手机技术的发展，手机逐渐成为了“通信工具+社交工具+相机”的综合体，而微视更将这一特征发扬光大，手机拍摄能最大限度地实现便捷化，8 秒拍摄、1 秒上传，其中不需要任何工具进行转换，真正做到即时随性。手机也是最能体现“随手拍”功能的器材，一般第一现场的场景或情节、奇观化的画面捕捉是手机微视的主要题材，这些主题也通过手机来展现它们的真实性和现场感，表达日常化的纪实美感或者是可遇不可求的偶然性。当然，手机拍摄也有它的缺点，比如稳定性、清晰度稍差，不能进行更多的人为设计与制作。手机比较适合草根品牌的打造，比较适合纪实感的题材。

中级兵器：DV摄像机，单反设备

DV摄像机适合对于画面质量和风格有更高要求的人群，或追求清新、唯美、恢宏等观看效果的人群。适合高清晰度、高稳定性、灵活的虚实变化、推拉动态等题材，适合企业、或者打造品牌的个人。但是这类视频一般经过摆拍和设计，缺少了灵活感和现场性，对于拍摄水平和镜头的把握要求也会更高。视频素材较大，一般要将视频转码为MP4之类的压缩格式，再导入手机进行上传。

高级武装：专业型摄像机

终极Boss专业型摄像机一般适用于企业用来推广产品，属于经过精心设计和策划的营销视频，质量和美感都可以与广告甚至是微电影相媲美。它是创意的浓缩，是视觉设计的一道考题。由于投资较大，所以一定要对拍摄手法和画面呈现反复地斟酌，并配以相应的巧妙的营销手法。当然，这也需要在素材格式方面进行转码。

5.1.2 镜头选取

当你选好自己适合的兵刃后，接下来就要按照技法出招了。

（一）五大景别

不同的视域镜头形成不同的景别。景别可以根据主体在画框内的大小划分，或者根据成年人的身体范围划分。不同的景别所传递的效果和情绪都不同。

1. **远景**：涵盖广阔的空间画面，以表现环境气势为主，画面中没有明确主体，人物所占的比例很小。远景常用来展现事件发生的环境和规模，也可以表现自然景象的空灵开阔，是一种情绪性景别。

推荐：★

远景由于内容信息较多，看清画面所需时间相对较长，因此拍摄时应留有足够时间。同时微视受手机屏幕和画面时长的限制，远景画面在手机里表现力远不如电影，一般只用于交代环境。

2. **全景**：表现成年人全身或场景全貌的景别，主要用来介绍环境和事物发展的整体面貌，确定人物、事件发生的空间范围，是一种基本的介绍性景别。

推荐：★★

全景重点展示人物和环境的关系，是基本景别。

3. **中景**：成年人膝盖以上或场景的局部的景别，主要介绍主体、人物的状态或人物之间的关系，是最常用的叙事性景别，既包括了局部空间，又较好地展现了人物动作和表情。

推荐：★★

中景适合小屏幕，是最有利于展现人物动作或人物之间的交流的稳定景别。

4. **近景**：表现成年人胸部以上或主体的局部的景别，用来展示人物的面部表情和细微动作，比中景更能够贴近地观察画面内容，突出交流感。

推荐：★★

最能够体现亲切感和交流感的景别。

5. 特写：成年人肩部以上的头像或主体细部的画面景别，具有强烈的强调性和暗示性，情绪饱满，制造悬念，是一种强烈的主观性镜头。

推荐：★★★

经常被用于制造戏剧效果，可以强调和揭示事物性质、制造悬念，尤其适用于短视频。同时也常被用来作为间隔镜头，也可以用于不同镜头之间的转场和过渡。

（二）拍摄手法

拍摄可分为固定镜头和运动镜头两种。固定镜头是指在拍摄过程中，机位、焦点和焦距都固定不变，而拍摄对象可以是静态的，也可以是动态的。运动镜头就是指在一个镜头中通过移动机位，或者改变镜头光轴，或者变化镜头焦距所进行的拍摄。对于微视这样需要充分调动受众情绪的网络短视频来说，运动镜头是最好的兴奋剂和情绪点。

运动方式

（1）推镜头：被摄主体位置不动，摄像机机位或镜头焦距逐渐推近被摄主体，焦点亦随之改变的镜头运动。

被摄主体由小变大，周围环境由大变小，可以有效突出主体和重点形象，在环境之中起到寻找焦点的作用。此外，要注意推镜头的速度，快慢和节奏可以影响情绪的传达。

（2）拉镜头：摄像机远离被摄主体，或通过焦距变化将镜头从被摄主体拉开的运动，表现主体即将开始与环境之间的关系。

拉镜头可以在微视中营造出多重效果。比如画面起幅是一个记者做报道，拉开后是一个交通事故的现场，这表明记者在一事故发生地做现场报道，再继续拉出，出现一家人在看这个电视节目，事件的主题就成为了一家人对此事的关注。拉镜头有利于调动观众的兴趣和想象，制造悬念并增加戏剧性效果。

（3）**摇镜头**：机身不动，镜头光轴线做水平或垂直方向的运动。

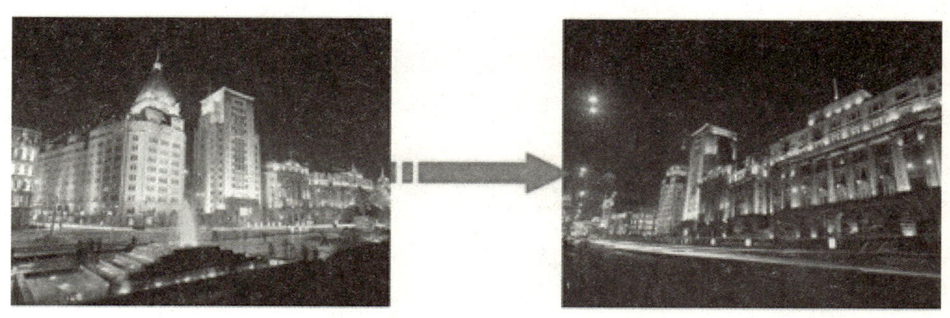

摇镜头是一种主观性较强的运动镜头，接近人们日常生活中的转头观察。影片《千与千寻》中无论是交代小千和父母吃饭的场景，还是展示汤婆婆的油屋，都从一个较低的视点摇镜头到全部场景，通过镜头的牵引产生强透视，给观众制造紧张气氛。摇镜头有利于展示空间，扩大视野，在小景别中增加信息量。

（4）**移镜头**：随着摄像机机位的横向水平移动而变化的镜头运动，在拍摄技术上的要求比摇镜头高。

移镜头符合人们日常生活中边走边看的感受，有利于展现大场面、大纵深、多层次的复杂场景。

（5）**跟镜头**：摄像机始终跟随被摄主体进行运动的拍摄，在行动中表现被摄对象的运动、动作、表情，同时随着镜头跟随主体的运动拍摄到新的场景。

（6）**升降镜头**：摄像机从平摄慢慢升起形成高角度的俯拍，或者从高角度下降的运动。升降镜头分为直升直降、斜度升降和不规则升降，带来画面视域的扩展或收缩程度不同。一般用来展现多层次多角度的空间，有助于增添戏剧效果和气氛渲染、环境介绍。

（7）**甩镜头**：快速地摇镜头。这种技巧对摄像师的要求比较高，是指一个画面结束后不停机，镜头急速“摇转”向另一个方向，从而将镜头的画面改变为另一个内容，而在摇转过程中所拍摄下来的内容变得模糊不清楚。这也与人们的视觉习惯十分类似，即非常类似于我们观察事物时突然将头转向另一个事物。这种拍摄手法用于表现内容的突然过渡。

平、准、稳、匀。这是操作摄像机的基本要领。

（三）角度

拍摄角度，是摄像机光轴与被摄主体之间形成的角度。不同的角度呈现出来的画面效果和情绪是不一样的。在进行微视自拍的时候，尤其要注意角度。仰拍或者俯拍，既能夸张人物形体及面部特征，又能校正人物面部缺陷。比如仰拍身材矮小的可以显得高些，消瘦的脸可以显得胖一些；对于脸颊（腮帮子）宽的脸型，如采用仰角会使两颊更宽大，从而夸大面部缺陷，所以脸颊较宽的人物不宜采用仰拍度。俯拍可以展现大眼尖颚的特征，但是也容易产生面部变形。

1. 摄像高度：摄影机镜头与被摄主体在垂直平面上的相对位置或者高度。

（1）平角度：镜头与被摄对象在同一水平线上。视觉效果与日常生活中人们的视点相近，也容易产生交流感。

（2）俯角度：摄像机镜头高于被摄主体水平线的、由上到下、由高到低的角度。俯角度可以交代环境位置，表现场景的全貌、气势。

（3）仰角度：摄像机镜头低于被摄主体水平线的、由下到上、由低到高的角度。

仰角度有利于强调高度和气势，被摄主体通常会显得高大威严，有权威性。

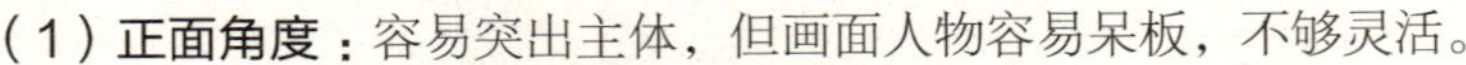

2. 摄像方向：摄像机镜头与被摄主体在水平平面上的相对位置，一般包括正面、前侧面、正侧面、后侧面、背面。

（1）正面角度：容易突出主体，但画面人物容易呆板，不够灵活。

（2）**侧面角度**：镜头比较生动，有利于展现人物之间、人与场景间的交流。

（3）**背面角度**：拍摄一般带有一定悬念，制造神秘感。

（四）构图

构图是被摄对象在画面中分布的位置与主次安排，构图的方法是历代艺术家通过实践用科学的方法总结出来的经验，是适合于人们共有的视觉审美经验，符合人们所接受的形式美的法则。当然法则不是一成不变的，在现有经验上进行创新和改造整合，才是创作的真正目的。

1. 平衡式构图

这种构图给人以满足的感觉，画面结构完美无缺、安排巧妙、对应而平衡。常用于风景或者纪实题材。

2. 对角线构图

把主体安排在对角线上，能有效利用画面对角线的长度，同时也能使陪体与主体发生直接关系。富于动感，显得活泼，容易产生线条的汇聚趋势，吸引人的视线，达到突出主体的效果。

3. 九宫格构图

将被摄主体或重要景物放在“九宫格”交叉点的位置上。“井”字的四个交叉点就是主体的最佳位置。一般认为，右上方的交叉点最为理想，其次为右下方的交叉点。这种构图格式较为符合人们的视觉习惯，使主体自然成为视觉中心，具有突出主体的作用。

4. 垂直式构图

能充分显示景物的高大和深度。常用于表现万木争荣的森林、参天大树、险峻的山石、飞泻的瀑布、摩天大楼，以及竖直线形组成的其他画面。

5. 曲线式构图

画面上的景物呈S形曲线的构图形式，具有延长、变化的特点，使人看上去有韵律感，产生优美、雅致、协调的感觉。当需要采用曲线形式表现被摄体时，应首先想到使用S形构图。常用于河流、溪水、曲径、小路等。

6. 斜线式构图

可分为立式斜垂线和平式斜横线两种。常表现于运动、流动、倾斜、动荡、失衡、紧张、危险、一泻千里等场面。

7. 向心式构图

主体处于中心位置，而四周景物呈朝中心集中的构图形式，能将人的视线强烈引向主体中心，并起到聚集的作用。具有突出主体的鲜明特点，但有时也可产生压迫中心、局促沉重的感觉。

8. 三角形构图

正三角形有安定感，斜三角形则具有不安定动感效果。

5.1.3 用光

一般来说，光线从照射方向来分类主要分为三种，即顺光、侧光和逆光。

（一）顺光是指从照相机背后方向照射过来的光线，由于光线是从正面均匀地照射在被摄体上，被摄体受光面积大，阴影也比较少。但是在顺光的条件下，被摄体表面凹凸不平，因受光情形完全相同，阴影不易显现，会造成物体的质感和立体感贫乏，对主体的描写也趋于平淡。

（二）侧光是指从被摄体侧面照射过来的光线，它能使被摄体表面的凹凸呈现出明确的阴影，对于被摄体的表面纹理，显示出不同寻常的质感。侧光既能勾勒出被摄体的轮廓线，又能体现出立体感。

（三）逆光是指太阳光从被摄体背后照射过来的光线，一般在逆光的照射下会显示出剪影。逆光有时能给被摄体轮廓镶上一条夺目动人的金边，处理适当，能创造出一种独特的美感，拍出充满戏剧性效果的光影感觉。

在简易拍摄时，由于设备限制，可能无法营造出丰富的灯光系统。可以借用另一只手机的自带电筒，或者是台灯，给拍摄主体补个光，使得整个画面色调和光线更加饱满。

5.1.4 微视拍摄的小技巧

（一）断点拍摄

微视与同类型的短视频拍摄软件（如美拍、秒拍）相比有一大特色就是支持断点拍摄，这就为手机一族提供了更方便的拍摄转场方式。用手指长按住屏幕上任一点即是拍摄，放开手指即是暂停，而进度条会随时显示你已拍素材的时间，进度条中的竖格显示你的暂停点。你甚至可以在暂停时更换前后摄像头分别进行拍摄，为视频创造更多的视角。

（二）延时拍摄

点击微视拍摄右上角的设置按钮，会弹出模式菜单以供选择。其中就有延时、网格、闪光灯、对焦和上传视频用的视频素材选项。延时拍摄是以一种较低的帧率拍下图像或者视频，然后用正常或者较快的速率播放画面的拍摄技术。物体或者景物缓慢变化的过程被压缩到一个较短的时间内，呈现出平时用肉眼无法察觉的奇异精彩的景象。通俗点来说，就是拍摄完第一张后，要隔一段时间才能拍摄第二张。我们可以用微视的延时拍摄功能来拍摄城市风光、自然风景、天文现象、或者一些创意短片。

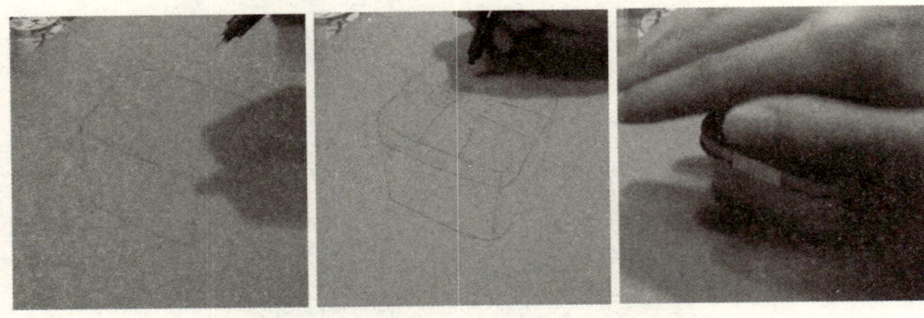

（三）网格构图

点击“网格”选项，就会在拍摄界面上出现一个九宫格的背景。按照视觉心理学的重要理论——黄金分割法，将画面分成 9 个相等的方块，称九宫图。直线和横线相交的 4 个点，称黄金分割点，将主体景物安排在黄金分割点附近，能更好地发挥主体景物在图面上的组织作用，有利于周围景物的协调和联系，容易引起美感，产生较好的视觉效果，使主体更加鲜明、突出。同时，网格也利于拍摄时把握好水平和垂直。

（四）分格动画

在一个名为“莫文蔚的星光大道”的微视 8 秒短视频里，莫文蔚在画家的铅笔描绘下，从远处的一个小黑点慢慢走到近处，最后完整地呈现出婀娜曼妙的身姿，犹如行走在铅笔 2D 世界中。其实我们也不需要真的手画铅笔素描，通过一些基本的美图软件联合微视，也可以打造短动画的效果。

用手机快速连续地拍摄一个运动的物体，然后将这些照片（8 秒内至少要 30 张）利用美图秀秀类软件直接变换成铅笔素描模式。将照片按动作顺序依次排列好，使用微视逐张拍摄素材：按住屏幕任一位置开始拍摄第一幅画，松手暂停，将微视取景框移至下一幅画，再按住继续拍摄。为了使动画具有充足的连贯性，在拍摄的时候一定要保持微视取景框与画面中心的位移不变。而微视的九宫网格功能正好可以帮助你更好地确定图画的位置。

（五）动感影集

除了亲自拍视频做短片，我们也可以利用照片来做短片。在微视的拍摄界面右下角，有一个四色的花朵样式的图标，点开就会显示出一个新的四色菜单，包括“8 秒微视”“动感影集”“长视频”“本地视频”四个选项。动感影集可以在手机里挑出 2 到 6 张照片，做成展示类的照片 PPT，在预览界面中有多种模板可以选择，每一种模板有不同的切换风格和配乐。

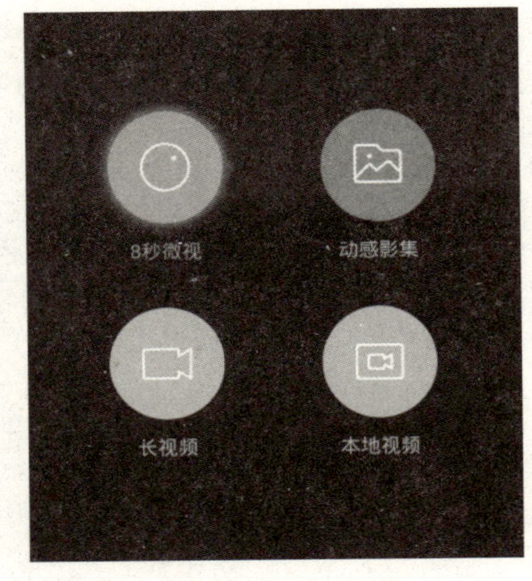

（六）长视频

在上图的菜单中选择长视频，可以拍摄一段任意的超过 8 秒的视频。在保存视频之后点击下一步，你会进入到一个“剪辑片花”的界面，在屏幕下方的缩略图中选取 8 秒钟的精彩片花作为微视上传。但是你的微视下方会自带一个查看完整视频的标签，使意犹未尽的网友点击来收看长视频。

长视频功能一般为企业账户所偏爱，用来进行品牌推广与传播。因为 8 秒钟常常无法展现事物全貌，而长视频又显得拖沓冗长，无法在信息爆炸的时代抓住受众的

眼睛，很多企业选择了用片花做探路者，再用长视频来吸引感兴趣者深入关注。在2014年《中国好声音》第三季的海选活动中，微视在推广中就发挥了巨大作用。“中国好声音”广泛使用长视频功能，先使用8秒片花为海选者扩大传播，再用完整视频来充分展现他们的才艺，既使用精彩片段为宣传造势，也用纪实功能来培养忠实粉丝。

5.2 当个优秀“导演”！

5.2.1 演员

碎片化时代的视频传播需要在分分秒秒中抓取受众的稀缺的注意力，因此一条微视首先要做到的是吸引人看，其次，是看完之后留给人深刻的印象，否则就湮灭在浏览时产生的无数个瞬间记忆中了。由于微视的受众群体偏年轻化、开放化，演员选择更要符合受众和网络传播的特点。在取得成功的网络视频中，我们都可以看到独树一帜的演员、夸张的表演和具有笑点、看点的剧情。如《万万没想到》《江南Style》《屌丝男士》等。《万万想不到》中王大锤紧锁的眉头、空洞的眼神、碎碎念的台词更是俘虏了万千网民的心，并创造了“王大锤体”使观众争相效仿。当然，不同传播目的及内容选取的演员风格不一样，无论是屌丝气质，还是高大上风格，关键是敢演、敢秀并且做到与整体风格浑然天成、自然不造作。

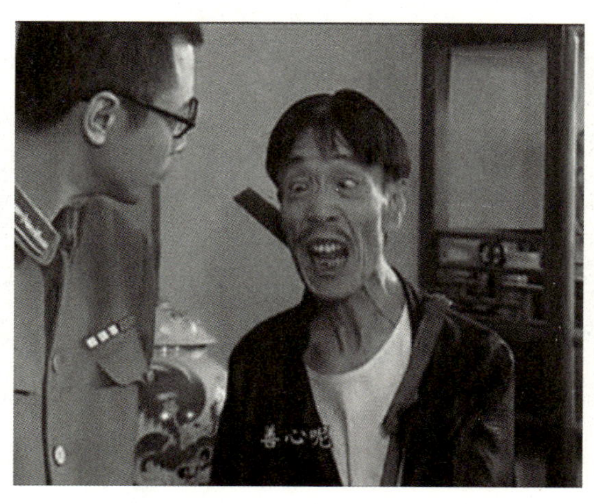

5.2.2 化装

化装在视频中也是相当重要的，好的化装造型能够激发演员的创作激情，既帮助演员进入角色，也帮助受众迅速进入情境。通过化装可以很好地改变人物形象，一些人物的夸张搞笑形象就是通过化装实现的。

黄渤化装前　　**黄渤化装后**

5.2.3 场景选取

一部完美的视频短片，要有配合主题的场景，选景一定要紧紧围绕主题，烘托气氛，这样才能营造真实感。在场景中，拍摄时的色调、光线是决定短片自身气质的关键。或是粗糙具有生活性，或是精致表现戏剧感，都能为你所用。

5.3 后期制作才是重头戏

5.3.1 剪辑

剪辑是将所拍摄的大量素材，经过选择、取舍、分解与组接，最终完成一个连贯流畅、含义明确、主题鲜明的作品。剪辑是一切思路、一切技术汇总后最后的摘取和选择，也是最能体现导演个人风格和主观能动性的步骤。虽然微视只有短短 8 秒，但是无论是用手机还是用专业设备拍摄，都需要运用灵活又有创造性的剪辑思维。在手机拍摄中，断点式拍摄就已经将剪辑思路融入到创作之中了，而专业化设备拍摄后，更要使用专业视频剪辑软件对素材进行筛选、排序、连接和包装。那么微视的剪辑要注意哪些方面呢？

1. 突出主题

选择要突出表现的对象中主要本质的部分，舍去多余的、烦琐的内容，以求更好地体现短片的主题思想。短视频的时长限制决定了必须舍繁去多，不做无谓的、过多的铺陈，而要迅速开门见山、进入主题，每一秒的镜头都要打在剧情点上。

2. 动接动

“动接动”指在镜头的运动中和人物形体动作中切换镜头。运动镜头相连，如第一个镜头是摇摄，在未摇定时切换到另一个摇摄镜头上，而且摇的方向、速度接近，衔接起来的效果相当流畅，观众会随着镜头摇动非常自然地从一个环境或景物过渡到另一环境或景物。

“动接动”也广泛地应用在人物的形体动作中。如人发怒时拍桌子的动作，在短片里往往就是前后镜头的剪接点，即前一个镜头拍手举起，后一个镜头拍手落在桌子上的画面。

在主体不同、运动形式不同的镜头相连时，应除去镜头相接处的起幅和落幅。主体不同是指若干个镜头所拍摄的内容不同；运动形式不同是指推、拉、摇、移、跟等不同的镜头运动方式。例如，在拍摄升国旗仪式时的一组镜头：（1）摇镜头，天安门城楼；（2）推镜头，升旗仪式；（3）摇镜头，国旗护卫；（4）拉镜头，从几位观看群众拉出天安门广场的大全景。这些运动镜头在组接时，要求在运动中切换，只保留第一个摇镜头的起幅和最后一个镜头的落幅，而四个镜头相接处的起幅和落幅都要去掉。此外，尽量选择运动速度较相近的镜头相互衔接，以保持运动节奏的和谐一致，使整段画面自然流畅。主体不同、运动形式相同的镜头相连，应视情形决定镜头相接处起幅、落幅的取舍。第一，主体不同，运动形式相同、运动方向一致的镜头相连，应除去镜头相接处的起幅和落幅。比如在介绍优美的校园环境时，一次次地拉出形成一步步展示的效果，使观众从局部看到全部，从细部看到整体。第二，主体不同，运动形式相同但运动方向不同的镜头相连，一般应保留相接处的起幅和落幅。例如镜头1：游行方队（右摇镜头）；镜头2：领人观看（左摇镜头）。这两个镜头都是摇镜头，前一个是右摇，后一个是左摇。在组接时，两镜头衔接处的起幅和落幅都要加短暂停留，让观众有一个适应的过程。如果把衔接处的起幅和落幅去掉，形成动接动的效果，那么观众的头便会像拨浪鼓一样随着镜头晃来晃去，一定不太舒服。特别值得注意的是，如果主体没有变化，左摇右摇的镜头是不能组接在一起的，推拉镜头也一样。

3. 静接静

一组固定镜头的组接，应设法寻找画面因素外在的相似性。画面因素包括许多方面，如环境、主体造型、主体动作、结构、色调影调、景别、视角等。相似性的范围是十分广阔的，相似点要由创作者在具体编辑过程中确定。比如，可以把北海风光的镜头按照春、夏、秋、冬顺序组接；也可以把游人观赏、划船、照相、购物组接在一起。

画面内主体运动的固定镜头相互连接时，要选择精彩的动作瞬间，并保证运作过程的完整性。比如一组表现竞技体育的镜头，百米的起跑、游泳的入水、足球的射门、滑雪的腾空、跳高的跨杆这五个固定镜头组合，因为选择了精彩的动作瞬间，观众会感受到画面有很强的节奏感。

4. 景别的变化

不同的景别代表着不同的画面结构方式，其大小、远近、长短的变化造成了不同的造型效果和视觉节奏。不同的景别是对被摄对象不同目的的解析，会传达不同性质的信息。在相同的时间长度中，景别越小，时间感越长，即小景别的剪辑长度短于大景别。而同一运动主体在相同的运动速度下，景别越小，动感越强。前后镜头的景别变化过小或过大都会致使视觉跳动感强烈，因此一般来说，景别的变化应该循序渐进。

运用不同景别的镜头组合可以实现清晰、有层次地描述事件的目的。利用镜头连接中景别的积累或对比效应营造情绪氛围，同类景别的镜头组合，用来造成一种积累效应，如一组表现风景的大全集，来全方位展现风光的旖旎，一组人物表情的特写，来表现不同主体在面对事情的态度。在相似性的积累中，同样的内容元素或意味被加强，从而激发人们的感悟；而两极景别的对比连接，形式的对比反差容易加剧视觉的震惊感，比如一双眼睛的特写加上犯罪现场的全景，用来展示事发突然，并加强戏剧张力；在上下段落连接中，景别的反差常常被视为段落间隔的有效手段。

5. 要注意剪辑风格的统一性

在短短 8 秒的微视中，其实炫技的剪辑手法一般都没有用武之地，关键是选好自己的拍摄风格，并将剪辑风格与拍摄风格相糅合。固定稳定而独具个性的剪辑风格，是能抓取眼球并给观众留有深刻印象的必杀技。

6. 画面第一帧的重要性

在微视上，每天各种各样新奇的视频层出不穷，当你成功发布出去一条视频的时候，可能几千万的用户恰巧也在发布。视频一般都以它的第一帧作为静帧，以缩略图的形态出现在微视页面中。

以上图为例，这是 2014 年 7 月 13 日微视热门榜上的三个作品，我们可以看到，无论是定位张扬的个人账号还是引导舆论的官方媒体，在选择和处理第一帧的问题上都有相同的准则：1. 色彩饱满，即刻唤醒人们的注意力；2. 光线明朗，给人以一瞬间的兴奋点；3. 充满了情感。上图三张第一帧中，人物都充满了情绪张力，动作都充

满了悬念，给人一种只要一点开就能给你讲个好故事的感觉。

好的开始是成功的一半，在注意力是稀缺资源的时代里，我们动用一切视听手段吸引受众，让第一帧做到——让观众在没有WiFi的环境里也有点开流量观看接下来发生了什么的冲动。

7. 永远不要忽略最后一帧

一部微视短片，是要等最后一帧的画面出完才算完成了它的传播过程。很多作品在8秒进度条走完时就被动地结束拍摄，本身对于画面的结束就缺少设计，往往使得最后一帧画面显得极其生硬，或者在镜头动荡中结束，或者使观众感觉故事没有讲完，虎头蛇尾使人摸不着头脑。当然，部分纪实类作品需要保证自身的真实性和真实感，除此之外的其他视频短片却不能因为最后一帧而丢了完整性和美感。最后一帧可以处理为静帧，或者要保持它的稳定性和平衡感，才能画龙点睛。另外，最后一帧上是要出水印的，是加强观众对于账号的认同感的关键一帧，因此它的质量、色彩、表演影响着观众对于此短片“出品人”拍摄及剪辑的评价。

5.3.2 包装

1. 滤镜

在微视拍摄完毕后进入预览界面，视频在自动加水印之后会在屏幕下方弹出一个滤镜的菜单，有多种滤镜可供选择，使得 8 秒短视频质量瞬间高大上。滤镜一般包括以下几种类型：

（1）好莱坞大片一样的色调

（2）一点点光影与色彩上的变化，但大多数人不会知道你用了滤镜

（3）像哈哈镜一样的有趣变形效果

（4）用精美的画框把视频包装起来

（5）风格十分强烈的特殊效果

2. 声音

视频中的声音，包括人声、音效和音乐。

（1）人声的作用：强化画面信息，补充说明画面；表达某种情绪。一般微视在拍摄时是同步记录同期声的，如果你拍的是纪实作品，那么同期可以加强纪实感。如果是需要重新配乐或者配音的题材，那就需要在预览界面上把喇叭的按钮取消，再点击音符按钮来添加配乐。

（2）音效的作用：揭示事物的本质，增加画面的真实感，增加生活气息，扩大画面的表现力。一些喜剧类的短片，可以添加恶搞类、起哄类的音效来带动观众情绪。

（3）音乐的作用：做衬底音乐、段落划分和烘托气氛。手机用户可以选择微视系统自带的配乐，专业制作者可以根据作品画面内容和节奏自行挑选和编辑配音来合成一部完整的作品。

3. 后期微视配音

影视配音要求配音绝对忠实于原片，在原片演员已经创作完成的人物形象基础上，为人物进行语言上的再创造。一般是演员的声音与作品风格不符需要再配音，另一方面，喜剧短片常常用配音来增加笑点和看点。喜剧短片中，方言式、调侃式、反串式、夸张式、动画片式等配音都是屡试不爽的手法，可以进一步加强剧情的表现力、增强演员表演的张力。

无论是从拍摄、表演、剪辑还是包装，微视看似短短 8 秒，但是每个步骤都有无限的玄机可供挖掘。技术可以磨炼，但是思路和策划思维却是要始终如一的——要秉着受众第一的原则，要清楚受众是谁，他们想看什么，我能给他们创造什么。如果你的心中已有清晰的答案，那么从拍到演再到剪，你就有一个贯穿始终的互联网传播的线索，并会一一将它们如期呈现出来。

“90 后微信水果店，月销水果价值 8 万”“重庆美女微信摇出 3000 万”“利用微信语音成功运作卖到 4000 万的煎饼店”。在微信走红的那些年，这些成功案例层出不穷。不仅让用户拥有不同于传统买卖交易的新体验，也为很多人提供了产品营销的平台，让不少人一睹“微营销”的真面目，并在其中尝到甜头。越来越多的人加入到“微营销”的行列。伴随着 4G时代的到来，在微博与微信基础之上的微视便成为了最新的“微营销”平台，它在未来的不断普及也将是大势所趋，而微视又会以怎样的优势带给我们惊喜呢？通过横向的比较，我们总结出微视营销在当前市场环境下的几个优势：

1. 操作简单，即时传播

在当前的市场环境下，你可以选择用什么方法推广产品呢？制作商业广告？投放电视平台？或者悬挂巨幅城市海报？又或者制作成banner放在网页？ No！ 这些方式早已经落伍了，这不仅需要强大的技术支持，而且耗费财力、人力和物力，更让人头疼的是，它们的传播效果十分有限。相比于这些传统的营销路径，微视似乎还是个初出茅庐的新人，但亲民性和便利性让微视在营销方面极具潜力。

想要玩转微视，方法十分简单，你只需要有一部可以拍摄又可以上网的手机，便可以轻松将你的小宇宙与整个互联网世界联系起来。而微视平台所投放的 8 秒视频从时间长度上来说，是普通受众可以轻松完成的。此外，微视还为用户提供了诸多场景、音乐、滤镜及字幕的模板，用户可以随意添加，轻轻松松把自己的微视作品装饰得更加完美。

与此同时，随着 3G 网络的普及和 4G 时代的到来，用户可以随时随地拍摄，并即时发布在互联网上，第一时间与网友互动沟通，方便又快捷。

2. 成本低廉，高性价比

过去投放一则电视广告动辄需要几百万上千万的资金，而通过网络，借助微视平台拍摄一则视频，几千块钱就可以搞定，这无疑大大节省了成本。从企业角度来看，你不需要在广告制作、投放平台上大费周折，只需要通过好的创意将微视的 8 秒钟利用起来；从个人角度来看，你也不需要找经纪公司或参加各种选秀夺人眼球，你只需要每天拿起手机拍几条有特点的创意微视，被大家记住，很可能就是个人成功成名的开始。特别是在自媒体繁荣发展的今天，每个账号背后的个体或企业都能够轻松利用网络媒体自我营销，且不需要额外的支出。更重要的是，随着微视用户数量的不断增长，每增加一个粉丝，就意味着又为该产品增加了一位潜在用户，可以通过深入分析用户需求，有针对性地投放产品。

不仅如此，微视的分享功能进一步拓宽了受众面，比如原本某一账号的受众只有一万粉丝，但通过粉丝转发分享，又有更多粉丝接收到了产品的信息，而这种信息的传递又大大增强了产品的品牌效应。可以清楚地看到，利用微视达成产品的宣传推广的营销策略是一种低成本、高回报的高性价比选择。如果能够游刃有余地利用好微视这个平台，一定会带来可观的回报。

3. 真实鲜活，互动性强

比起静态的广告，动态的视频给人的感觉更加真实，更加贴近。微视的这一特点是微信所没有的，这也是微视最大的优势。千万别小看这短短的 8 秒钟，在这 8 秒钟的时间里，你可以通过微视向受众带来直观的产品展示和全新的视觉体验，动态的视频大大缩短了用户和产品的距离，更贴近受众，也更加容易被接纳。

此外，微视用户之间可以公开评论，相互交流。微视的这一功能，让受众在看到视频的第一时间就可以与产品推广者沟通，或者与其他产品的体验者沟通，围观者越多，则该产品的关注度就越高，所获得的收益也会更多，在这个靠口碑支撑产品的时代，用户的回复、评论会给产品的口碑加注，使产品获得更广泛的认可。

如dayshow补水蒸脸仪，通过微视平台，借助拥有庞大粉丝群的微视达人一起推广，众多达人纷纷通过各种新奇创意制作并上传使用dayshow补水蒸脸仪的微视，粉丝们直观地看到该补水蒸脸仪的使用过程，有的还直接附上了淘宝购买地址。截至2014年7月1日，关于dayshow补水蒸脸仪的微视已经达53538条，自然也带动了该产品的销售量，据统计，在微视达人@侯小宝Vip推荐购买的淘宝商家“淡香似芳旗舰店”的dayshow补水蒸脸仪的成交数量来看，累积售出了5891件，近一个月（截至7月3日）的销售量也达1846件。可以看出，微视在推广此类产品上的优势可谓得天独厚。

4. 病毒营销，定位精准

病毒营销（viral marketing）的概念由来已久，就是通过用户的口碑互相推广、宣传，较传统的一对一的宣传，这种病毒式营销让其信息传播的渠道更加广泛而多样，也就是说，通过提供有价值的产品或服务，让大家告诉大家，通过别人为你宣传，起到“营销杠杆”的作用。而利用微视营销的关键之处在于传播受众定位精准，首先会让用户产生兴趣，关注视频，然后由关注者再承担信息分享者的角色，而这些二度传播信息的用户，他们的受众又势必是有着和他们一样兴趣的人，这一系列的过程就是目标消费者之间精准的传播。

传播速度快加上定位精准，让微视的病毒营销策略更易实施，只要将产品对准目标受众，并用新奇的视频或发起活动吸引受众，就可以在受众的参与中传递并推广信息。更重要的是，微视平台还可以借助微视达人充当传播过程中的意见领袖，从而加快信息的传播速度，使得产品推广范围扩大。

例如伊利每益添利用微视发起的“快消化十八招”活动，只要用户上传关于每益添的视频，并添加“快消化十八招”的标签，就有机会在每天的18时18分，抽取minipad作为奖品。截至7月，已经有众多用户参与了“快消十八招”的活动，其中由微视达人@罗休休拍摄的每益添微视更是被推上了活动推荐的主页，她的这条微视已经有68.1万次的播放，被粉丝分享到朋友圈、微博、微信等社交媒体140次，评论403次，点赞7567次，转发257次。

5. 借力传播，互利共赢

相比于腾讯QQ、微博和微信，腾讯新推出的微视可以“踩着前人的肩膀”更好地推广自己。在微视中，遇到你感兴趣的微视，不仅可以评论点赞，你还可以收藏分享，腾讯所提供的分享平台有：微信好友、微信朋友圈、腾讯微博、手机QQ、QQ空间、新浪微博，还可以收藏到微信或复制该微视链接。可以说多渠道的信息贯通，让你的微视传播得更远、影响力更大。这对于微视营销来说无疑是最大的优势。

此外，微博营销和微信营销已经日趋成熟，很多人也已借力微博、微信营销收益颇丰，而此次微视与微信、微博、腾讯QQ的“嫁接”，一方面是相互宣传推广微视本身，另一方面他们也是微视在探寻营销之路上需要借力的“东风”，拓宽了受众面，也为营销提供了更好的环境。

从微视诞生的那一天起，它就不可避免地具有社交属性，而当前的社会不仅仅单纯由主流媒体发声了，自媒体当道的现在，人人都是信息源。在这一环境下，微视以全新的姿态和模式逐渐影响着人们的生活，也在逐渐改变着人们的习惯，越来越多的人愿意借助微视的平台展示自己、展示身边的事、记录生活，这也越来越被人们喜爱。微视的优势正在渐渐被人们发觉，也日渐有了借助微视传播企业产品和文化的成功案例出现，越来越多的企业和个人开始利用微视营销产品，也不断证明着微视在营销方面潜力无限。它能够为不同行业、不同领域的企业及产品创造什么价值呢？我们接下来一一为您分析解答。

PART6

企业：占山为王，大“拍”营销

6.1 小微视里有大企业

1. 万达："拍"出你的城市中心

作为中国商业地产龙头，万达向来不拒绝新事物。2014 年年初，万达集团董事长王健林就提出公司全面向电商化转型的要求。如何将微视这一创新性营销工具用活用好，万达自有其一套方法。

【案例回放】

2014 年 4 月 1 日，万达集团百万大奖征集广告创意活动在新浪秒拍、腾讯微视两大平台同时上线，拿起手机，你就是导演，只用一句广告语"万达广场就是城市中心"，拍出你的创意，就能赢取 3D 电影票、iPad mini、长白山双人游、神秘南极游等众多大奖，而且参与就有奖。

第一阶段：提前预热

为保证 4 月 1 日一炮打响，活动提前一周已在腾讯微博、新浪微博进行了有趣的预热，连续三期热门话题"猜猜这俩字""10 秒能干多少事""8 秒能念多少字"引发了网友广泛参与，同时通过"话题主持人""微博精灵""微博活动"等公众账号进行推广，10 多位网络红人大号进行转载，很好地为活动造了势。

第二阶段：百万征集秒拍创意

为了让活动覆盖面更广，万达集团官方微博特别开通了互动专区，"百万征集创意"活动直接嵌入官方微博，通过 PC 端可以方便浏览、上传。新浪网首页、新浪娱乐、新浪微博App、新浪秒拍全频道推荐；腾讯网通过QQ弹框、腾讯视频、腾讯娱乐联合推广，微视拿出多个软性位置进行植入，并发动内部明星、微视达人录制视频，引导互动。

为占据年轻人的传播渠道，“万达广场就是城市中心”还以贴片广告的形式在爱奇艺（PPS）、优酷（土豆）两大平台上线，从春节开始《爱情公寓4》《来自星星的你》等多部热播剧的组合投放带来7000多万次曝光，其中370万人次对万达广场VCR产生兴趣形成持续广告点击，这也将流量带至万达集团官网。同时，线下联合10所高校进行推广，成为年度战略级活动。

第三阶段：向微电影进发

从北京到全国，在万达移动微视频营销效应伴随“‘万达广场就是城市中心’微视频大赛”的火爆展开持续发酵的同时，顺应这个热潮，万达青春励志电影《青春是个蛋》随之启动。据悉，《青春是个蛋》将由万达推荐的知名导演执导，预计年内在万达院线首映，同时在各大视频门户网站同步推广。由此，微视频开始向大电影升级跨越。

【品牌效应】

活动从4月1日开始至7月15日结束，三个多月的时间里，万达微视频大赛在腾讯微视、新浪秒拍等微视频平台共收到参赛作品17384部，累计播放超过1亿次，日均视频上传量达到211部。万达微视频大赛成为微视、秒拍App上线以来总曝光量最多、创作作品数量最多，远远超过同期其他企业策划的商业营销活动。微视频大赛的影响力超出了微视、秒拍两大平台，不仅与微博、微信打通，实现千万级曝光量，优秀视频集锦还在优酷、酷6等知名视频网站多次拿下周播放第一名的成绩。

在此期间，万达举办了微视频进校园、月度颁奖礼、达人观影会、启动超级粉丝团等精彩纷呈的落地活动，实现了线上线下活动的联动推广，“万达广场就是城市中心”的理念在网民心中进一步深化。

【我的观点】

大品牌如何持续做好微视营销？

万达与微视的这次合作，无疑是极为成功且获益巨大的。到底，万达的策略是怎样的？我们不妨来分析一下。

1. 王牌创意点

“万达广场就是城市中心”这句广告词相当霸气，简简单单，却每个字都深谙价值。如果你知道城市中心，那好，它传达给你的信息是万达广场就在城市中心那里；如果你不知道城市中心，那它传达的信息是找到万达广场就找到了城市中心。作为广告词，它是非常成功的。

2. 微视切入点

好的内容是基础，好的媒介是引爆内容的渠道。万达广场此次活动利用微博预热造势，随后以表达内容极强的微视切入。

万达集团这样形容微视：文字加视频的结合，不用再滚动那破烂的鼠标，看那硬生生的图片。8 秒的拍摄时间，足够说明一个产品或事件，而这 8 秒就像鱼的记忆，看完却不会为用户带来身体的负担。好的作品会扎根在人们的脑海，印象比看 100 次电视广告都深刻。

3. 全民参与

微视制作简单，玩家容易上手。活动一经上线就得到微视上众多草根达人的追捧，方言版、搞笑版、卖萌版、动画版、快舌版……各种形式的创意随之涌现。

4. 互动性强

互联网端大众的圈子效应致使参与者制作后肯定要分享给身边的人，而且微视具备转发、点赞、跨平台分享的功能，极具传播性。

5. 奖励诱人

所谓重赏之下必有勇夫，万达集团这次可谓是下了血本。征集 8 秒广告创意，只要能体现“万达广场就是城市中心”的主题，就有机会赢取百万大奖。百分百中奖机率，更有价值 10 万元南极神秘奢华之旅。

6. 明星带动粉丝经济

依托腾讯娱乐丰富的娱乐资源与人脉，微视邀请《爸爸去哪儿》的主持人李锐作为此次活动的官方代言，万达也邀请多名在微视上粉丝过 50 万的达人参与。

在活动的进程中，腾讯网也通过QQ弹框、腾讯视频、腾讯娱乐联合进行推广，综上所述，笔者认为，这项活动有望成为年度战略级活动，而“万达广场就是城市中心”这句广告词也将成为网络热门话题。

但对于万达而言，微视频营销活动仅仅是其新媒体创新步伐的第一步，如何解决病毒视频的草根化对品牌形象美誉度的损伤，如何权衡广告化和传播度之间的矛盾，微视频能否触达中高端受众，这是万达团队在接下来的实验中需要进一步探索的问题。对此，万达相关人士也曾表示，将微视频品牌化系列化，是保证内容传播和商业价值的出路之一。品牌化和系列化能够赋予视频稳定可预期的收视效果，而并非每次都是依赖病毒式传播的“惊喜”。

沿着这个思路，万达未来的营销策略将从内容跟着品牌走逐渐过渡到品牌搭载好的内容走，用经过传播力考验的大的品牌概念来制造更多的商业价值。如今，万达已陆续推出“超级粉丝团”计划，鼓励网友通过万达微视频大赛进行申请，化身万达“超级粉丝”。而作为“超级粉丝”，将拥有多项独享权益，包括万达出品电影点映观影权、万达度假村体验权、万达文旅项目体验权等，甚至有机会参演万达出品的电影。如此为粉丝文化注入内涵，对于做大万达粉丝团，推动品牌价值的快速传递不失为一个不错的尝试。

2. 春秋航空：我要当空姐！

可以说，每个女孩都有一个空姐梦。但对于大多数人而言，当空姐仍然显得遥远不可企及。究其原因，烦琐苛刻的报名筛选，激烈残酷的竞争角逐，甚至对评选“过程透明结果公正”的怀疑与不认可，都会让她们望而却步。如此情境，也让很多航空公司在品牌推广和人员招聘上陷入两难境地。

但春秋航空今夏在微视平台发起的一次空乘招募活动，不仅吸引了大量用户广泛参与其中，更为自己做了一次极好的品牌传播和形象推广，在微视平台上火爆一时。到底，他们是如何做到的呢？

【案例回放】

依托于微视平台，本次招聘活动分为如下三个阶段

第一阶段：参与者微视线上提交视频（2014 年 6 月 10 日—6 月 30 日）

此阶段，符合基本条件的应聘者可根据个人特点自由发布视频简历，体裁不限，且鼓励应聘者在真人演绎的基础上穿插动画展示或其他形式的展示，每个应聘者可发布 2 个应聘视频+1 个才艺视频。具体要求如下：

A.6 月 10 日—6 月 16 日，应聘者发布不少于 8 秒的中文及外语自我介绍（语种不限，也可发长视频）；

B.6 月 17 日—6 月 23 日，发布加入春秋航空的理由并分享自己的优秀微视作品；

C.6 月 24 日—6 月 30 日，可选择性发布个人才艺展示的视频。

其中，A、B为必发项，C项可选择性发布。

第二阶段：网友点赞评选（2014年6月10日—7月2日）

在此期间，对于应聘者发布的视频，网友可同步进行评选。评选规则为，以每条微视算一票的方式计算，将每位应聘者所有视频获得的票数相加，最终排名前20的顺利入围参加面试。评选截止时间为2014年7月2日15:00。

第三阶段：公布结果（2014年7月8日）

2014年7月8日，公布最终入围面试环节的应聘者名单。春秋航空官方微视账号私信入围应聘者。春秋航空官方微博、微信账号同步公布，并选取优秀视频转发。

入围应聘者于面试当天通过面试验证编号和身体初检后，直接进入复试环节，免去初试、英语口试以及复试之后的心理测试环节。

附：空乘报名条件

1.性别：女，年龄20~45岁（1969年1月1日~1994年12月31日出生）；

2.专业：不限；

3.户籍：不限；

4.外语标准（满足以下任意一条）：

（1）英语类：大学英语四级（CET4/425分）及以上；或托福英语600分（含）以上；或雅思英语5.5分（含）以上；或有1年以上海外留学经历（须通过教育部留学服务中心国外学历学位认证中心认证）。

（2）小语种类：日语国际能力测试N2级及以上；或韩语五级（含）以上；或其他语种国内最高专业等级。

5.身体要求：净身高162CM－172CM；体重为身高厘米数减110的正负10%之内；任何一眼视力不低于0.3；满足中国民用航空局颁布的《中国民用航空人员医学标准和体检合格证管理规则》（CCAR-67FS）规定的体检标准。

【品牌效应】

短短时间内，春秋航空空姐招募活动便在微视平台上引发了轰动效应：官方微视号发布的招募空姐视频2日突破60万，4日突破百万。春秋航空品牌知名度大大提升！

【我的观点】

春秋航空如何一夜引爆百万关注？

6 月到 7 月的这一段时间，如果你是微视的活跃用户，可能会经常收到求点赞的消息，其中十之八九是春秋航空发布的“我要当空姐”空乘招募活动。

最初知道这个活动是从微视官方的推送信息里。没想到的是，响应它的人还真不少！

说起来，活动内容并不算新鲜：在满足春秋航空对报名条件的规定下，于 6 月 10 日到 30 日在微视上提交自我介绍、个人才艺展示的视频并添加我要当空姐标签，@春秋航空，获得网友点赞数排名前 20 的参与者即可参加面试。

不得不说，春秋航空非常聪明，在这一形势下选择了借用微视作为推广平台。尽管是换汤不换药的集赞活动，但由于是在腾讯主推的社交平台上进行，短时间内，活动宣传视频播放量便超百万。

不仅如此，就受众定位来说，这也称得上是一次精准营销。春秋航空的经营理念是让更多普通大众坐得起飞机，99 元、199 元、299 元，它提供的低价票堪与火车硬卧一较高低。鉴于微视的用户群，做这样一个活动，正是进行抓潜的大好机会。

回顾春秋航空的发展历程，草根这个词再适合不过了，但如今微视上最活跃的达人，又有几个不是草根出身呢？契合主体，冥冥之中自有共鸣，推广更容易。

不管报名参加这个活动的女孩们能否实现空姐梦，起码她们都了解了春秋航空，也让周遭的朋友了解了，这才是春秋航空的最大目的。而由空姐招募带来的持续经济利益，我们拭目以待！

3. 女人优品：微视，让营销可视化

如今在微信上做代购已经俨然成为一种时髦。但对于众多店家来说，一条微信最多 9 张照片信息展示量，不仅难以让受众立体全面地感受产品鲜活的功能特性，往往还会因为发信息太过频繁遭人屏蔽或被拖入黑名单。那么，是否有比微信更有效的新营销工具呢？

【事件回放】

女人优品是一家今年 2 月 10 日才开通微视账号的个人电商。相比其他企业，它没有做任何推广，仅仅是将产品以图片组合加配乐做成电子相册，然后用微视的形式呈现出来。由于更新照片的质量和产品质量都很不错，这样一家普普通通的个人淘宝店，收益竟也相当可观。

【品牌效应】

没有任何推广，甚至专职人员打理，仅仅依靠这样简单的产品陈列方式，女人优品平均每条微视的点击量就达到了3500左右，不仅知名度飙升，销售额也在众多个人电商中名列前茅。

【我的观点】

好的营销工具是：卖家越省心，买家越放心

向我咨询如何利用微视做营销的人一直很多，不过最近的咨询者中，做网购或研产销一体化的企业明显增多。加上最近一直和一家淘宝店主谈合作的事，佟老师索性就这方面的一些想法和大家分享交流一下。

视频购物并不是一个新鲜词。早年前，优酷就宣布与淘宝网结为战略合作伙伴关系了。现在与我谈合作的这位店主，也是当时最早投身视频购物的那批人之一。但彼时拍摄的视频内容，基本只是纯展示产品外观，根本没法实现功能传播，效果也有限。

虽然这一新型营销工具，在当时的情境之下英雄无用武之地。但是不得不说，他的商业嗅觉还是很敏锐的，并且一直在关注如何让视频更好地为电商服务。在对微视的看法上，我们可以说很有共识。

他的微视账号注册很早，现在已经积累了几十万粉丝。按他自己的话说，就是相信微视一定可以成为非常有效的营销工具，尽早涉足也是想给自己的营销蓄势。他对视频营销理解得很透彻，我本人也认为，现在的微视，占据了视频服务电商的天时地利人和：移动互联网时代、碎片化需求、短视频、4G、UCG、体验式营销……无论从哪个角度看，微视营销，都是大势所趋！

那么，网购行业借微视做营销能实现哪些目的呢？

1.将产品视频化，产品特性、外观等清晰可见。

2.将使用说明视频化，让用户轻松掌握产品使用方法。

3.将产品生产、加工、包装视频化，让用户体验看得见能放心。

4.将物流视频化，让用户随时掌握真实的物流信息。

5.将用户证言视频化，提高客户对品牌和产品的信任感、忠诚度。

以上这些还只是微视营销的一部分优势，就像前文提过的，全网营销，重点在于营销，而非全网。微视营销也一样，微视，只是一个工具，营销才更重要。这也正是我们对外合作中最关键的一部分。

4. Dayshow补水仪：小神器的大秘密

Dayshow是一家创立于1983年的全球专业美容仪器研发生产商。虽然在国外一直享有口碑，但国内消费者对其知之甚少。面对潜力巨大的中国市场，Dayshow没有走以前美容护肤产品的老路子，而是创新性地运用了微视这种新营销工具做支点，快速有效地撬动了整个市场。

【案例回放】

Dayshow补水仪的营销模式非常简单，就是发动一些微视上颇具粉丝量的达人利用自己的8秒短视频进行宣传，或软植，或硬植。但神奇的是，这些植入痕迹明显的短视频，依然获得了大量点击，并掀起了一股购买狂潮。

正所谓成功绝不是偶然的，究其原因，是因为Dayshow与微视真正做到了产品与平台的精准契合。

1.消费人群定位精准：微视用户及微视达人几乎100%是潮男潮女，正是Dayshow的目标人群。

2.消费心理定位精准：抓住了年轻人对新鲜事物的好奇，注意保养及季节气候的要素。

3.媒体定位精准：微视可以完全展现产品特性，表现真实、鲜活。

4.运营思路清晰：首先拍摄3分钟产品宣传片，在各大互联网的视频平台上播放。通过20个具有相当粉丝量的微视达人进行深入推广，从而引流至微信深度沟通或直接引流到天猫店消费。

【品牌效应】：

天猫旗舰店当月售出产品1653件，3个月售出4119件。在天猫火爆的销售推动下，2014年，Dayshow公司开始在北京、上海、深圳、等一线城市大量布局。

【我的观点】

Dayshow凭什么用微视日赚数十万？

留意Dayshow这玩意儿，源于老家一哥们跟我吐槽，说他老婆最近疯狂爱上一种东西，甚至到了逢人就推荐的地步。这么痴迷的态度，立刻引起了我一丝兴趣。

问询之后，得知令她爱不释手的恰恰是我讲课时经常提到的Dayshow补水仪。

我问哥们 ：“你老婆是怎么知道这款产品的？”哥们回答，就是在那个叫微视的小玩意上看见的。

原来，她老婆前不久刚刚注册的微视账号，如今已经痴迷不已，无论吃饭、睡觉、上厕所，只要有时间就拿着手机一遍遍刷屏乐和，自娱自乐，活脱脱一个死忠粉。没玩几天，发现了这个东西。在达人们的示范效应下，毫不犹豫戳淘宝链接买了一个。价格倒也不贵，289 元。东西到的第二天，她老婆一口气又下了五单，给双方父母，我哥们姐姐，他老婆妹妹以及好闺蜜各买了一个。

哥们的困惑不止于此，现在家里除了老婆，自己的姐姐和妈妈也是喜欢得不得了，估计丈母娘和小姨子也应该差不多，而且她老婆还建议他买更多来送给客户做礼品。

本是哥们间无意的聊天，却让我有了很深的思考，可能是因为一直研究微视营销，让我对 Dayshow 在微视上这种神奇的口碑效应产生了浓厚兴趣。

说起来，Dayshow 补水仪的营销模式其实非常简单，就是找了一些微视上颇具粉丝量的达人们利用自己的 8 秒短视频进行宣传，或软植，或硬植。但神奇的是，这些植入痕迹明显的短视频，依然获得了大量点击，并掀起了一股购买狂潮。

下面是我随意截取的部分达人视频单条播放量 ：

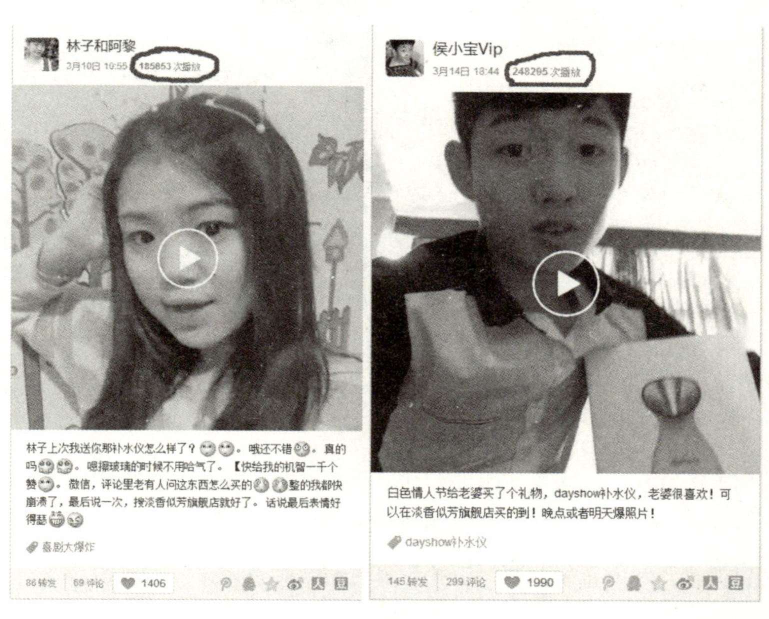

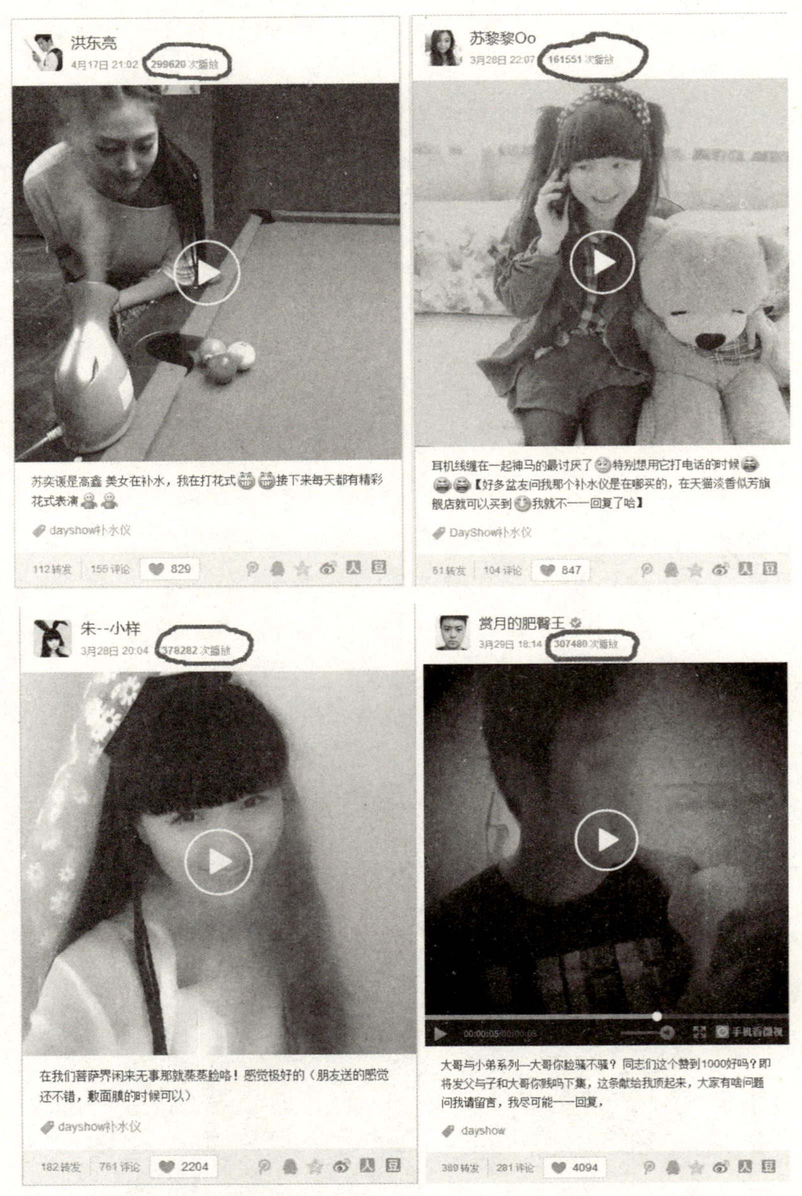

从数据上不难看出，每条视频都有几十万播放量，且推广时间段集中在 3 月中旬到 4 月中旬，但时至前不久，哥们老婆依然在为产品销量不遗余力地做“贡献”，这说明什么？微视营销的辐射时间足够长！真可谓省时省力，一劳永逸。

Dayshow 补水仪究竟成功在哪？三点！

1. 媒体：巧借微视，利用其平台优势，全方位多角度展示产品，海量用户成就粉丝经济；

2. 群体：年轻人是当下时代助推消费的主力，也是Dayshow的主要目标消费者；

3. 心理：宣扬让裸妆更自信的科学护肤理念，直接戳中女人软肋。

有了以上几点保障，效果自然是不言自明。这是我随手截下的某一天的实时成交记录（见下图）：

买家[登录后可见]	宝贝名称	价格	购买数量	成交时间	状态
回**福	dayshow蒸脸器美容仪补水神器纳米喷雾机器家用蒸面机器保湿热喷	289 促	1	2014-06-13 22:31:35	成交
l**8	dayshow蒸脸器美容仪补水神器纳米喷雾机器家用蒸面机器保湿热喷	手机专享	1	2014-06-13 22:29:30	成交
l**5	dayshow蒸脸器美容仪补水神器纳米喷雾机器家用蒸面机器保湿热喷	289 促	1	2014-06-13 21:45:32	成交
b**6	dayshow蒸脸器美容仪补水神器纳米喷雾机器家用蒸面机器保湿热喷	289 促	1	2014-06-13 21:43:15	成交
菲**购	dayshow蒸脸器美容仪补水神器纳米喷雾机器家用蒸面机器保湿热喷	手机专享	1	2014-06-13 21:33:47	成交
s**着	dayshow蒸脸器美容仪补水神器纳米喷雾机器家用蒸面机器保湿热喷	手机专享	1	2014-06-13 21:25:29	成交
吴**1	dayshow蒸脸器美容仪补水神器纳米喷雾机器家用蒸面机器保湿热喷	手机专享	1	2014-06-13 21:22:47	成交
红**妈	dayshow蒸脸器美容仪补水神器纳米喷雾机器家用蒸面机器保湿热喷	手机专享	1	2014-06-13 21:02:23	成交
想**l	dayshow蒸脸器美容仪补水神器纳米喷雾机器家用蒸面机器保湿热喷	手机专享	1	2014-06-13 21:00:59	成交
l**9	dayshow蒸脸器美容仪补水神器纳米喷雾机器家用蒸面机器保湿热喷	手机专享	1	2014-06-13 19:46:39	成交
l**9	dayshow蒸脸器美容仪补水神器纳米喷雾机器家用蒸面机器保湿热喷	手机专享	1	2014-06-13 19:45:54	成交
小**花	dayshow蒸脸器美容仪补水神器纳米喷雾机器家用蒸面机器保湿热喷	手机专享	1	2014-06-13 19:40:24	成交
菽**男	dayshow蒸脸器美容仪补水神器纳米喷雾机器家用蒸面机器保湿热喷	手机专享	1	2014-06-13 19:15:09	成交
满**1	dayshow蒸脸器美容仪补水神器纳米喷雾机器家用蒸面机器保湿热喷	289 促	1	2014-06-13 18:41:54	成交
t**7	dayshow蒸脸器美容仪补水神器纳米喷雾机器家用蒸面机器保湿热喷	手机专享	1	2014-06-13 18:31:46	成交

除了销量，还有一点特别值得关注，那就是“手机专享”。由此不难看出，移动端消费在其销售中占据的地位。

只有想不到，没有做不到。Dayshow试水微视营销所带来的影响与效果，值得深思与借鉴！

6.1.1 小米经济新玩法

说起小米的营销模式，诸如饥饿营销、粉丝经济之类一定会马上窜到你的脑子里。不过除了这些，你知道小米在营销上还有哪些绝招吗？

【案例回放】

2013年12月26日，小米手机微视官方账号正式建立，令其成为首家试水微视营销的企业。以微视为阵地，小米进行了大量整合包装传播，用每天提供的优质内容聚集粉丝。例如，小米手机在微视上推出的小米学院、新品发布广告、创意以及小米新闻资讯等种类多样标签，作品以创意、搞笑、广告、教程为主。精彩活动包括：

#让照片飞一会#关注小米手机，即送15台红米Note

小米手机微视发动用户一起制作专属动感影集，只要转发关注小米手机并制作影集分享至朋友圈，截屏发给微信公众号——微视（qqweshow），即有机会获得小米每天抽送的一台红米Note手机和10个F码。整个活动，小米总共送出15台手机、150个F码，引发了小米粉丝的狂热追逐。

#爱搞机、爱创意、爱酷玩！有知识、有乐趣、更有小米人的生活#

鼓励用户邀请更多小伙伴一起来关注小米手机微视。更许诺，只要在3月2日前关注小米手机微视并转发该微视，小米就随机抽送20个红米手机F码送出。

#第二波！关注小米微视送移动电源#

在上条微视引发粉丝疯狂追逐的同时，小米再次鼓励粉丝们跟着视频动起来，并毫不吝啬地将对粉丝吸引力极大的当下最火的明星产品——5200mAh小米移动电源摆在了台上。任何微视用户，只要在3月7日前关注小米手机微视，便有机会获得小米随机抽送10个移动电源。

通过以上几次活动，小米有效地将“微视用户+小米粉丝”这部分群体筛选出来，并将其热情调动到最大。在微视2014年7月4日更新2.50版本以后，小米再次推出新热门标签：最后一张有惊喜活动。不仅可以更好地和用户互动，同时也让小米有趣的企业文化再次得到释放，展现出活力四射的企业气质和精神面貌。

【品牌效应】

微视单条创意视频播放量迅速超过千万，成为首个进入“微视千万俱乐部”的企业级用户。而消息一经爆出，更引发了超过3万的评论互动量。

【我的观点】

解密小米微视营销：“首条播放量过千万企业微视”如何缔造？

小米科技创始人雷军的互联网思维非常值得剖析，在小米手机的营销路数中，“顺势而为”一直是其重大砝码。

2010年，小米抓住了微博大爆炸的黄金时期；2012年，小米发力微信营销，百万粉丝就此养成；2013年年底，小米成为首家注册微视号的企业，随后缔造了首条企业微视播放量过千万的神话。

作为首家试水微视营销的企业，小米在微视上尝试了很多，例如推出小米学院、定期发布新品广告、创意及小米新闻资讯等，精心的耕耘换来了极大的品牌效果，让很多企业羡慕不已。

到底，这千万播放量的神话是如何缔造的呢？我总结出以下四点：

1. 与企业营销定位匹配

小米一贯秉承饥饿营销、粉丝营销的营销模式，开辟微视窗口等于又开辟了一个积累粉丝的阵地和自我展示的平台。

2. 消费人群，消费心理定位精准

微视用户几乎100%是潮男潮女，小米进军微视再一次抓住了年轻人对新鲜事物的好奇及追求。

3. 媒体定位精准

随着互联网的发展，品牌商的营销要求也在发生变化。微视可以完全展示产品特性，表现真实、鲜活，并且实现与用户的深层次互动。

4. 微视整合F码，实现粉丝、营销双增长

小米手机F码是小米公司提供给小米核心用户及为小米做出贡献的网友的优先购买权，凭F码可无须等待，直接购买小米手机！所以，微视整合F码一方面达到了吸引粉丝的目的，另一方面也实现了营销的目的，可谓两全其美。

对企业来说，建立自己的微视账号是一种非常有效的宣传方式。提升企业形象、解析企业产品、吸引粉丝关注，这些效果统统能够实现。

微视，是用户看得见的营销工具，企业文化、动态，都能在第一时间传达给用户，当和企业有关的一切信息都可以用视频活灵活现地展现开来，你和用户之间的距离也就越来越近了，用真实来标榜自己，用户还会不买你的账吗？

小米在微视的爆发并非个案。正如之前众多明星达人率先入驻微视尝鲜，如今像大众、酷开、海信、万达、Lee等不少品牌机构也纷纷在微视尝试短视频营销，并且效果显著。

事实上，自2013年9月底上线，完全根植于移动端的短视频社交应用微视，凭借更生动、好玩的表达方式，以及热门话题带来的强参与性，已逐步成为继微博、微信后，人们移动生活的又一重要部分。而随着“微视千万俱乐部”、百万粉丝草根达人、总体日播放量亿级记录等数据所展现出的实力……更使其在品牌诉求、信息

传递、粉丝经济等诸多领域的价值，越来越受到社会各界的密切关注，可以说在社交媒体多元化的过程中扮演起了趋于主流的重要角色。而由此带来的新营销空间，则预示着新一轮由短视频带来的社交红利已然开启。

6.2 服装行业“微视”真经

6.2.1 服装行业微视给谁看?

对于“服装”来说，其最大的特点是：它的使用人群并不完全等同于它的消费人群。因为无论“服装”的使用对象是男是女、是老是少，它的主要消费人群都是“女性”。我们都知道，通常男人们的衣服、孩子们的衣服基本是由妻子、母亲来购买的。这就决定了服装行业的微视要锁定的粉丝群体是女性。

但是，因为年龄、职业等的不同，女性群体的品味也有差异，不同属性人群会有不同的审美需求和审美标准。所以，在如今流行精准营销的时代，锁定目标受众、扩大品牌影响力才能真正吸收到潜在消费群体。

那么，锁定目标受众首先要明白自己服装品牌的特点。一般来说，从两方面因素考虑就可准确鉴定。

一是明确品牌的使用对象。也就是说，要知道一个品牌或一家商店的服装是适合学生族的，还是白领阶层；是给老年人穿，还是给儿童穿。

二是确定品牌特有的风格。服装是有“装扮”作用的，某一个品牌或某一家服装店也一定有其自己独有的“魅力”和特定销售类别。要明确企业或店家所卖服装是森女风还是OL风，是运动风格还是休闲风格。

明确了这两点，基本上就可以清晰梳理出该品牌或该商店服装的目标消费群。如果使用对象是白领阶层，那么目标受众就是年轻小资的上班一族；如果是做儿童服饰，那目标受众就是妈妈族。如果是森女风，其目标受众就是文艺范儿十足的少女群体；如果是运动风，那目标受众就是具有运动需求的人们。

6.2.2 服装行业微视受众喜欢看什么?

认清了品牌的真实“面貌”、确立了微视的目标受众，再来有的放矢地为其量身定做能够彰显其品牌特色的微视传播内容。

既然是为了推广品牌，其内容自然是要贴合品牌内容，再者就是符合目标受众喜好。对于服饰，消费者最看重什么呢？无非是款式、价格、品牌、质量这四个方面，但不同消费者有不同的需求（男性消费者会更看重质量，女性消费者更看重款式），了解不同目标受众群的消费倾向，就可以针对性地创作微视传播内容。

1. 秀款式。在人类的日常生活必需品——衣、食、住、行四个方面，把“衣”排第一位是有其原因的。现代的人们，对“衣”的需求不仅仅停留在“蔽体”方面了，更多的是装扮的意味，所谓“人靠衣装”。对那些年轻时尚的女性消费者来说，不追赶流行就是落后的表现。服装店家就可以用微视及时秀出最新款式的衣服样本，抓住受众的眼球。例如微视账号“瑄瑄妈咪女装”，通过对小女孩瑄瑄的生活记录，把最新款式的童装展示出来。

从款式衍生出来的内容还有服饰搭配。服饰搭配也是一门艺术和学问，从这个方向出发，可以挖出很多内容点。然后再根据目标受众群的“口味”，在表现风格上进行合理调配。

2. 秀质量。还记得每次坐火车时，列车推销员推销袜子的方式吗？体现袜子结实，就当场试验，扯着袜子然后用铁刷子刷。当大家看到“袜子真的不会破”，眼见为实，自然就主动掏腰包了。列车推销员就很好地展现了商品独有的特点——“结实”，以此笼络了不少顾客。尤其是以男性消费者为目标受众群的微视，就可以在质量上大做文章。下面的这个微视就是拿衣服的质量恶搞，服装行业微视就可效仿这种夸张、侧面的宣传思路。

3. 秀品牌。一些微视创作内容不一定非要在服装本身做文章，尤其是针对“服装品牌”的营销，只要把品牌概念植入消费者意识就达到了传播目的。可以借助其他任何内容，把品牌logo、品牌标语或产品巧妙植入进去，附着在微视内容中进入受众感官内。需要强调的是，这种情况下，微视内容就要极具吸引力，否则吸引不到受众眼球，也就没办法把“品牌”推广出去。

一个比较好玩的例子是一条恶搞的微视：“求鉴定啊！这个包看起来档次完全不及阿迪达斯啊！连个品牌LOGO都没有！”具体内容是老板送了一个包包给员工，说值几千块钱，员工吐槽这是淘宝货，求鉴定。然后在微视的描述中就自然提到“阿迪达斯”，在不经意间给阿迪达斯做了广告。

4. 秀价格。“价格战”是营销中的一大利器，还记得每年双十一天猫的抢购活动吗？2013年双十一淘宝总销售额达350.18亿元。除了淘宝双十一，一些品牌或电商在平日里也会搞一些优惠促销活动，“品牌折扣”往往成为激发消费者购买欲的催化剂。

那么服装行业就可以利用微视展示服装的价格。例如“内涵图工作室”中的一条微视：“当屌丝逛商场看到衣服价格标牌——你中枪了吗？你们买衣服还看价格吗？反正我是不看！”用这种“激将法”让受众反而好奇价格到底是多少，忍不住就会去点击来看。

6.2.3 服装行业微视怎么用？

途径一：最常规的就是在微视平台上发布内容，吸引微视用户。然后引导粉丝进入官方微信或官方网店进行购买。注意要在描述中加入链接地址。

途径二：用在淘宝店中，做模特展示视频展示给顾客。

途径三：用在企业微博、微信平台中，作为宣传利器。

途径四：用在商场、路边的户外显示屏上。

优秀案例推荐

1. 扮靓穿衣经

该微视账号把最新的流行服饰通过模特街拍展示出来，教大家如何搭配衣服。尤其是利用明星对当前时尚元素的代言和解读来吸引受众，然后鼓动受众加其官方微信，进行购买。

2. 美丽搭配日记

有些企业或服饰销售商不善于利用微视的优势，其制作的内容仅仅是把服饰图片传上去然后一张张播放，消费者还是看不到衣服的立体效果。这就像在淘宝上买衣服，很多顾客不敢下单就是因为买回来的衣服往往没有图片上的好看，不是色差有问题就是穿不出模特的效果。很多顾客不再相信图片了，因为通过特有的拍摄角度和巧妙用光，再加上图片美化工具，真实的服饰效果已经被改变了。而微视可以呈现出真实的影像效果，可以让顾客切实看到某件衣服的上身效果。

该账号就一改其他服装行业微视账号只播放图片的做法，通过对模特真实试穿的拍摄，为顾客全方位地展示衣服穿在身上的效果。这样顾客就不用再担心“实物”与“描述”不符了。

其实除了展示特定模特的衣服上身效果，店主还可以通过微视呈现出不同体型的模特试穿不同尺码衣服的着装效果，让顾客透过微视就能准确便捷地挑选出合适的、满意的衣服。这样就可以消除顾客的后顾之忧，不会再因为担心穿上不合身而放弃购买了。

6.3 餐饮行业“微视”真经

6.3.1 微视与餐饮行业的互动

微视的诞生为餐饮业的自我营销提供了新的契机，其能呈现的简短视频，对视觉有诉求的消费者形成了新的吸引力。

以往稍有“新媒介素养”的餐饮企业往往懂得在其微信或微博平台推送诱人的美食图片，再配上令人神往的文字。微视出现后，虽然仅是短短8秒的短视频，但对美食的呈现却是颠覆性的。美食的制作过程、最终的呈现、顾客的评价都可以用百分百记录的方式制作给消费者看，这比单纯的文字和图片更吸引受众。而在无形当中，餐饮业的商品不仅使消费者更信服，也在互动过程中吸引了不少的顾客。

既热爱美食，又关注微视的人群最主要是80后、90后的年轻人，这群人崇尚及时享乐，追求新鲜时尚，对cool有着疯狂的追求。因而餐饮行业要想在这个消费人群中有所“作为”，就应该结合他们的生活品质，制作相应的视频内容。

6.3.2　以麦当劳为例看餐饮行业怎样创作微视内容

麦当劳作为一家老牌的全球性的大型跨国连锁餐厅，对新媒体的应用极为老道，其先后开设了微博、微信等平台，至今新浪微博上已拥有超过40万的关注量。微视推出后，麦当劳马不停蹄地再次将其新媒体平台拓展到微视。一向以快速生活节奏的都市年轻人为主要顾客的麦当劳，看准了微视将在其消费人群中产生的巨大效应。微视不仅能满足他们追求视听呈现的要求，也完全符合其“碎片化”的生活方式。不得不承认，8秒钟的视频在他们上电梯时就完全能看完。而麦当劳官方微视最值得称道的就是它的内容创作，不仅紧紧贴合了品牌产品，更是好玩有趣，制作起来也并不复杂，往往一两个特效就创作出了有意思的内容。轻松时尚、趣味性高、商家与消费者互动密切，可以说麦当劳给消费者带来了全新的餐饮体验，也成为其他餐饮行业借鉴的案例。

1. 通过创意视频展现食品

微视的精髓在于“微”，8秒钟是新奇的展现，创意的浓缩。一个新鲜的土豆立马变身麦当劳薯条，一眨眼的工夫见证麦咖啡从无到有的奇迹，青苹果一瞬间摇身成为苹果派。这些令人眼前一亮的创意视频，都是为了吸引麦当劳的主要顾客——追求新鲜事物的年轻一代。

2. 通过员工视频呈现服务

麦当劳的官方微视中有多个视频展示了员工的魅力，无论是猎奇性质的“麦麦大家庭里永远是奇才辈出！就连快板我们也轻松拿下！”“单手打八个甜筒绝不是传说！”“想见见这位妙手生花的麦麦达人吗”还是才艺性质的“除了咖啡拉花达人和大提琴达人……麦麦大家庭里还有一位情歌达人”“美妙的音符是麦麦的邀请”，对员工的展示提高了麦当劳品牌的亲和力，从而也提升了品牌的吸引力。

3. 通过环境视频提高品牌

麦当劳利用微视制作一系列的优美的环境视频以吸引顾客，“麦当劳全球首家EATERY旗舰餐厅，正式亮相广州天河区！”即利用炫目的视频效果展现了这家旗舰餐厅的内部装修，这给消费者以直接的视觉冲击，从而吸引其前来观赏消费，也在潜移默化中为其品牌魅力提供了助力。

4. 利用节假日做微视视频

2014 年 5 月 20 日，麦当劳在其官方微视上推出“520 甜蜜告白”的视频，画面中其员工激情献唱Rap做 520 告白，给消费者在当日带了愉悦的体验。

微视营销对于餐饮行业来说是新宠，它本身还在不断发展，餐饮企业通过充满创意或是温情的视频吸引更多目标客户，为企业提供一个双向沟通、多样化的品牌推广和渗透平台，也将反向拓展亿级用户的消费空间。

6.3.3 餐饮企业怎样利用微视做营销

微信的火爆影响已不用赘述，其继微博之后的营销热潮正愈演愈烈，服务业、快销业无不垂涎。微视与微信的紧密联动，使人看到微视的光明发展前景。微视天生的“视频”优势，结合微信的广泛影响，已是不容小觑的绝佳营销策略。餐饮业这个倚靠“色”来吸引消费者的行业，必须首先看到微视作为呈现“色”的工具的优越性。那么，餐饮类商家该如何利用微视开展营销呢？

1.在微视平台上分享有意思的视频，做分享或转发的优惠活动；

2.将视频分享到腾讯微博、微信好友、朋友圈、腾讯好友关系圈等，充分做好媒介间的融合，将微视视频散布到各个平台上，增强宣传效果。

3.在视频中展示菜单，让用户选择有自己喜欢的菜单的微视转发到微信，然后发送给企业官方微信以享受就餐优惠。

4.与用户展开互动。现在吃饭前秀美食已成为大多数人的“习惯”了，卖家可以鼓励用餐者用微视拍下美食或享用美食的时刻，分享到卖家官方微视账号以获得用餐优惠。店家也可以把这些用户分享的微视片段集合成广告宣传片，吸引更多潜在顾客。

6.3.4 优秀案例推荐

美食铺子

该账号在餐饮行业的微视中独树一帜，不仅更新速度较快，而且内容较为丰富。不仅给消费者提供养生方面的小知识视频，也制作了不少教人如何做菜的微视，通过与其下方文字的结合，使消费者对美食有了更为直观和详细的认识。

6.4 快消行业“微视”真经

6.4.1 快消行业用微视做什么？

快速消费品与其他类型消费品相比，消费者的购买决策和购买过程有着明显的差别。消费者在购买此类产品时通常以“瞬间决策”的方式达成购买，对周围众多人的建议不敏感，取决于个人偏好。所以产品的外观包装、广告促销、价格、销售点等对销售起着重要作用。总的来说，快速消费品有三个基本特点——便利性：消费者可以习惯性地就近购买；视觉化产品：消费者在购买时很容易受到卖场气氛的影响；品牌忠诚度不高：消费者很容易在同类产品中转换不同的品牌。这些特征决定了消费者对快速消费品的购买习惯：简单、迅速、冲动、感性。

所以我们会发现，促销活动对快消品的销售能带来很好的效果。因为对产品的忠诚度不高，当某一快消品在价格上更胜一筹。或“买一送一”“半价销售”等，就会引起消费者的购买欲。在对商品没有特定要求的情况下，消费者大多会选择买优惠商品。同理，在线上，就可以用微视配合做优惠促销活动。

对于快消行业，微视只能配合做促销活动吗？当然不是。虽然消费者对快消品的忠诚度不高，但也不能放弃培养品牌的忠实消费者。用微视视频植入品牌，在同类商品中突出品牌对消费者的生活意义，也很有必要。因为快消品的另外一个更重要的属性是产品“非耐用”，重复购买率较高。如何让消费者重复使用商品就更重要。例如益达的广告——“饭后来两粒”培养了消费者的生活习惯，本来是可有可无的商品，却成了必需品，有此习惯的消费者买益达的产品就再也停不下来了。

在微视中，除了做促销活动、体现产品的意义，还有一点就是在快消品的包装上下功夫。快消品是视觉化产品，消费者在购买时很容易受到产品包装和消费氛围的影响。比如可口可乐的外包装上贴着“白富美”“最重要的决定”等的标签，形成一种标签文化，消费者在消费的同时还能获得一丝乐趣；比如雪碧的电视广告“透心凉”的场景，神清气爽的画面仿佛让人体验到了产品带来的冰透凉爽的感觉。这些视觉、听觉的刺激会使消费者产生一定的兴奋感，也自然对商品产生好感。而微视的声画合一功能正好可以实现对受众视觉和听觉的双重刺激，让产品通过微视直达人心，获得消费者的青睐。

6.4.2 快消行业微视的运用渠道

1. 结合品牌促销活动做线上的宣传，促成线上线下有效推广渠道的相互结合。

2. 在人流量大的楼宇、卖场等地的广告机上投放微视短视频，做促销、折价销售等的活动介绍。

3. 依托活动策划微视受众互动活动，吸引用户在活动参与中增进与品牌的感情。

4. 快消行业一般为分公司或代理商体制的销售组织形式，所以企业微视可以在不同的分公司所辖区域同时开展活动，全范围铺开。

6.4.3 以雪花啤酒为例看如何用微视做快消品营销

2014 年，雪花勇闯天涯系列活动迎来第 10 个年头，除了在微博、微信上做活动外，雪花啤酒又开拓了在微视平台上的营销，成为其在视频领域与受众互动的一次成功尝试。活动在线上线下齐头并进，广告、传播、产品、渠道悉数上阵，全方位、多角度、多层次，尽可能地利用新兴媒体，增强营销效力。总结雪花啤酒的微视营销之道，有三个方面的经验值得借鉴：

1. 依托品牌活动，配合线下活动做微视推广

“勇闯天涯”是华润雪花主推的一个原创性营销活动，活动不仅有效提高了雪花的知名度和影响力，也为自己的产品品牌升级奠定了良好基础。“勇闯天涯”开办 10 年来，无论是从知名度还是参与度都有较大飞跃，但更大的飞跃是勇闯天涯已由一个原创性的活动品牌成功飞跃至具有较高忠诚度的产品品牌，并且产品一经推出，就获得了消费者的无限青睐。

以传统广告起步的雪花啤酒，在对新媒体的整合营销上也很下功夫，宣传形式、活动形式上每年都会融入最新元素。微视一经推出，雪花啤酒也毫不懈怠，在这一领域风风火火地发起了线上的用户视频征集活动，来配合线下的销售活动。在既有的品牌影响力之上，发动微视的线上用户，这就降低了宣传的难度，用户的参与度自然不会低。

2. 让用户参与活动，积极互动

微视上“2014 重庆雪花勇闯天涯”官方微视公众号就是雪花啤酒为“勇闯天涯”活动专门推出的账号。雪花啤酒利用该账号与用户进行了很好的互动。雪花啤酒设置的活动规则是：用户关注此账号，拍摄 8 秒视频，短视频拍摄完成后，添加标签“雪花啤酒勇闯天涯”，“提醒好友”勾选“2014 重庆雪花勇闯天涯”官方微视公众号发送，此作品就被收录了。活动官方会通过微视选出 2 个勇士名额参与重庆区域非漂不可的选拔活动。

3. 设定用户拍摄内容，形成宣传集势

用户拍摄的 8 秒视频内容是官方账号指定的，有三个版本可供选择：

啤酒王：8 秒内喝完一瓶/听雪花啤酒；

快嘴王：8 秒内清晰读出“销量第一”或景区宣传文案；

方言王：8 秒内用搞笑的方言诠释“销量第一”或景区宣传文案。

这样视频内容方向一致，不同的用户上传的视频就会引起受众的竞猜欲，会吊起受众的胃口，想要看看到底谁是啤酒王，谁是快嘴王，谁是方言王。而且主题都是“销量第一”的内容，这种从不同用户那里发出来的声音形成一种宣传集势，让受众在不知不觉中加深对它的印象。

6.4.4 其他快消行业优秀微视账号推荐

1. 快消化每益添

“快消化每益添”是伊利每益添官方微视。每益添是内蒙古伊利实业集团股份有限公司的注册商标，虽然都是伊利的产品，但该微视账号的内容只围绕每益添来做，这首先体现了精准营销的思路。该微视账号紧紧贴合“快消化”的主题，运用各种创意段子、广告短片、动画制作以及萌娃舞蹈等内容来吸引受众。而这些内容却不是杂乱无章的，该微视账号的运营团队设置了各种微视话题，例如“快消 18 招”“吃饱撑着会干吗”等，以此征集有意思的微视进行传播。而话题的核心与大家日常生活息息相关，最终落脚点还是与产品紧紧挂钩，突出产品在日常生活中的重要性。这种话题式的微视营销结合了快消品的产品特点，又贴合受众需求，值得其他品牌借鉴。

2. 蒙牛酸酸乳

“蒙牛酸酸乳”是利用微视做营销活动的一个典范。该账号在微视上发起了“歪猜成语”的活动。例如：

【“歪猜成语”第二条】蒙牛酸酸乳全新升级#趣味歪猜成语#越“活”力，越青春！ 歪猜成语第二条，微视史上第一个用食材拼成的人脸！！能看出来人脸都是用什么食材拼出来的吗？如果都能看出来的话，那就离答案不远了哦！更多好玩请关注酸酸乳官方微信服务号——蒙牛酸酸乳。

【“歪猜成语”第五条】蒙牛酸酸乳全新升级#趣味歪猜成语#越活力，越“青”春！ 歪猜成语第五条，主人你怎么可以给狗狗吃青笋和黄瓜呢？人家明显不感兴趣！！你能猜出来成语是什么吗？如果这条都能猜出来，你才是真正的高智商！！！更多好玩请关注酸酸乳官方微信服务号——蒙牛酸酸乳。

总结此活动的营销经验可以概括为以下几点：

第一，发起活动与用户互动。猜谜活动本身就很有吸引力，受众都渴望证明自己的高智商，益智游戏就会很受欢迎。

第二，视频内容创意十足，吸引眼球。例如第二条中“微视史上第一个用食材拼成的人脸”。

第三，产品亮相成为每条活动内容的必备环节，以此循环加深受众印象。一喝蒙牛就猜到了答案，作为受众的你会怎么想？

第四，与微信平台紧密结合。想找答案、想关注更多就要去关注微信，对于一些好奇心、求知欲强的受众来说，这无疑是最好的诱饵。这样就很容易地将微视平台的粉丝转到微信服务平台上，实现跨平台营销。

6.5 旅游行业“微视”真经

对于旅游行业，尤其是景区来说，营销的重要性不言而喻。旅游业是典型的注意力经济，所以如何吸引人们关注景区，产生旅游的意愿是景区应该花大力气做的，而这时就需要靠营销。而微视就可以为旅游行业带来全新的营销方式，是任何旅游企业都不应忽视的一个视频营销渠道。

6.5.1 旅游企业可以用微视来做什么?

1. 用微视做宣传

旅游业微视账号可以用微视的功能来吸引一些不确定的用户。比如在旅游接待中心、车站、机场等地，向这些不确定对象推送微视账号以及目的地景区等实用信息。还可以在微视中发布旅游信息、广告信息，甚至相关的旅游促销活动，链接到官方微信中推送给关注用户。

2. 与用户互动

微视可以借助一些推广活动来与用户积极互动，并且可以联合微博、微信、线下广告、官网等多种渠道宣传微视活动的情况。那么做什么活动呢？一方面可以抓住节日时效性活动营销热潮，做一些与节假日旅游相关的优惠折扣活动，另一方面可以借助热门事件，策划合适的与旅游相关的话题，鼓励用户自导、自拍旅游视频上传分享。比如情人节的时候，邀请用户分享和恋人一起旅游的故事，以故事元素带动用户对景区的注意力，达到营销效果。

3. 如何提高转化率

旅游企业微视要提高转化率最好能为用户提供一些服务。如果用户对某一景点或旅游线路感兴趣，看到用户的评论和提问就要及时给以反馈，尽量不放过潜在目标。如果用户转发了某条微视内容，那可能就是他喜欢对应的微视内容，很可能下一个旅游目的地就是微视中显示的。这时微视账号就要及时追踪，可以向转发此微视的用户回复更详细的旅游攻略以及门票、住宿、注意事项等贴心的信息，巩固用户的旅游意向。

6.5.2 旅游业微视应该做哪些内容?

1.对旅游行业来说，旅游攻略可谓是首选的最佳内容。把富有诗情画意的景区风光拍摄下来，用优美的风景吸引用户，告诉用户哪个季节适合去哪些地方旅游、具体的游览线路怎么走、具体的景点住宿信息，等等。

2.在描述中加入旅游地知识信息，例如历史名人、景观由来、背景故事等辅助性信息，让用户在旅游的同时也能收获知识，对景区有更深入的了解。

3.值得注意的是，旅游类微视不要从网络上复制文章、频繁推送广告，也不要一直播放图片。应该充分发挥微视的功能，用视频记录下真实的旅游生活，让好吃、好玩的画面真正动起来。

6.5.3 以“微游记”为例分析旅游业如何用微视做营销

“微游记”是爱拍客旗下微旅游栏目《微游记》官方微视，现已有99921粉丝。微游记之所以这样备受用户关注，主要因为三个方面：

1. 实景拍摄的生动现场画面。微游记里的微视内容都是现场拍摄的最有特色的景观，可能是某处景点里的一个角落、一处风光或一个建筑，但都拍出了其固有的特色和独有的亮点。例如拍摄大西洋海岸散步的场景时，就着重表现了彩虹出现的精彩一刻，实景美不胜收。而且每个微视内容的标签就是景区名称，当用户点开时，同一景区的不同微视内容就都列了出来，方便受众检索。

2. 优美诗意的内容描述。微游记账号里每条微视的内容描述不仅紧密贴合微视内容，还在此基础上发挥诗意的想象，配上很有情调的描述语或诗词，让景点立即变得诗情画意起来。例如在创作苏格兰爱丁堡城堡的微视时，就着重选取了女神雕像沐浴喷泉下的特写镜头。配上的描述文字是：“晴朗的日子里，你还是沉着脸，可是那质朴的色调和庄严的模样多么令人敬畏，我就在你的脚下，喷泉淋湿了娴静忧郁的少女，也洗净了众人的眼眸，在这喧哗的都市，一抹闲适的孤独是多么可口。”以少女雕像引发的感触为风景本身又抹上了一丝神秘的故事感。

3. 依托“爱拍客”的原有用户资源。“微游记”是爱拍客旗下微旅游栏目《微游记》的官方微视，这里的微视粉丝不乏之前爱拍客的用户，现在有了新的微视平台，就很容易把之前的用户转移到8秒钟的短视频平台来。微游记的账号也可以搜集用户们分享的视频内容，可以把爱拍客的用户们随手拍的一些零碎片段或制作视频时剪掉的镜头存在微视里，作为一个素材库，让大家共享美景。

6.5.4 旅游行业优秀微视账号解析

1. 环球微旅游

环球微旅游的微视账号现已有3万多粉丝，其每条微视的关注人数也很多，这主要源自于精良的微视内容制作。无论是拍瀑布流水还是广场喷泉，都是选取了最合适的拍摄角度和光线设置，可以看出对画面质量要求的严格性。而这种精益求精的精神正是旅游类微视所要具备的，因为画面的美观直接影响到受众对景区的印象。所以说，视频内容做得精良很有必要。

2. 微游江西

微游江西是中国江西网旅游频道的官方微视。其个性简介为：爱驴行，爱生活，发现秘境江西。配合这一主题，微视里展现的主要是江西本土的景观。不仅涉及自然风光，还有城市介绍、发展现状及人文历史景观等方面的内容。在微视描述中还常常与受众互道“早安”“晚安”，仿佛是对置身江西的游客的亲切关怀。

3. 江西风景独好

该账号是江西省旅游发展委员会的官方微视。看来江西省对旅游业的发展很是重视，而且对新媒体的运用也是略胜一筹，仅微视平台就不仅有“微游江西”，还有“江西风景独好”。“江西风景独好”这个账号里的微视内容详尽，不仅有省市地图、自然风光，还在微视中展示人文景观、历史名人等信息，在描述中配上相关介绍，让用户可以很便捷直观地了解当地风光。

6.6 移动互联网行业“微视”真经？

6.6.1 移动互联网企业用微视做什么

在目前的互联网行业发展过程中，PC互联网已日趋饱和，移动互联网却呈现井喷式发展。4G时代的开启以及移动终端设备的凸显必将为移动互联网的发展注入巨大的能量。前瞻产业研究院发布的《中国移动互联网行业市场前瞻与投资战略规划分析报告前瞻》数据显示，截至2013年年底，中国手机网民超过5亿，占比达81%。伴随着移动终端价格的下降及WiFi的广泛铺设，移动网民呈现爆发趋势，其终端包括智能手机、平板电脑、电子书、MID等。各大移动终端上的软件与应用也是层出不穷。微视作为智能手机的一款App，属于移动互联网行业内的产品，但反过来看，移动互联网行业也可以利用微视做自己的品牌营销。

移动互联网的营销模型与传统营销不同，它更注重于品牌文化，应该通过口碑传播吸引更多的客户，随之让其参与互动。也就是直接让正确的客户为企业说正确的话，冷冰冰的广告式营销终将在这个时代慢慢衰退。微视提供的就是一个创意的平台，整体的环境格调就是好玩、有趣。利用微视做一些有创意、有想法、有特点的品牌相关内容是品牌推广的一个很有效的方法。

对移动互联网企业来说，建设自己的微视账号是一种非常有效的宣传方式。微视，是用户看得见的营销工具，企业文化、动态，都能在第一时间传达给用户，当和企业有关的一切信息都可以用视频活灵活现地展现开来时，你和用户之间的距离也就越来越近了，用真实来标榜自己，用户才会买账。提升企业形象、解析企业产品、吸引粉丝关注，这些效果统统能够实现。尤其是产品介绍，因为该行业内产品更新速度快，产品功能更新快，配合新产品的发布解析产品特色与使用技巧等基本信息是很有必要的。微视就能很好地发挥其声画结合的全方位体验功能为企业的营销带来助力。

6.6.2 以小米微视账号为例解析移动互联网企业的微视营销之道

小米为何选择微视？

2010 年，小米抓住了微博大爆炸的黄金时期；2012 年，小米发力微信营销，百万粉丝就此养成。2013 年年底，小米成为首家注册微视账号的企业。

作为首家试水微视营销的企业，小米在微视上推出小米学院、新品发布广告、创意及小米新闻资讯等多样标签，单条视频播放量过千万的信息更让很多企业羡慕不已。那么，小米当初为什么选择微视呢？不外乎是小米的团队早早地窥见了微视的优势。

1. 平台优势

小米一贯秉承着饥饿营销、粉丝营销的营销模式，开辟微视窗口等于又开辟了一个积累粉丝的阵地和自我展示的平台。利用微视的平台，小米可以做出各种创意视频，让粉丝在娱乐的同时感受到小米的魅力。

2. 受众优势

微视用户几乎是 100%的潮男潮女，小米进军微视再一次抓住了年轻人对新鲜事物的好奇及追求。微视平台上的用户，大都是 80 后、90 后，新潮、幽默、风趣，这与小米的消费群体正好契合。

3. 内容优势

随着互联网的发展，品牌商的营销要求也在发生变化，小米之所以选择微视就是因为微视在表现事物方面的独特优越性。微视可以完全展示产品特性，表现真实、鲜活，让受众能够全面了解产品特点，并且可以与用户深层次互动。

千万播放量的神话是如何缔造的？

1. 让受众爱上小米文化

小米微视账号通过奇思妙想的创意想法，利用小米手机做出了很多好玩、有趣、有意思的微视视频。8秒钟的时间，或是一个小魔术、或是产品特性介绍、或是创意漫画，各种含有小米手机的视频内容让用户感受到小米的青春色彩，也让受众更加青睐小米的有趣的企业文化。这样一来，用户对品牌的好感度就会大增了。

2. 策划各种活动与用户积极互动

小米微视与用户的互动很及时也很到位，这样的互动可以拉近用户与产品的距离，增加用户黏性，达到营销效果。类似的活动诸如：

【关注小米手机送15台红米Note】让照片飞一会，快来一起制作你的专属动感影集，即日起转发关注小米手机并制作影集分享至朋友圈截屏发给微信公众号——微视（qqweshow），每天抽送一台红米Note手机，10个F码！连送15台手机、150个F码哦！

【关注小米手机微视狂送20个红米F码！】爱搞机、爱创意、爱酷玩！有知识、有乐趣、更有小米人的生活。快邀请小伙伴们一起来关注小米手机微视吧！3月2日前，关注小米手机微视并转发此条，随机抽送20个红米手机F码！

【第二波！关注小米微视送移动电源】跟着视频动起来！5200mAh#小米移动电源#变变变！小米当下最火热的明星产品，关注即有机会得！3月7日前，关注小米手机微视，随机抽送10个小米移动电源！

6.6.3 优秀微视账号推荐

1. 玩魅族的妹子

这是一个魅族的官方微视。首先，微视名称就体现了魅族的用户特点。魅族一向就是女性用户的青睐，多数年轻的女生倾向于使用性价比高、外观漂亮、屏幕大的魅族手机，所以，名称就是“玩魅族的妹子”，而不是“玩魅族的帅哥”。

其次，在微视内容中，很好地融入了魅族手机的特点。其中一条8秒钟的动画视频，就借助金牛座的特点展现出选魅族手机的原因——经济、实惠、性价比高、外形漂亮。相应的描述文字为：“十二星座买手机之金牛座来咯，可爱的牛牛可是个精明的消费者呢！”这样生动有趣的引导，相信一定会有用户上钩的。

2. 联想Lenovo

联想的微视账号也是积极配合新产品的推介，一方面通过创意搞笑的视频宣传产品特性，一方面也传播企业文化，提高用户的认同感。

例如体现YOGA平板电量多的特点时，搞怪夸张的故事表演配上产品特性描述："YOGA平板的电量是大多数平板电脑的两倍，可持续使用达18小时！从清晨到凌晨，全天候陪伴，让你做更多、看更多、玩更多！"在博得用户开怀一笑的同时自然而然地让用户对产品更加了解。

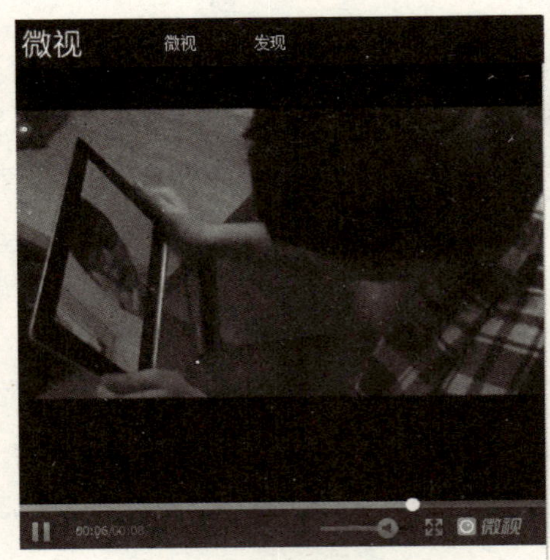

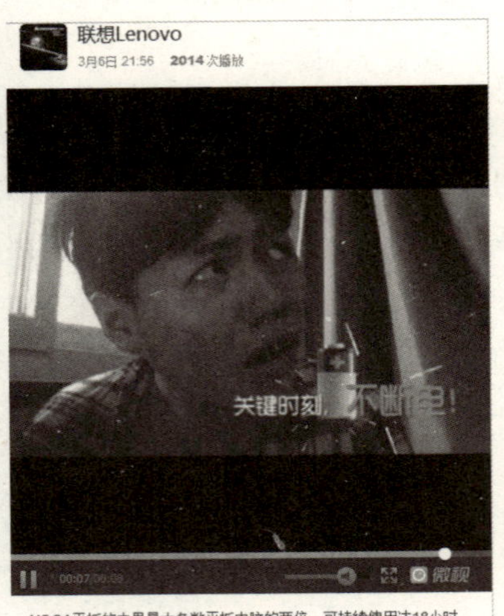

6.7 化妆品、美容行业“微视”真经

自从我们迎来了“微时代”，很多只在线下销售的产品，现如今都打开了线上营销的渠道，形成O2O（on line to off line），即线上线下结合的销售线路，可以说拓宽了销售渠道，也必然增加了销售额。化妆品、美容行业在线上的销售，更是具有得天独厚的优势，那么从事化妆品、美容行业的人士如何借力微视平台为自己的产品做营销呢？下面我们就为您一一解惑。

6.7.1 微视平台上化妆品、美容行业的受众定位

对于化妆品、美容行业来说，其主要用户大部分集中在女性，而女性对于化妆品、美容产品的关注也因年龄而更加细致，这就让化妆品、美容行业可以根据不同年龄层的需求和喜好，有针对性地投放产品。就微视的整体使用人群而言，多以80后、90后为主，这部分女性的年龄分布在15~35岁之间，恰好也是对化妆品、美容产品需求最大的一部分受众，因此市场前景广阔。

再具体地细化，我们来粗略估计一下不同年龄层对于化妆品、美容产品的需求：

15到20岁，这个年龄段的女性皮肤状况良好，对于肌肤护理来说，只需要基础日常护理即可，但也有部分用户有对于祛痘产品的需求，因此在化妆品上，可以以基础护理的化妆品为主，以祛痘产品或保湿产品为辅。

20到30岁，这个年龄段的女性，正逐渐步入成熟女性的行列，且从25岁开始，女性的皮肤开始逐渐衰竭，因此对于化妆品、美容产品的需求非常大，针对此类，可以有选择地投放面膜、精华液（素）、口服保养品等化妆品，或者如蒸脸仪、洗脸仪、自制面膜机等美容产品。此外，美甲、护手、美睫等服务也是她们关注的产品。

30岁以上，这个年龄层的女性已经有独立的经济水平，也愿意在保养上为自己花钱，而此年龄层的女性更关注延缓衰老、保持身材、养生等，因此可以推广保健产品、瘦身产品、或者除皱的化妆品和美容产品等。

男性现在也对化妆品有一定需求。上述分析只是简单对大部分化妆品女性受众的分析，这些受众都是化妆品和美容产品的潜在用户。

6.7.2 化妆品、美容产品利用微视营销的优缺点

作为一个全新的营销手段，熟知化妆品和美容产品在微视营销平台上的优缺点，

有利于在投放产品的时候，扬长避短，最大限度地实现营销价值。

试想，人们购买化妆品或美容产品最在意的是什么？品牌够不够大，品质够不够好，商品的真假有无保障，或者效果好不好，等等。上述几点都是受众购买时的普遍心理，针对这些考虑，作为利用微视营销的化妆品及美容产品的销售者，一定不难想到，要想告诉大家产品怎么样，就要借助产品的口碑，一个人叫好的产品不一定好，但大家都说好的产品自然也就让受众想要一试了，因此对于化妆品、美容行业来说，微视营销的优势之一便是可以借力口碑营销。用户看到一件商品，在买与不买的犹豫间，如果微视中有大量用户传递该产品质量优、效果好时，自然会跟风买回来尝试一下。前阵子在微视卖疯了的dayshow补水蒸脸仪就利用了用户的口碑创造了营销奇迹。

此外，微视因为动态、直观的特性而成为各种营销手段之首，用户可以利用微视直观地看到产品，且360度无死角，比如，用户不仅可以通过微视看到某款化妆水的外观，还可以通过演示观察到化妆水所含泡沫的程度，以判断化妆品是否含酒精。诸如此类的观测，可以让用户对产品有基本的了解，透过网络也能远程选择产品，方便又快捷。

当然，说到用户心理，对于化妆品和美容产品，用户也非常注重产品体验。倘若在传统销售实体店里，用户购买产品的驱动力一方面是店员的推荐，另一方面就是试用体验了，你可以直接试用产品，化妆品的保湿效果如何，常常一试便知。但在微视平台，你只能通过画面了解产品，既不能感受到产品的质地，也不能判断产品的气味是否可以接受。因此这便成了微视平台营销化妆品、美容产品的局限和劣势。

当然，劣势的存在并不意味着它会失去原有的竞争力，相反，如果能巧妙地将劣势转化为优势，便成为了微视营销化妆品的独特之处。那么，该怎么将劣势转化为优势呢？

6.7.3 护肤品类产品如何利用微视营销赚钱

如前面所述，微视营销护肤品不能通过试用来推销产品，但微视营销可以实现“口碑先行，广告先行”，怎么理解这句话呢？就是说在微视平台可以先打出品牌，号召大家来关注该护肤品，然后再积累用户和口碑。这也是一种营销策略。

在微视中，我们将护肤品类产品的营销策略总结如下：

策略一：直接展示图片加上描述。

这是最直观，也是最普遍的一种方法，直接拍摄护肤产品图片加上文字描述，来推荐产品。

策略二：通过美女或其他人的展示来吸引眼球。

美女的出现天然具有话题性，再加上展示美女的皮肤光滑洁白，的确有利于加强用户对产品的印象，无论美女的好皮肤是否与所售护肤品有关系，用户看到这样赏心悦目的画面自然好感加分。当然微视里也不乏利用型男和萌娃来吸引眼球的例子。

策略三：通过段子加上描述的方式吸引关注。

这种方法通常视频的内容与视频描述关系不大，主要是通过有趣的段子来吸引眼球，同时利用依托的描述来推广产品，这是一种推销痕迹比较轻的做法，比直接植入广告更加受欢迎一些。但利用这种方法也要注意好分寸，目的是借用段子推广商品，不要本末倒置。

如上图所示，视频内的内容是讲一位听众打电话到电台告诉主持人她捡到三千块钱，主持人以为她想要通过电台找到失主，而这位听众却是想通过电台点播歌曲表达捡到钱的兴奋。这个段子跟下面描述推广的祛痘护肤品可以说是风马牛不相及，但这个有趣的段子吸引了众多点击，同时也在这条描述中，让大家目睹女主人公白皙无瑕的祛痘成效，可以说给产品推广加注了双重保险，既让受众收获了轻松的冷笑话，吸收了众多粉丝，也推广了产品。可谓一举两得。

策略四：发起活动，以产品作为奖品

前面说到微视营销化妆品的劣势，就是不能让用户体验到产品。这种劣势怎么转化成优势呢？发起活动，以产品作为奖品，就成了“化腐朽为神奇”的神器。

为什么说发起活动就可以让微视营销化妆品转劣势为优势呢？发起活动，是为了让更多的人参与进主题里，一方面以“参加活动赢奖品”的方式吸引更多的用户参与产品的宣传，为产品做广告，另一方面，可以将产品作为奖品送给用户体验。这是一条“放长线，钓大鱼”的营销策略。

比如巴黎欧莱雅在微视发起的活动“我要洁面神器”，用户发送带有“我要洁面神器”标签的微视，就有机会赢得巴黎欧莱雅的洗面奶。别以为这只是针对女性的活动，巴黎欧莱雅为此专门打通男士洁面的市场，发动男性微视用户参与活动，因此在该活动的推荐列表里，位居前列的均是男性发布的微视，更是打出“是型男就是要清爽”的标题，非常引人注目。

7月8日 08:02 596 次播放

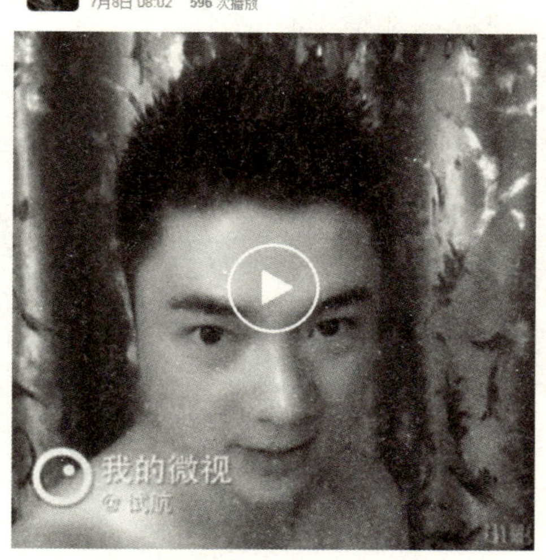

洗掉黑头、油光，欧莱雅男士控油调理液体洁面皂，是型男就来这里报道！（海阔天空）

我要洁面神器

在这样一个过程中，巴黎欧莱雅男士的品牌已经在微视圈里打响，品牌本身的影响力足以促进品牌自身的传播力和购买力。因此如果你想让你所推广的化妆品有较高的知名度，发起活动便是最佳策略。但也不得不指出，相对于其他方法，发起活动需要更大的成本，有能力的商家不妨一试。

6.7.4 美容产品如何利用微视赚钱

爱美的女性一定不会放过任何一个能够让自己更美的机会，除了护肤品，市场上各类美容产品也是广大爱美女性的至爱。那么这类美容工具又是怎样通过微视营销的呢？

策略一：展示功能和效果。

这一策略适用于卷发棒、编发器或盘发器等可见效果的美容工具，一般最显现工具特性的就是使用工具之后的效果。在微视推广卷发棒、编发器等产品的时候，通常会演示如何利用这类工具做出时尚的发型，最终的造型效果常常会暗示消费者：“我使用这样的工具也一定能变得像视频里的模特一样美。”这种利用功能和效果对消费者的心理暗示作用十分有效，面对这么多花样百出的发型，爱美女性想不心动都难。

漂亮发艺！加微信778600459！love saga面膜.范冰冰代言的爱丝魅防晒神器，范冰冰同款的当方创面部加湿器，一线品牌服装面向全国招一级二级授权代理！完善的管理制度和更严格的市场控价，一切从经销商角度出发。无论是学生，待业，白领还是全职妈妈，加入创业团队成就自我！主做护肤品，加湿器，服装等

最后一张有惊喜

12转发 | 0评论 | 79

药水烫发，伤烫发，毛燥，枯萎，而且还是得由专业理发师打理了才好看，老式卷发棒，做个卷发又麻烦。自动卷发器卷发神器 梨花蜗牛大卷发棒，随意控制。啦啦~~~ 直发进去，卷发出来，不伤发，随意操作，居家旅行必备。一年四季都适用！

策略二：赠送用户体验，多层推广宣传。

在微视，还有一种策略就是将眼光放在活跃粉丝多的达人身上，他们拥有的几十万甚至几百万的粉丝都是可以发掘的潜在用户。现在已经有商家看准了这一市场，通过赠送产品给达人，让达人录制使用产品的微视上传，达到向更多粉丝宣传的效果。而体验他们产品的达人越多，产品推广的范围也就越广，相当于在商家和粉丝之间搭了一座桥梁，而中间力量就是达人们。在如今的微视平台上，商家多用这种方法来推广如蒸脸仪、洁面仪等美容工具，这一方法无疑是快捷、效果好的营销策略。

6.7.5 线下美容店铺如何利用微视营销

对于传统的拥有店铺的美容行业来说，难道他们的服务就只能面对互联网望而却步吗？当然不是。

但是，线下美容店铺利用微视也有局限性，如果不是大型的连锁店铺，要考虑地域和人群。比如某美容院只在上海有实体店，就要考虑该店铺在上海当地的消费人群，通过微视打响知名度是可行的。拿美容美体或美甲店为例，如果要利用微视营销，推广店铺服务的话，要具备这样几个条件：

1. 店铺已经具有一定程度的规模，资金流动顺畅；

2. 店铺已经积累了一些固定顾客和口碑；

3. 店铺所处地域经济较发达，微视使用较普及。

具备了这些条件，如何运用微视营销你的美容店铺呢？

策略一：利用微视展示美容店产品和服务。

为什么选择你的店铺做美容？这是你在微视平台营销时要告诉消费者的。通过展示你的店铺的环境、你的店铺内的服务项目、服务价目、服务过程或者顾客的反馈等，告诉微视平台的潜在消费者们你的店铺性价比多高，或者服务质量多好，又或者环境多舒适。这是介绍你的店铺的最直观的方式，也能给消费者留下印象。

在此基础上，如果你可以为你的店铺做出更加有创意的视频，以独特的创意点子来吸引粉丝则会锦上添花。关于创意点子的策略我们在前文中已有所述，可以作为参考。

策略二：发起活动，推广店铺。

发起活动的策略前面也提到过，但对于实体店铺来说，怎样发起活动，发起什么活动便是这一策略的关键。如果你经营着一家美容美体店，你可以针对店铺的主要经营产品发起活动，比如发起寻找店铺代言人的活动，让美女们纷纷以你的店铺为主题拍摄微视；而如果你经营一家美甲店，你可以发起寻找最佳手模的活动，让美女们秀出纤纤玉指，打出你家店铺的名字。活动的参与人数越多，参与活动的微视点击越多，意味着你的店铺宣传效果越好。

策略三：利用服务或产品的折扣信息吸引关注。

女性们是光顾美容店铺的主要群体，如果你的店铺能够在用优质的服务吸引她们的基础上，不断地输送一些折扣信息给她们，就会吸引更多的消费者。比如，你可以利用微视预告你的店铺将推出充卡送钱的活动或者新服务的超值体验价，折扣越大，她们越关注，光临你店铺的人自然也不会少。

策略四：集赞送礼物。

这个策略可以跟策略二发起活动配合使用，也可以单独使用。比如微视用户们针对你发起的活动拍摄了微视，你可以通过指定拍摄的活动微视满 30 个赞（数量可自定）送店内某项服务来鼓励用户发挥想象力，为你的店铺做宣传。

PART7

大咖：“拍”出我的影响力

7.1 女王范冰冰与萌妹张韶涵

7.1.1 范冰冰微视：603 万粉丝意味着什么？

前几天，范冰冰在微视上发了一条自己生病打点滴的短视频。短短十几分钟，就引来上万关注，可见粉丝们的力量真的是不容小觑。

范冰冰 2013 年 12 月 29 日入驻微视，粉丝数已超过 603 万。为什么会这么火爆？能看到明星在荧屏外的样子，是粉丝的核心需求。

曾经的互联网时代，粉丝了解明星动态大多是通过论坛、贴吧。近些年，随着社交媒体交流平台的兴起，粉丝想要实现与明星零距离接触、多元化互动的诉求也愈加明显。

就如范冰冰，给人的印象一贯是女王范儿，在微视里，你能看到她也是一个爱挤眼嘟嘴卖萌的姑娘。这种立体生动、真实鲜活的自然状态，对粉丝来说，无疑是最好的状态。

但明星就等于经济吗？不！其实是明星的粉丝等于经济，粉丝经济将明星效应量化开来。

粉丝之于明星的爱和疯狂，远远超出你的想象。他们爱偶像胜过爱亲人、爱自己，为了偶像花费精力、金钱，甚至生命都在所不惜。很多商家恰恰抓住了这一点，从中谋取利益。

远的不谈，就连笔者身边一搞电商的哥们都说，2013 年年底，“范冰冰”这个名字带动了他们网站近5亿元成交额，因为他们订购了各种范冰冰使用的同款服装、箱包、化妆品、数码产品等，共计15万件。而买范爷账的消费者数量庞大，横跨50后到90后，让他们着实海捞一笔。这对于更多瞄准明星微视的企业而言，不能不说是一个启发。

粉丝经济如何变现？

粉丝等于经济，但是毕竟看不见，摸不着，那么粉丝经济如何变现？

1. 关系很重要

明星效应之所以这么成功，本质在于人家是明星，粉丝忠诚度超高。尤其是这两年超火的微信营销，讲究的都是圈子效应。在这圈子里，你如果能将自己打造得像明星一样，也就黏住了你的粉丝。100个黏性粉丝要比1000个随性粉丝更有意义。

2. 满足一部分人

就算是范冰冰，也不可能让全世界的人都喜欢她，还有人喜欢李冰冰，白冰冰，夏冰冰……很多中小企业大量投放广告却没有任何收益，正是因为犯了这个错误：你的钱砸在了不喜欢你的客户身上，有效果才怪。服务喜欢你的人，并刺激他们重复消费，才是真正的能力。

3. 塑造领导者

知道明星粉丝后援团吗？这样强有力的支持都是由其团队领导人塑造出来的。而且这种团队领导人，首要任务就是，第一时间带来明星消息，让所有成员找到价值共同点。如此一次一次反复，团队的凝聚力也就越来越强了。

同样，粉丝经济变现，也需要这样一个领导者，而且必须是商家本人，即内容提供方。你要能使粉丝们不断地感受到价值观在被认同，并通过多维互动持续激发更多的需求。

4. 提供内容有绝招

人人都知道如今是互联网时代，也都想要迎合网民的碎片化需求。随着靠信息不对称赚钱的日子成为过去，内容为王再次雄起。粉丝、内容、渠道，环环相扣，少了哪个都不行。对于商家来说，真正用你的内容吊住粉丝胃口，才是最大的本事。

虽然明星粉丝经济如此可观，但要找到合适的明星和达人为你服务并不简单，明星形象相符，效果明显，反之就会受到很大的负面影响。

7.1.2 看张韶涵如何用微视巧做营销

微视之于名人，除了发布自己日常的生活点滴和心情外，更是产品和作品推广的前沿阵地。

2013 年 11 月 23 日，电眼美少女张韶涵发布了她的第一条微视，视频里瘦小的她在户外被冻得瑟瑟发抖缩成一团，感慨天气太冷无处可躲。众网友纷纷留言，嘱咐她多穿点，至此，又一位微视明星大咖诞生。

现在，张韶涵微视的粉丝数已达到 186 万。

张韶涵个人第八张国语专辑《张韶涵Angela Zhang》于 2014 年 3 月 7 日正式发行推向市场。这一次，微视发挥了不可替代的作用。

在专辑发行之前，张韶涵就通过微视，向粉丝们传递了大量信息，其中包括专辑剪切的片段、幽默风趣的拍摄花絮，对粉丝的感恩寄语，以及生活中和宠物爱犬"Teddy"共同出境的卖萌画面。

一直以来，张韶涵都以其甜美的笑容和辨识度极高的嗓音吸引着粉丝，采用微视这个媒介发布宣传专辑的视频，无疑是对粉丝们最直接的回馈和对自己最好的营销。

8 秒的时间，不长不短刚刚好，太短不够过瘾，太长就失去了新鲜感，对于一张正在宣传中的专辑，微视营销的影响力不容忽视。

之前就有一个朋友和笔者说过，她能接触到微视，全是由于张韶涵。她是张韶涵的粉丝，看到偶像利用微视宣传自己专辑的消息，才下载了微视，并从此开始了个人的微视之旅。这个朋友并非个案，鉴于明星经济的威慑力，我相信通过和她以一样的方式了解到微视的人，应该还有很多。

而今年的微视圈里，也着实掀起了一股明星风。除了和腾讯自身的大力推广密不可分以外，也源于明星艺人自己逐渐意识到了这个平台对自身形象和品牌推广的重要作用。仔细想想不难理解，其实这是一个双赢的事情：明星大咖入驻微视，引来大量粉丝参与进入；随着平台越来越热闹，那些歌手、演员、模特之类的明星，也能吸引更多粉丝、推广自己。这种循环，不仅让腾讯微视赚足了关注度，也对明星个人品牌丰富和提升发挥了举足轻重的推进作用。

而本质上，这一切均源于微视营销的功能和特性。试想，以自己的私生活为爆点，让粉丝们在支持自己的同时产生对相关定制产品的追捧，哪个明星和商家会对这样双赢的事情排斥抗拒呢？

7.2　小微视创造超级传播力

明星进驻微视平台，可以说不需要花费太大功夫，凭借其在社会中的知名度引发明星效应，明星本身就是吸引粉丝的最好策略，在线下已经积累下了良好的粉丝基础，但凡进驻微视平台，粉丝都会闻风而来。而明星们在自己的微视中不需要花费太多心思和创意拍摄个性微视来吸引粉丝，他们只要对着镜头说几句话，或者记录下日常生活就足以满足粉丝的需求，让他们大呼过瘾。

随着微视越来越受欢迎，来自各个领域的明星、名人纷纷加入了微视大群体，有像范冰冰、黄晓明、杨幂、安以轩这样的知名影视演员，也有像谢娜、何炅这样广受欢迎的电视节目主持人，还有张韶涵、大张伟这样的流行歌手，以及像于正这样的知名编剧。除了这些比较大牌的、知名度较高的明星，被称为“中国美妆第一人”的马锐，以及之前在网络上爆火的“最萌法师”延参法师等各界人士也加入了微视。

可以说，微视不仅为草根们提供了新的自媒体形式来进行自我营销，而且也让平日里看上去很遥远的明星们更加亲切。著名的演员范冰冰虽然只发布了几十条微视，但其中不仅有她在拍戏间歇的搞怪微视，她的三姨、六姨和老妈也成了她微视的主角，不仅让大家看到一个不同于以往的范冰冰，而且拉近了她与粉丝的距离。更重要的是，微视中频频出现范爷的古装造型，以及与其他演员的合照，不得不让人期待范爷的下一部新戏，看似范爷在跟粉丝展示她的日常生活，同时也在粉丝脑海中植入了对她新片的印象，起到提前宣传的效果。甚至可以想象在新片与观众见面时，粉丝们一定会因为场景画面熟悉而倍感亲切，就像提前窥探到内部消息一样，不能不说正是这场微视营销的成功所在。

郊游

老妈、三姨、六姨来探班，看到我的衣服她们控制不住了，于是有了这个画面

除此之外，湖南卫视主持人何炅的粉丝也达到了533万，他已经发了过百条微视，都是用琐碎时间拍的，比如他在等飞机时会拍一条微视，吃饭时会拍条微视，甚至拍戏的间歇发发感慨都会拍条微视。这样频繁地记录他的日常生活，让粉丝们觉得他就生活在我们身边，这样近距离地与明星接触，对粉丝来说也是相当大的福利。

除此之外，演员杨幂已经有370万粉丝，安以轩有324万粉丝，林志颖也有了168万粉丝，佟丽娅有141万粉丝，Angelababy有154万粉丝，主持人谢娜已经有399万粉丝，柳岩也有了386万粉丝，这些以万计的庞大粉丝数代表着什么？说明微视平台中的明星有巨大的粉丝号召力，这就让粉丝们在支持自己偶像的同时追捧与明星相关的周边产品，同时也积累了更加广阔的粉丝基础，博得了更多的支持和喜爱。

除了粉丝号召力强大的明星们，在微视中还有一个群体，他们虽然也小有名气，但却不像影视明星那样到处受人追捧。因此在互联网时代火起来的这群人，自然要不断地营销自己。比如曾经在网络上火极一时的"芙蓉姐姐"，她曾经因为在网络上不断贴出自己的照片而成为人气火爆的红人，她在2013年9月加入微视，至今虽然只发布过4条微视，且在这4条微视里没有任何一个露脸的镜头，尽管如此芙蓉姐姐昔日的红火劲还没有过去，依旧拥有3.5万粉丝。而另一位网络红人就是被人称为"最萌法师"的延参法师，当年他在网络走红得益于一条"绳命是如刺井猜"的视频，视频中的法师用一口河北沧州话在峨眉山讲解佛法，在谈及"绳命"的过程中被猴子捣乱，视频中的法师滑稽可爱，因此迅速走红。由于网络时代的迅疾性，使得网络红人在红遍全国之后很快会随着时间而被人们淡忘，这也是网络红人需要不断推广自己的重要理由。也许是之前身为报社记者的缘故，延参法师本人对网络的了解和使用已有多年，早期沉浸在论坛里，随着网络媒体的变化，他不断尝试新媒体，从微博的2400万粉丝，到如今转战微视，短短几十条微视，他已坐拥40多万粉丝。

在延参法师的微视中，他那标志性的河北沧州方言非常有特色。而延参法师又十分会借助时间特性和社会热点，如世界杯期间他拿着足球告诉大家“生活需要一份坚持和信念”；高考期间他在教室里祝福考生高考顺利；六一时祝福大家儿童节快乐；还有他为凤凰体育做的宣传视频，提醒大家关注凤凰体育等。在他的微视里，除了标志性的河北沧州话，还有他标志性的“心灵鸡汤”，比如他常常提醒大家“生活的幸福在于发现幸福，创造幸福”“生活就是和和气气”“生活就是去经过，去快乐，去感悟”“生活的简单就是生活的幸福”“没有人能代替你的悲伤和快乐，你的态度决定着你的生活”……就是这样的“心灵鸡汤”为延参法师积累了40多万粉丝，也为他的自我营销带来了明显的效果。

无论是大牌明星，还是网络红人，微视对于他们来说都是一个崭新的平台，在这个平台上进一步发挥他们的优势来获得更多的粉丝支持，从长远来看，无论是对于他们自己，还是对于他们背后的经纪公司来说都是一笔巨大的财富。

PART8

草根：我也可能一夜成名

8.1 微视达人背后的故事

8.1.1 佟道奎：专访微视达人之创意高手吴强

达人资料：

姓名：吴强

微视号：创意高手吴强

微视经历：自 2014 年 2 月接触微视以来，创作了许多网友喜欢的创意作品，在微视上已经积攒了相当的人气。

佟道奎（下文简称为“佟”）：我们知道吴强是一名微视达人，也是一位创意高手，那么你原本的工作是什么呢？

吴强（下文简称为“吴”）：其实我是一名电工，但是我一直都非常喜欢摄影。

佟：你是在什么时候接触的微视呢？是借着一个什么样的契机？

吴：今年的3月份，我记得应该在3月7、8号吧，有朋友向我推荐微视这款软件，其实我以前也知道有这个东西，但没玩过，那段时间挺无聊的，再加上我本来也喜欢摄影啊拍照啊什么的，就下载了一个开始玩了。

佟：从开始玩微视到现在有什么样的变化呢？给我们介绍一下吧。

吴：在接触微视的过程中，我学到了很多知识，认识了很多朋友，接触到这款全新的软件让我感到很新奇，我在玩微视之前爱做些电子相册之类的东西，搞一些创意特效添加到相册里边，觉得很好看、很好玩，接触微视后这个爱好更容易实现了，我感到很快乐，每天过得都有滋有味的。

佟：到目前为止，微视营销类的东西你参与过吗？如果有这样的机会会接受吗？

吴：微视营销类的广告还没有参与过拍摄，没接过广告之类的，如果有这样的机会我想我会乐意接受吧。

佟：在微视内容创作上有什么体会、经验或者意见想说的吗？

吴：我希望微视能体现更多的正能量，让拍摄的每一段视频都更加有意义，当然纯搞笑的也不是不可以，但能给人带来一些启示的话会更好。拍摄微视的话平时多学多看，开阔视野，在生活中随便看一个东西我就会想着怎么样能让它变得好玩，能添加进去什么效果，从多个角度看这个东西，像看人一样，这样拍出来的微视会比较有意义吧。

佟：第一个为你带来高人气的作品是什么呢？和我们说一下它的创作过程吧。

吴：应该是我女儿“穿墙”的那个视频吧，当时还得了个微视创意大赛的奖，那个作品其实特别巧合，一遍就过的那种，那是在我刚接触微视的时候，灵光一现记录下的生活片段，传上去之后网友们很支持，很有成就感，也就更加坚定了玩微视的这条路。

佟：微视给你带来的最大的收获是什么？以后有什么打算？

吴：微视让我把以前想的很多东西，那些没跟别人说过的东西，都用镜头语言表现出来了，让我对生活有了记录，也满足了自己的爱好。我觉得微视是一个爱好的平台，更是生活的一部分，我不想把它搞得特别商业化，以后顺其自然就好。

8.1.2 佟道奎：专访微视达人之内涵图工作室

达人资料：

姓名：颜小航

微视号：内涵图工作室

微视经历：2014 年 3 月接触微视，内涵图工作室搞笑达人一枚，在微视搞笑板块里拥有很高的人气。

佟：小航，我知道你在内涵家族的地位“不容忽视”哈，那就介绍一下你玩微视的过程吧！

颜小航（以下简称为“航”）：我在微视里是玩搞笑的。今年 2 月份开始接触，起初也是因为朋友介绍，说这个东西蛮好玩，经了解后，果然看到他的“无节操搞怪”，我觉得很有意思，就开始接触了。

佟：经过这几个月与微视的接触，你觉得自己最大的收获是什么？或者说有什么难忘的经历吗？

航：其实你不知道，我这个人本来很腼腆的。现在的我你一定感受不到吧。所以说这就是我最大的收获，接触微视后，我在这个平台上尽情地展示自己，释放自己，收获了很多和我有同样爱好的朋友，自己的性格也发生了很大的变化。

性格变得更加合群了，面对人生的态度更加积极乐观了，这些改变让我的生活、工作都从中受益，而且对新鲜事物的关注度提升了很多。

佟：那你认为拍出让人们喜欢的作品有什么技巧吗？

航：我认为最好的技巧就是尽情地展示自己，毫无保留将自己释放出来，带着这样的心态去表演，让自己的性格来个180度大转弯。

有时候拍作品时，我让自己融入其中，就像把自己变成一个小孩子一样，仿佛置身于童年时代，无忧无虑的，便能发挥得更好。

我想说，其实谁都可以做微视达人，只要你敢释放自己，你就向着达人们迈出了成功的一大步。

佟：给大家介绍一下你的第一个引爆微视的作品吧！

航：好的。那个作品的名字叫“阿拉丁神灯”。当时就是在网上看到了一个段子，觉得很好笑，就想方设法地想要恶搞一下。没想到上传之后，很快人气就暴增。微视界大咖级的人物都很认可我的那个作品，可以说，就是从那个作品开始，我在微视界的影响力算是打开了。

佟：是否参加过微视营销？简单描述一下。

航：我接过“Dayshow补水仪”的广告。补水仪的形状看起来很像尿壶，我当时拍的那个作品就是将它理解成一个“葫芦”，像《西游记》里孙悟空用的那个，对着它喊：“你敢叫吗，你敢叫吗……”

当时很多微视大咖都接了这个产品的广告，产品卖得也是很火的，做广告的那个月在天猫的销量真是激增啊。

佟：小航现在在微视的人气也很高哈，相信以后的人气还会继续升温。那么鉴于微视这个平台，你对以后的自己有什么打算吗？

航：我希望自己能拍出更多的搞笑作品，以搞笑为主，可能其余板块的内容也会涉及一些。还希望我的作品能满足更多粉丝的爱好需求，也就是说要符合我现有粉丝的口味，也要不断迎合外面粉丝的口味，争取吸引更多的粉丝。

期待我的作品能有“万万没想到”的那种感觉，让人想得到开头，却想不到结尾。

佟：最后一个问题吧，如果让你对微视说几句话，你想说什么呢？

航：微视现在也在推广阶段，微视需要更多的达人来为它“捧场”。所以我希望微视在保住很多大咖位置的同时，还要积极推荐新人。平衡好两者之间的关系，不仅仅让更多的达人“浮出水面”，也会为微视本身带来更好的推广效果。

8.1.3 佟道奎：专访微视达人之李佳

达人资料：

姓名：李佳

微视号：李佳 007

微视经历：2014 年 3 月接触微视，目前为内涵家族美女成员一枚。微视作品风格清新，深受网友喜爱。

佟：就我所知，在微视里，搞笑、创意、才艺等类型的达人们真是“玩”得不亦乐乎，那你属于哪种类型的达人呢？

李佳（以下简称为“佳”）：是这样的。我是属于搞笑这一系列的，时而也会有些小创意。

佟：什么时候开始玩微视的？是何种契机让你接触微视的？这个过程是怎样的？

佳：我是在今年的 3 月 7 号才开始入驻微视的，截至现在也就 4 个多月的时间吧，个人感觉接触的时间还太短，现在经常后悔没早点加入进来呢！

要说起初接触微视，其实很偶然，我是通过一个认识的老弟知道微视的。那时候也没想那么多，什么粉丝啊、营销的，根本没想到，就是本着一种自娱自乐的心态，主要是自己玩着开心。

慢慢地，微视竟成了我生活中不可或缺的一部分，它占据了我生活中大把大把的时间，大多数情况下，不管在干什么，我都会想，今天拍个什么段子呢？

我觉得我对微视而言，有一种使命感。虽然只玩了短短几个月，却深感自己收获不少，整个人变得外向多了，朋友也更多了，这种感觉相当棒，我也会一直支持微视的。

佟：在微视内容创作上，有什么独特的经验或者心得？有没有一些比较重要的创作技巧推荐给大家？

佳：我始终认为“创作是来源于生活的一部分”。技巧倒是谈不上，简单说说心得体会吧！因为我在微视是拍搞笑段子的，为关注我的人带去欢乐，我把这件事看作是我的职责，所以在生活中，我会特别留心搞笑的素材，视频啦，笑话啦，文章啦，等等，毕竟想法多了，拍出来的东西才更容易获得大家的认可。

佟：给大家介绍一下你第一个引爆人气的微视作品吧！讲述一下作品的创作过程及传播效果。

佳：我记得我的那个作品名字叫《上上坟》。内容是这样的，“员工：老板，我要请假。老板：请假干吗？员工：回家跟我女朋友结婚。老板：您不知道婚姻是爱情的坟墓吗？员工：那我去上上坟。”

这个作品给我带来更高的人气，也吸引来更多的粉丝，传播效果很好。

佟：是否参与过“微视营销”呢？比如自己创作作品或者是参与企业的微视营销推广等，对其营销效果做个基本的评价。

佳：我曾经受邀参与过万达广场的一些广告作品，效果都不错。个人认为万达广场选择微视这个平台做推广是很棒的创意，那段时间，在微视上确实很火爆的。

佟：基于微视平台积累起来的高人气，日后有何长远的发展计划？

佳：希望我在微视的人气能继续上升，在提高自己知名度的同时，把更多的快乐带给大家。

8.2 @罗休休——从普通大学生到微视达人的蜕变

在微视主页推送的“微视大咖”里，你不难发现@罗休休这个账号，初看@罗休休的头像清新可人，外表甜美，但@罗休休并不是名人，那么这个普通用户的账号又是如何获得 166 万名粉丝的关注，且平均每条自制短视频点播次数都超过 30 万次而荣登微视达人榜的呢？

@罗休休账号的主人罗休，是浙江传媒学院文学院 11 级戏剧影视文学专业的学生，这个 90 后的普通大学生，在接触了微视之后，生活发生了翻天覆地的变化，她的微视账号@罗休休不仅粉丝早已过百万，而且微视主页还常常将她的账号推送给用户，她的每条微视的播放次数都几乎在 30 万次以上。在她的微视中，时而做搞笑、犯二的女神经状，时而做清纯优雅的女神状，她的一颦一笑，每个段子都无处不向粉丝展示着青春活泼、开朗大方的少女形象，也频频为粉丝们带去欢乐。

说起初次接触微视，罗休曾在接受采访的时候袒露："一开始当然是因为好玩，因为这个形式比较独特嘛。8 秒钟，也就是几个表情，一句话，一个动作的时间，但同样也孕育着很多可能。"很快，罗休清纯的外表和甜美的笑容吸引了很多人的关注，随着关注她的粉丝日渐增多，她也日渐发现了这个平台的巨大潜力："这是一个很大的平台，同微博一样，你每个言行，其实都在潜移默化地对你的受众造成一定影响。所以，我觉得我可以利用它，做一些不太一样的尝试，来传递我想表达的东西。"

紧接着，罗休便开始忙着策划"微视频连续剧"了，《来自书中的你》就收获了几十万的点播，在这样的契机下，她组建了自己的团队，团队中的小伙伴都是她的朋友。开始自己寻找道具和场地，她的拍摄场地经常选在学校的某个角落，或者干脆就在宿舍里拍，这样反而显得更加真实，与粉丝更贴近。当然她也自己写剧本，作为戏剧影视文学专业的学生，她对于剧本创作十分热爱，刚入学就加入了学校的B&G剧社，剧社不仅让她对剧本的创作热情丝毫不减，而且还让她爱上了话剧表演，这些经历都为罗休在微视平台开创自己的一片领地打下了基础。比如她自己编剧、自己拍摄并参与表演的微视连续剧《我喜欢你》发布不久就获得了超过 40 万次的点击，《大内密探零零休》系列剧也获得不小的点击播放量，这些尝试为罗休积攒了大量忠实的粉丝，她搞笑的创意和到位的表演让她的账号越来越受欢迎。

粉丝数不断飙升，罗休牵头与她的小伙伴们成立了零点微视工作室，将“罗休休”作为产品进行商业化运用，推入了火爆的新媒体市场。此后，便有不少商家借助“罗休休”这个平台，利用她的活跃粉丝来宣传推广。罗休参与了“快速消化十八招”为伊利每益添做的创意推广，她应邀参加了CCTV的发现之旅，为中国南方航空做推广，参与了“年轻一步步”为露得清洗面奶做广告。甚至有粉丝频频询问罗休身上的衣服，她便同时开起了“二休妹”网店。

让你们看看二休平时是怎么拍微视滴！这叫拍摄的最二境界！为二休果断来个赞！（二休微信公众平台：twoxiuxiu）CCTV发现之旅 中国南方航空

制度！澳大利亚，二休来啦！！！CCTV发现之旅 中国南方航空

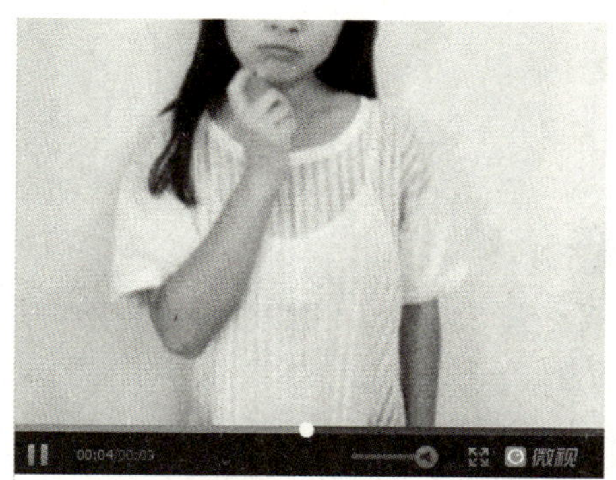

【只有在照片的世界里二休才能淑女一会】经常你们都会留言问二休穿的衣衣，所以二休自己做了这样一个小店铺给大家，让你们能方便找到噢！大家还有什么特别喜欢的，也可以留言告诉二休噢！淘宝搜索店铺：二休妹

可以说，“罗休休”这个个人账号不仅打造了“罗休”这样一个自我品牌，让她成为微视红人，更是借助这个平台延伸了多条产业链，可以说其中的商业潜质非常巨大。那么通过“罗休休”这一账号的运营，我们普通人可以从中借鉴哪些有效的经验帮助我们自我营销呢？下面我们简单总结一下。

（1）敢于秀出真实自我

很多人都不愿意在网络中抛头露面，觉得这是窥探隐私，如果个人想要通过微视自我营销的话，这一顾虑还是趁早打消。在更加多元开放的当今网络时代，大家对于个体生活的关注超过了以往，因此作为个人账号，敢于在微视平台上秀出真实的自我是相当重要的。即便你的账号以萌宠为主角，你的萌宠也少不了抛头露面，因此无论什么题材，贵在真实，只有真实，大家才愿意看，才愿意了解和关注。

在“罗休休”的账号中，几乎每一条都有主人公罗休在其中，她真实地在镜头前表演，也真实地拍摄她生活的环境，如校园、宿舍、家里的客厅、厨房等等，这让你觉得她就像邻家小妹一样亲切，一样真实。拉近了与粉丝的距离，就更容易获得粉丝们的青睐和认可。更甚至，罗休不仅一个人参与表演，还常常拉着自己的爸爸（微视里称呼“二休爸”）妈妈跟她一起表演，一起犯二,一起讲四川话，向粉丝展现其乐融融的一家人。

除此之外，罗休外表是个清新美丽的姑娘，但在她的微视里常常客串各种角色，有可爱的卡通形象、有严厉的老师形象、有霸气侧"漏"的爷们儿形象、也有羞涩的村姑形象……这么多元化的形象，让大家看到一个多面的罗休，给大家带去了不少快乐，这也正是当今特别受欢迎的一种特质——即“能够在女神和女神经之间转换自如”，可以说罗休不怯于表现自己，而且特别放得开。

对于任何一个受众来看，不仅从外表上让人觉得赏心悦目，从内容上让人捧腹大笑，从感受上又让人倍感亲切，这样一个形象让人不喜欢都难。

（2）内容饱满，表演到位

8秒虽短，但能让人在看完这8秒短视频后开怀大笑可不是什么容易事儿，这就需要源源不断的内容创意供给。在“罗休休”的主页里，目前已经有五百多部微视作品，在这么多作品里，有部分内容来自网络的流行搞笑段子，也有大量原创内容，如罗休休经典的“熊孩子”系列，就经常有“神回复”式的对话。比如在《用期末成绩气死老爸》这条微视中，她分别扮演爸爸和儿子——

儿子：发成绩单啦，老爸说考不好就不要认他这个爹！我决定给他一个惊喜！

爸爸：儿子！考得怎么样?

儿子：叔叔！请问你是谁?

幽默的段子加上罗休相当到位的表情，让这短短的8秒充满了乐趣。同一类型的还有二休版《妈妈再打我一次》等精彩的微视。

除了这类具有故事情节的段子类微视颇受欢迎之外，罗休还喜欢上传诸如《普通青年玩游戏VS二逼青年玩游戏》《普通青年走路、文艺青年走路、二逼青年走路》这样的对比式表演的微视，甚至《女神唱歌VS屌丝唱歌》这样反差极大的表演。多种形式和内容包含其中，加上罗休精湛的演技和幽默的笑料，让粉丝不喜欢她都难。

由此可见，一个运营成功的个人账号，除了你要敢秀出自己，还需要你在内容上和创意上多下点功夫，准确把握好粉丝们的喜好，才能有针对性地分享他们喜爱的内容，从而更加容易获得关注。

（3）画面精致，音效加分

视频最重要的是对受众视觉和听觉的影响，这也是视频的特色，如果能在这两个方面给受众特别的体验，一定会吸引不少粉丝。画面的清晰和精致是吸引粉丝的第一步，巧妙的剪辑方式也很重要。

由于微视支持分段拍摄，因此你可以任意转换场景，把不同场景的画面接合起来，产生全新的视觉体验，因此在微视中有很多达人利用微视的这一功能拍摄出很多创意视频，也大受欢迎。在“罗休休”的微视内容中，有不少她一人分饰两角的微视，这种内容最常见的方式是分段录制，不同形象切换不同镜头，但在“罗休休”的微视里，她采用分屏的方式，用分割线把两个角色“切割”开来，从感官上更加新颖独特。此外，罗休还经常把自己的声音转换成特殊的音效，放在合适的情境下，喜剧感更强，配合画面，其微视在感官上给人的感受更加舒适愉悦。

（4）参与活动，结识更多微视达人，相互推广

对于一个新的个人账号来说，建立一个稳定的微视圈，有相对固定的忠实粉丝相当重要，在刚开始运营的时候，粉丝可能不是很多，但这一点儿都不影响你的账号的推广。当然多参加企业在微视发起的活动，结识更多的微视朋友也十分重要。如果可以和已经拥有大量固定粉丝的微视达人们合作，或借助他们的平台推广自己的微视，则更是锦上添花了。

8.3 @二货情侣欢乐多——平凡夫妇变身二货微视大咖

如果说@罗休休是凭借其自身外表的可人和演技的到位而广获欢迎和关注，那么在微视主页上推送的“微视大咖”里，和@何炅平起平坐的@二货情侣欢乐多，则是凭借夫妻两人的默契合作，赢得了众多粉丝。这两位情侣并非如明星夫妇般光彩耀人，他们的亮相更像是生活中“邻家”两口子，但他们却利用微视，制作多部系列剧，用“秒拍”为大家讲述了种种不同的情侣2B故事。他们的故事搞笑、接地气，几乎每个视频的点击量都在二三十万，有近40万的用户成为他们的粉丝。那么他们是如何吸引大家的眼球的？他们如何把普通的夫妇生活拍摄得如此有趣呢？

@二货情侣欢乐多账号2014年1月11日建立，首个视频即由这两个小两口扮演，他们扮演的是饭店老板和食客，话题是关于麻辣烫。从这部视频开启了二人的长期“携手”合作。从其微视视频本身的形式来看，夫妻二人并非令人“闪瞎眼”的俊男靓女，都是非常普通的人，他们在视频中也都往往“本色”出演，并没有做过多的修饰，最多可能为了剧情的需要，做了服饰上的调整。因此，两人能够吸引大家的主要原因是因为他们本身设置的剧情搞笑，甚至有时给人意想不到的结局和笑点。起初，他们俩在微视中，经常扮演各种角色，犯傻的对话令人忍俊不禁，到了后来他们开始发挥自身本有的“特长”——即二人是夫妇的身份，在这个上面做足了文章。从《家有悍妻》到《我的女友是奇葩》再到最近仍在继续上演的《二货情侣可爱多》，他们的关系从夫妻到男女朋友，无论是扮演他们自己还是扮演别人，都离不开他们的“情侣”关系，这也与他们本身的微视账号@二货情侣欢乐多做到了契合。在微视中的“菜鸟”都是一样的，“大咖”却各有各的不同，有些能够通过表演犯二戳中笑点，有些通过自身独有的技能惊呆小伙伴，而@二货情侣欢乐多则是少见的出色的“夫妻档”，他们的表演不仅能让人乐开怀，也成了很多情侣、夫妻的“典范”，正如有网友在他们的视频下面留言：“感觉你们小夫妻是那么的幸福甜蜜。有点羡慕嫉妒恨啊。祝你们幸福美满。”

一开始触电微视，@二货情侣欢乐多偏重于制作一些搞笑的对话视频，发生的场景有饭店、医院、家中等，虽然里面有很多已经触及了两口子生活的话题，但并没有形成系列。直到拍摄了两个月之后，他们开始推出了《家有悍妻》系列剧，这部系列剧主要的人物设置即“灰太狼和红太狼”模式的夫妻，妻子在此部系列剧中的经典道具即“锤子”，往往对老公的玩笑一锤子解决问题。在《喜洋洋与灰太狼》动画片流行之后，很多人都非常接受“妻管严”这种家庭现象，因而@二货情侣欢乐多适当地利用了这种心理，制造了家庭中的多出“闹剧”，让人啼笑皆非，但又欲罢不能。

《家有悍妻》之后又迎来了60集的《我的女友是奇葩》，这算得“大型微视连续剧”了。这部系列剧紧紧围绕着男女关系展开，女生扮演的角色抛弃了之前“悍妻”的模样，走向了“奇葩+无厘头”。他们俩的合作继续带给观众意想不到的惊喜，往往出乎常人思维而制胜。从《我的女友是奇葩》第一集开始，便获得了80多万的播放量，直到最后一集也是近50万的播放，即这部微视剧从头至尾获得了持续的关注。《奇葩》之后，按照他们两人所言：“《我的女友是奇葩》经过慎重考虑改名了，因为名字的局限性所以最近都是发这些系列剧，改名后可以发更多的搞笑剧，不受任何局限，希望大家还是一如既往地支持点赞。”之后推出的《二货情侣可爱多》仍延续了夫妻两人“金牌搭档”的传统，但由于名字的改变，内容题材也更为丰富了。

随着受关注度的提升，@二货情侣欢乐多依旧走的是“小两口小日子”的路线，他们仍旧在情侣生活中寻找有趣的笑点，演绎出来博大家一笑，他们利用自己的微视账号进行营销的次数目前为止仅有一次，即7月份推出的“一款非常适合夏天高温的面膜”，除此之外并没有继续在其账号上做推广。到目前为止，@二货情侣欢乐多是否会利用账号进行产品的推广营销意向不明，这可能需要些时日才能看清小两口的打算。

【今天给大家推荐一款非常适合夏天高温的面膜，最近自己试用了下，感觉非常不错才推荐给大家：它具有防晒，镇热，保湿，美白，修复受损肌肤，改善肤质角质问题，功效都是专门针对夏天的，效果非常好，有专门针对男士和女士的，大家可以加微信，409320692，效果包你满意，绝对正品，无效退款】

无论@二货情侣欢乐多以后将如何发展他们的微视账号，但可以毫无疑问地说，他们完全是凭借“内容为王”和“精确定位”在微视丛林中立足的，这种成功对于很多想要在微视上赢取粉丝但并没有光鲜外表和傲人身材的用户来说，尤为具有借鉴意义，他们的成功可以复制。

（1）结合社会热点，制造笑点

@二货情侣欢乐多在微视上制造的笑点绝不是简单的夫妻之间的小吵小闹，或是妻子拎起锤子当头一砸，他们对于社会热点的关注十分密切，一些话题往往正是社会上大家都在关注的点。也正是因为社会热点的融入，他们最终给大家的包袱是“甜而不腻”的。

如《二货情侣可爱多》第17集正是结合了2014年巴西世界杯的社会热点，丈夫和妻子的对话“风马牛不相及”，简直是“鸡同鸭讲”。一般有看世界杯经验的中国人，看了这个视频，就能完全能抓到其中的笑点以及讽刺意味——

丈夫：球进了。

妻子：这不中超联赛嘛。

丈夫：世界杯。

妻子：中国队在哪儿？

丈夫：跟你一样在看电视。

妻子：为啥没去？

丈夫：水平不行。

妻子：不是有姚明吗？

丈夫：滚（gun）。

还有一集中，主要由@二货情侣欢乐多的男生出演，他和身在深圳的哥哥聊天，发生了如下对话——

男：哥，你们在深圳真幸福啊！

哥哥：哪里幸福了？（疑问）

男：深圳妹子都光大腿了，还不幸福？你看看北京，别说大腿了，现在连脸都看不见了。

说到“连脸都看不见了”镜头画面给出了烟雾缭绕的情景，虽然是简单的一个镜头却给人以十足的笑点，可谓是对“北京雾霾天”的高级黑。

（2）账号定位准确，剧中的夫妻生活“俗而不恶”

微视中以“搞笑”为主题的账号层出不穷，大家拼命制造笑点，以求他人开心。@二货情侣欢乐多之所以能在“搞笑界”取得成绩，受到关注，与他们本身对自身的准确定位息息相关。他们将“二货情侣”可能发生的事情一一呈现，并且只呈现“情侣”故事。而这些故事与日常生活中夫妻、情侣可能发生的事情做了很好的对接，生活气味浓厚。

以第 18 集《二货情侣可爱多》中讨论的“私房钱”为例，很多观众大赞“这招不错”，看来现实生活中很多家庭中确实存在丈夫“妻管严”藏私房钱的现象，其对话如下——

老婆（打电话）：老公，咱家被盗了。

老公：什么？赶紧去看看我枕头下面 1000 块钱。

老婆：没有。（拿出私房钱）

老公：那电脑下面 1000 块钱呢？

老婆：也没有，还有吗？（拿出私房钱）

老公：没了。（哭）

又如一则关于“省电费”的故事——

温馨的解说：熬夜加班刚到家，房间的灯还亮着，而她已经睡着了，看着我心都碎了，忍不住将她唤醒。

老公：老婆，电费难道不要钱吗？

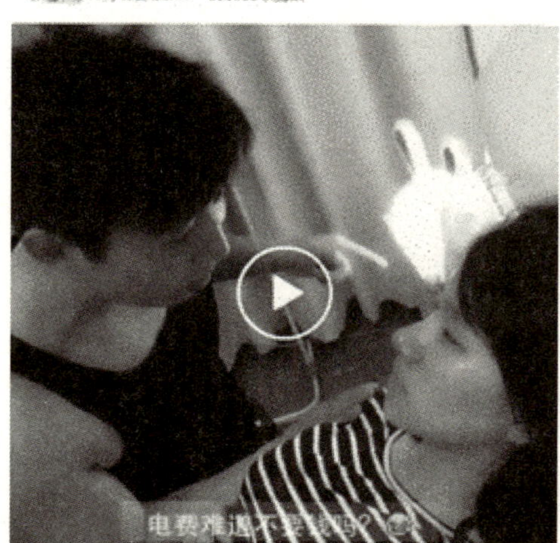

这个视频在微视下的“评论”栏里引起了许多共鸣，一些网友直呼这是自己老公也干过的事，这种共鸣使视频更受人关注，只有在共鸣中，才能有引发笑点的基础。此外，@二货情侣欢乐多中的两位“主角”确实表演到位，他们虽然没有经过专业的训练，但对生活中的一些情感、态度表达准确，毫无做作之感，让人看后欲罢不能。

PART9

百“销”百胜有新招

9.1 微视兵法之微电影

微电影营销，空间还很大

几年前网络热播视频《一个馒头引发的血案》，被业界认为是“微电影”的雏形。由于题材搞笑并且契合热点，在网上被快速传播。2011 年年底，微电影在“商业订制”这方面有了突破，在 2012 年更是掀起品牌订制微电影的热潮。《4 夜奇谭》《指甲刀人魔》等 4 部短片背后的广告主是三星手机；带着好莱坞式制作痕迹的《一触即发》《66 号公路》的幕后推手是凯迪拉克；讲述一位离异的父亲带儿子去看球的艰难经历的《看球记》，其实是佳能的微电影；诺基亚一连推出两部关于 N9 的微电影，被网友认为是其挽救市场之举……

从这些品牌微电影的制作上，不难看出业界对这一新兴模式的重视程度。如果说，视频营销社会化是企业必然的选择，那微电影营销也可以说是大势所趋，已经没有任何企业能够完全忽视它。事实上，从 2011 年开始，已经有不少企业开始尝试微电影营销这种新模式，包括凯迪拉克、尊尼获加、益达等多个品牌，都在视频网站平台上尝到了微电影营销的甜头，各大知名行业品牌，比如百丽、奥康、李宁等，也开始涉入。

微电影有哪些独特的营销优势呢？

1. 从传播内容上看，微电影广告坚持以完整富有创意的内容为主导，在抓住受众眼球的基础上进行宣传。微电影广告不仅有完整的情节，更重要的是它能引起受众的共鸣。英国传播学家丹尼斯 · 麦奎尔等人于 1969 年开始对电视节目进行调查，指出“心绪转换”是各类节目之间共通的基本类型之一。同样，微电影广告传播中受众仍然存在这样的“心绪转换”。微电影广告所呈现的内容可以使受众在“广告”中娱乐身心，这是其他类型的广告很难办到的。

2. 从传播渠道上看，微电影广告以新媒体为传播平台，大大扩展了受众选择的灵活性和传播群体的针对性。与传统的广告相比，其传播载体主要是视频网站、智能手机等以互联网为依托的移动多媒体视频平台。在今天，网络视频逐渐成为人们获取电影的主要渠道。传播学中，“使用与满足”理论把受众成员看作是有着特定“需求”的个人，把他们的媒介接触活动看作是基于特定的需求动机来“使用”媒介，从而使这些需求得到“满足”。故微电影的营销方式更容易为广大受众所接受。第 13 届上海电视节上发布的一项调查显示，“80 后”一族收看传统电视节目的时间显著下降，每周少于 18 个小时。但截至 2013 年，中国网民规模已超 6 亿。更多的人每天花大量时间去网上寻觅他们感兴趣的东西。微电影本身免费，短小的电影形式也更加符合现代人的收视心理。对电视广告、纸媒广告，受众则更多的是抱着被动的态度接收广告，抵触情绪高。

此外，微电影广告还善于利用先天优势在新媒体上进行传播。例如《66 号公路》发布的预热阶段，凯迪拉克利用名人微博及官方微博等资源，拉长了整个宣传周期，有效地提升了市场热度和受众的热情。影片上映后，其网络点击量突破 2 亿，整体视频播放次数近 1.5 亿次，微博转发数 26 万多次，在观影后受众仍意犹未尽地自发撰写关于微电影的影评，形成了持续的品牌传播。

由于以新媒体作为其主要载体，微电影有它独特的受众群体。根据 2011 年 12 月的中国微电影分析报告，19~39 岁的人群占微电影受众的 73%，他们对新媒体有着很高的接受度和天生的敏感度，对微电影这类新生网络事物有着强烈的好奇心。这也为企业进行微电影营销找到了更精准的定位与方式。

3. 从传播技巧上看，微电影广告擅长在“乘人不备”的情况下利用隐性宣传使受众接受产品，达到更高层次的传播效果。卡尔 · 霍夫兰通过一系列心理控制试验，认为人在传播活动中态度的变化主要取决于说服者的条件、信息本身的说服力以及问题排列的技巧。微电影使影视营销进入了“广告植入电影”的时代，以往“电影植入广告”的形式往往太过生硬，越来越多受众已经发出反感的声音，传播效果大打折扣。而微电影软性的宣传使广告不同于传统意义上的明星代言商品，它是用讲故事代替了说产品，让产品与明星来共同演绎一小段传奇。微电影营销有了“说服”

受众的隐蔽平台。

脱离了院线局限和票房压力，脱离了电视广告时段的局限，微电影已被各方看好，逐渐成为企业品牌策略的标配。在企业影视广告、体育、户外等多个方面的品牌计划里，很多企业会拿出一部分预算来拍微电影。现服务于纽约广告节的中国首席代表吴金君也看好微电影的前景："如果一两年之内微电影这个概念还没有定论的话，会有一个新的概念取代它，但概念是什么无所谓，我相信它会一直存在。"

9.1.1 科鲁兹："老男孩"口碑奇迹

【案例回放】

《老男孩》是 11 度青春系列电影之一，由肖央担任导演、编剧和主演，讲述了一对痴迷迈克尔 · 杰克逊十几年的平凡"老男孩"，在他们中年困顿和偶像去世的背景下，重燃激情组合成乐队参加"欢乐男生"选秀节目，并因为一首歌回到青春，回到过去的故事。影片于 2010 年 10 月 28 日在网络首映，获得了巨大成功。片中主题曲《老男孩》感动了大批观众，成为当年传唱度最高的歌曲之一。

由于题材与现实生活接近，这部低成本投资的微电影成为 11 度青春系列短片中最受观众热捧的一部片子，播放后的影响力甚至超过院线大电影，引发了一股"怀念青春，重温梦想"的老男孩风潮。每个人年轻的时候，都会有很多不羁的想法和天马行空的梦幻，但当大家逐渐进入而立之年、迈向不惑的时候，才发现生活就像一把无情的刻刀，改变了每个人的模样。剧中的黑色幽默让不管是在那个时代长大的人，还是现在的年轻人都产生了共鸣。很多观众感慨，通过这部片子找到了自己的影子，找到了自己关于时光的记忆，关于青春的记忆。而正因为引发了如此大的情感共鸣，这部影片无论是制作团队还是赞助品牌，都获得了超乎想象的回报。

【品牌效应】

1. 两周的时间，创下 1000 万点击量；半个月时间，影片在线播放量达到 4700 多万。且随后相当长一段时间内，日播放量基本稳定在 80 万人次；

2. 为赞助商雪佛兰科鲁兹带来了让人眼红的收益，电影爆红之后，经销商在专卖店经常会遇到顾客来询问："这是老男孩里的科鲁兹吗？"

3. 雪佛兰科鲁兹在知名度与好感度大幅飙升的同时，销量也呈现暴涨之势，其 2010 年销量实现了 103% 的增长，达到 18.8 万辆。2011 年首月，更是迎来开门红，销量一举突破 2.4 万辆，创下单月销量新高。

【营销解析】

1. 关键性情节植入

融入剧情提升品牌形象（科鲁兹欢乐男生），这种情节植入使品牌成为剧中人物情感的传递纽带，既能够丰富故事情节，还能够保证植入产品会被观众记住的同时形象不受损。

这个案例足以证明，不是只有雷人的植入才会被人记住。靠哗众取宠的雷人植入而获得的关注，只是暂时的现象，带来关注的同时也伤害了品牌，是把双刃剑。成功的植入式广告不仅不会“雷倒观众”，还能使广告商用相对较少的投资获得较可观的经济收益。植入广告同样是创意作品，其最根本的原则是还原剧情而不是打扰剧情，植入的东西应是剧情的一部分，是自然地融入其中而非生硬地加在剧情中。植入广告只要创意得当，完全可以做到把艺术和商业完美融合，这才是植入广告的发展方向，是植入广告所追求的最高境界。

《老男孩》虽然是一部视频短片，但取得的效果完全不输于电影大片，这显示出网络视频行业越来越强大的影响力。互联网短片推广期短、推出机制快以及传播的便捷性，让青年导演多了一个可以被大众了解的平台，优秀的导演可以从中脱颖而出。

2. 情感，让营销润物无声

这是一部关于青春与梦想的电影——对于大部分人而言，“青春”和“梦想”都显得过于沉重，却又不得不提及。对于大多数人来说，“青春”和“梦想”早已灰飞烟灭，但倘若有一丝机会出现，我们依旧会奋不顾身。正因为如此，《老男孩》这部短片在 2010 年 10 月 28 日上线后，第一天便得到了 30 万的点击量，第二天上升到 70 万，此后每天保持着 80 万的增长速度，截至 11 月 15 日凌晨，该片的在线播放量已经达到 4700 多万——“病毒式”的传播席卷网络，其背后的情感牌直击人心。

网络作为传播的主体，发挥着强大的作用，具有不可替代的力量，我们可以想象，每天保持 80 万次的点击量，对于一个品牌或者一个产品而言，意味着什么。显然，这是全程支持该系列电影拍摄的科鲁兹汽车商最愿意看到的结果。

实际上，我们之所以对这部短片产生强烈的共鸣，情感元素是其中的关键，恰到好处的煽情，让每一个观影的 80 后乃至 70 后都能产生强烈的心理共振，并自发地主动传播——《老男孩》关于“青春”和“梦想”的怀旧，让受众不仅愿意花时间观看，而且自愿地和他人一起分享，自愿地成为这部短片的宣传者：这就形成了“病毒传播效应”——口碑，而这足以成就传播的奇迹。

9.1.2 桔子水晶

桔子酒店是一家定位于时尚、简约的美式全球连锁酒店，自从 2006 年进入中国，就一直坚持自己的时尚路线，被称为“设计师酒店”，而桔子水晶酒店则是桔子酒店的高端品牌，被称为“另类五星级”。

如此另类的酒店，营销方式自然也是不落俗套。2011 年在微博上引发一股热潮的星座系列微电影，称得上是一次革命性的营销创新。

【案例回放】

2010 年春节期间，正值电影《让子弹飞》火爆之时，桔子酒店顺势推出了一个《让火车叫》的微电影，以搞笑视频表现北京某桔子水晶酒店隔音效果非常好，其两天的点击量就达到了 40 多万次。

《让火车叫》的成功，让桔子酒店将营销平台定在了当时异常火爆的微博上。因为，“微博最重要的特点就是信息流短、平、快。所有信息能很快分享出来，很快被众多人看到。尤其是热门话题，会很快裂变，并且改变了传统的信息流向”。微博的Youtube功能，则使微电影可以直接上传、发布，发一条微博，相当于发一个微电影。同时，它还具备媒体门户的特征，传播力量非常强大。

正是基于这几点，桔子水晶酒店断定，结合微博、视频做微电影营销，会更有效果。

一年之后，星座系列微电影横空出世。

【品牌效应】

1. 星座系列推出不久，桔子水晶酒店的影响力便一路狂飙。从 6 月份开始，两个月内粉丝从刚开始的几百人，飞速飙升到 10 万人；视频播放量每季超过 300 万次；人人网、优酷、土豆等媒体上的曝光、转发和评论排山倒海；以前桔子水晶酒店在百度里的搜索结果为零，视频投放以后，突然增加到 1000 多个。

2. 虽然此次传播活动的初衷只是“让不知道（桔子水晶酒店）的人知道，让知道的人自豪”，并未考虑太多经营层面的问题，但出乎企业意料的是，桔子水晶酒店的入住率在十二星座系列微电影上映之后，达到100%的提升，房源变得异常紧张。由于一房难求，甚至带动了姊妹品牌桔子酒店的入住率大幅提升。

【营销解析】

作为营销手法，项目必须在制作之初就找到受众与企业用户定位的契合点，而微电影的核心还在于，内容要有引爆点。这颇费了桔子酒店创始人吴海的一番功夫。

1. 定位：星座＋爱情

跟星座、爱情相关的话题是时尚、优雅又有些离经叛道的年轻人最为热衷的。而这些人正是桔子酒店另类定位的潜在用户。另外，每个人都会对应一个星座，拍摄此系列视频还能针对所有受众。创作团队最终拍板，将主题定位在星座上。

十二星座的故事全部在建国门的桔子水晶酒店拍摄，故事情节也全部发生在房间里，通过这些微电影，观众可以直观地感觉到酒店的特点。这让影片有足够的空间和时间展示酒店设施，比如浴缸是在落地窗前的，晚上你打开电动窗帘，可以一边泡澡，一边看长安街上的粲然灯火；再比如，水瓶座创新发明家的视频，展示了酒店里的投影机等电子设施；还有，房间开门之后音乐就会响起来，播放影片支持的定制歌曲……

同时，十二星座系列采用了流行美剧的播放手法。以四个视频为一个系列，即拍即播，每一个系列拍完后，都要搜集网友的反馈，根据网友反馈调整下一个视频的内容。这样既可以保证电影的品质，还能在进度和灵活性上合理调整。

2. 内容：焦点话题＋企业元素

微电影能否受到观众欢迎，最重要的一点在于微电影的主题，主题契合观众口味自然会受到观众的普遍欢迎。由于此次微电影主要针对微博开展，在制作前期创意团队特意对微博上的热门话题进行了研究，发现“爱情”和“星座”始终是网民普遍关注的焦点，于是就将这两个元素确定为此次微电影的主题，为此，桔子水晶酒店还专门请来星座专家为内容把关，将“星座”与“爱情”结合起来，提炼出每个星座男人爱情的最重要特质，例如巨蟹男的被动、天蝎男的闷骚、狮子男的气势、水瓶男的创新等。

由于微电影的本质是植入营销，因此适量地植入企业元素也是不可或缺的。此次星座系列微电影全部在建国门的桔子水晶酒店拍摄，故事情节也全部发生在这里，通过这些微电影，观众可以直观地感觉到桔子水晶酒店的特点，例如大浴缸在落地窗前、设施的高科技感、环境的温馨等。此外，每部微电影一开始都是以桔子为开场镜头的，与桔子水晶酒店中的“桔子”两字相对应。但为了避免破坏观众的观看情境与体验，片中严格控制了品牌信息的植入。

3. 传播：自我传播+联合传播

微电影营销的关键之一就是要得到广泛的传播，为此，桔子水晶酒店将此次传播的主战场放在了微博这种链式传播极强的社会化媒体平台上，并采取了自我传播和联合传播两种方法。自我传播方面，桔子水晶酒店将星座电影的播出时间固定化，提前公布出每部微电影的播出时间（每周一上午 10 点），让观众看到预告后产生一种期待心理，尤其是自己感兴趣的星座微电影。同时桔子水晶酒店还鼓励网友转发、评论，并设置相应的问题与网友互动。为此，桔子水晶酒店每期都会为网友准备丰富的奖品。

联合传播方面，桔子水晶酒店主要依靠两股力量，一股是合作品牌，一股是微博上的意见领袖。此次微电影的拍摄采取了品牌背书的模式，桔子水晶酒店选择了几家知名品牌（奔驰、珂兰钻石、漫步者、麦包包等）一起进行适量植入，不仅避免了单一品牌的过多植入，而且更重要的是获取了对方品牌的传播资源，进一步扩大了此次微电影的传播力度。微博上的意见领袖也是此次传播的助力因素之一。此次微电影营销活动，桔子水晶酒店还邀请了多位微博上的意见领袖进行转发、评论，意见领袖们借助自己的言行间接吸引各自粉丝的参与，为此次桔子水晶酒店的微电影营销又加了一把火。

9.1.3 匹克：运动品牌微营销

【案例回放】

一个正在手术台上做换心手术的病人在等着一颗新鲜的心脏，而负责运送心脏的车却坏在了半途……几次穿越时空，快递员想尽各种办法，都来不及把心脏及时送到。最后一次，他穿上跑鞋，一路跑到医院，终于赶上了，病人获救。

无厘头的风格，戏谑的语言，飞一般的语速和剪辑，很有点周星驰的味道。这部微电影被网友认为是集“周星星式的幽默+现今最流行的穿越+时光倒流+死神来了”等剧情于一身的视频。在国内体育品牌都大打“热爱运动，超越极限”的情感营销牌时，匹克的这则广告带来了不一样的幽默后现代风格：只要一双跑鞋，快递员也可以跑过死神。

实质上，它所表现的正是匹克“I CAN PLAY”的精神，以及它的跑鞋产品。

【品牌效应】

在网络上的点播量累计超越了800万次（截至2014年2月初）。为此，匹克投入的第二部微电影《灌篮高手三分扭转悲剧》也在2月上线，除了品牌文化，电影的着眼点放在了匹克另一产品品类——篮球鞋上。单是在优酷网上，两天内就被点播了16万次。

【营销解析】

匹克的第一部微电影《跑过死神的快递员》，让观众在眼前一亮的同时也记住了电影中的一款跑鞋。

据匹克品牌管理中心负责人透露，匹克一部“病毒视频”（即微电影）的制作费用大概是10万元左右，其中甚至还包括了推广费用。以前在央视投入5个亿的广告费用，可能产出的是10个亿，觉得划算；但现在同样的投入，可能产出的还不到1个亿。相比起来，微电影颇有点“物美价廉”的味道，“一部几万元制作的视频，可能只要在微博上一转发，就引起很多人关注，等于是免费推广”。

纵观整个鞋业市场，企业的微电影营销还处于拓荒阶段，潜力显然是不可估量的。但是与此同时，也相应存在着一定的发展局限性。诚如企业要在微电影中植入的题材形式在当前市场中并没有一定的约束力度，微电影广告的制作人可能是企业自身也可能是私人媒体人士。这也就难免会为一些劣质的企业产品宣传提供一定的可乘之机。

9.1.4 凯迪拉克

【案例回放】

凯迪拉克第一次试水微电影是在2010年，凭借“史上首部微电影”概念引发全网关注。“微电影”新概念加上吴彦祖的明星影响力，营销战役从预热开始即获得了广泛关注。通过娱乐、汽车新闻打通传播，社区微电影话题营销、官方微博滚动微直播、视频花絮抢先曝光、影评人口碑推荐等手段，全面打造“凯迪拉克携手吴彦祖将拍史上首部微电影”话题热度，吊足网友胃口。其中，“微电影+吴彦祖”新闻达4010篇，百度百科微电影定义3万余人次查询，并在上映之后获得了过亿的观影次数。

继《一触即发》大获成功之后，凯迪拉克于2011年又重金打造了一部微电影巨制《66号公路》。在影片中，凯迪拉克SRX载着“要做最好自己”的影星莫文蔚，穿越被美国人唤作“母亲之路”的66号公路，这是一条承载过“垮掉的一代”、嬉皮士、摇滚青年的老路，这也是一条见证了无数美国人对自由和梦想追逐的老路，以公路片题材揭示了现代人渴望“开拓、自由、梦想”的理想、追求和活出本色的个性态度。

【品牌效应】

1.2010年12月27日，凯迪拉克制作的首部微电影在全网同步震撼首映。上映一小时内，“凯迪拉克”“吴彦祖”“一触即发”三大关键词，同时登录新浪微博最热话题榜；一周后，微电影《一触即发》进入优酷、土豆、爱奇艺、迅雷最热视频排行榜TOP10；一个月后，微电影总观影人次超过1亿。

2.凯迪拉克官方微博全程“微直播”成就行业微博NO.1。随着微电影热度推进，2010年12月底，凯迪拉克新浪官方微博粉丝突破12万（目前粉丝已超30万），成为汽车行业NO.1，被称为豪华车界的“微老大”。

3.借助“微电影”，凯迪拉克SLS赛威网络关注度全面提升。12月底，“SLS赛威”百度用户关注度同比上月提升71%，百度媒体关注度提升288%。凯迪拉克官网流量提升5.8倍。成功的网络营销，助力2011年第一季度凯迪拉克SLS赛威销量提升100%。

4.受此鼓舞，2011年凯迪拉克第二部微电影《66号公路》随之推出，一经播出就引起了强烈反响，仅在网络上的视频播放就达到了1.5亿次。凭借形式新颖的广告创意，凯迪拉克当年的销量获得了一定提升，截至当年10月底，凯迪拉克品牌销量同比增长超过60%，远超今年国内豪车市场30%的平均增幅。

9.2 微视兵法之纪录片、栏目视频

电视、栏目营销的三需求与三策略

三种需求：

经济需求

社会的浮躁、贫富的差距让一些人患上了“成功饥渴症”，他们痴迷于名气，渴

望一夜成名，希望能够通过非常规手段瞬间草根变大腕、丑小鸭变金凤凰，从而改变自己的命运和社会地位。

娱乐需求

电视台节目长期同质化，缺乏娱乐内容和娱乐形式的创新，市场上需要一个有新意的产品打破现有格局。《好声音》引进的是荷兰原版节目*The Voice*。两年前，*The Voice*在荷兰电视台曾轰动一时，吸引了超过300万的电视观众，而荷兰的总人口不过才1650万。去年，美国NBC推出了*The Voice*美国版，接着是英国、法国、德国和韩国购入版权并获得成功。*The Voice*完整的节目架构、制作流程和很强的可操作性，就注定了《好声音》的成功。中秋之夜，这一个省级卫视的节目，居然让央视到各家地方台的中秋晚会，均门可罗雀、黯然失色，就足以说明一切。

心理需求

《好声音》满足了中国人千年以来的看热闹“窥视”心理，及短暂脱离现实的“逃避”心理。与其说《好声音》是一档音乐节目，还不如说是心理节目。

三种策略：

产品策略

节目的内容、形式、人物、设备，均有出彩之处。内容上，追求音乐梦想、执着拼搏的精神和用心歌唱的理念给更多追逐梦想的年轻人注入了“正能量”；形式上，“椅子很忙”的漂亮转身和“擂台飙歌”的刺激都很好地吸引了大众的眼球；人物上，从四大导师到实力惊人的学员们，再到专业的伴奏乐队，顶级阵容联袂是观众最乐于看到的；设备上，现场四把导师座椅直接从英国空运过来，总价高达320万元，而现场顶级的音控设备、录音设备、环绕全场的巨型LED屏等也都造价不菲，这些硬件设备也是高品质节目的基础。

渠道策略

好声音节目通过微博进行实时的战况展播，同时跟媒体的联动让《好声音》迅速进入了观众的视线。利用明星微博的裂变效应和有争议性的话题，如节目播出之初，选手的身份先引起了很大的质疑，徐海星讲述父亲的故事，却引发很多网友指责其是借悲惨故事来宣传自己。关于徐海星是否借父亲炒作的全部讨论超过82万条，而在过去的一周，参与讨论的网友也有48万。又如《好声音》启动之初，微博女王姚晨就转发了微博，评论道：“《中国好声音》提炼了生命中那些最有价值的东西：积极、乐观、真挚、勇敢。”姚晨在当时的粉丝数就有2389万，按照专家的说法，虽然不能具体估算出“大V”姚晨这条微博对《好声音》的口碑影响有多大，但可以看到的是，在她之后，很多“大V”也转发了支持《好声音》的微博。微博关注评论《好声音》的名人还有一大堆，这些名人在微博上的粉丝数加起来超过3亿人次，虽然不能简单地说可以直接影响到3亿观众，但即使打个对折，加上这些明星互相转发的辐射效应，他们确实为《好声音》做了最好的广告。

促销策略

说到《好声音》的营销，首先需要关注的是“事件营销”。从《好声音》开播起，各种话题与争议便紧随而来，可以这么说，《好声音》的每个学员都有故事，每期节目都有话题。一个个单独的“事件炒作”联系起来形成合力，让《好声音》一次次登上各大媒体的头条，一次次成为网民讨论的对象，最终成就了席卷全国的《好声音》风潮。可以说《好声音》对“事件营销”的操作出神入化。

★傅莎珈：中国很多本土品牌在品牌文化经营上都相对薄弱，品牌缺少故事，仅仅靠赞助一档娱乐节目是不够的。赞助《中国好声音》只是一个开始，品牌还需要通过寻找各种途径来将品牌故事传递给受众，从而建立起真正的品牌文化。

★韩鹏：其实《中国好声音》并没有建立起真正的品牌，这更像是一场特别大的秀。它从整体规划上并没有把《中国好声音》当作一个具体的品牌来运作，包括第二季该怎么做，都没有想清楚，仅仅是实现了短期利益，引发了短期效应。

★王春猛：《中国好声音》火了，面临的问题就是广告太多，观众对广告的反感越来越多，这对浙江卫视来说是一个痛苦的选择，怎么样处理好观众体验和广告之间的平衡，如何更有效地编排广告形式，甚至考虑安排一些软性的植入，都是应该慎重考虑的。

★由天宇：从商业价值的角度来说，《中国好声音》中的广告都是合理的，除非观众真的无法再忍受广告而抛弃这档节目。

★于明：一个好的事件营销，找到那个可以一触即发的引爆点是至关重要的，《中国好声音》做到了。节目过程中争议不断的事件营销让节目一步步占据热点排行榜的前几位。

9.2.1 舌尖上的魅力

《舌尖上的中国》为中央电视台播出的美食类纪录片，主要内容为中国各地美食生态。通过中华美食的多个侧面，来展现食物给中国人生活带来的仪式、伦理等方面的文化；见识中国特色食材以及与食物相关、构成中国美食特有气质的一系列元素；了解中华饮食文化的精致和源远流长。

【案例回放】

《舌尖上的中国》从2011年3月开始大规模拍摄，历时13个月拍摄完成，摄制组行走了包括港澳台在内的全国70个拍摄地，动用前期调研员3人，导演8人，15位摄影师拍摄，并由3位剪辑师剪辑完成。镜头由中国70个不同地方采集而来。而第二季所涉及的美食区域更广泛，包含中国30多个省、区、市，甚至还包括新加坡美食。2012年5月在央视首播后，第二季于2014年4月18日播出。制作费用仅450万，是BBC制作费用的二十分之一。

【品牌效应】

在“第二十二届中国厨师节”上，中国烹饪协会授予中央电视台纪录片《舌尖上的中国》首枚“中国饮食文化传播奖”；2012年10月28日，“第七届中国元素国际创意大赛”在天津举办，纪录片《舌尖上的中国》摄制组获得年度最高大奖——“年度社团文化贡献奖”；2013年的法国春季戛纳电视节上，《舌尖上的中国》引领“中国晚宴”活动得到各国媒体和机构的好评，该片也将实现央视纪录片海外销售市场的历史性突破。

【营销解析】

1．营销价值

1）关注度上

坐拥《舌尖1》积攒的公众追捧和舆论赞誉，自2012年《舌尖1》结束起，作为续集的《舌尖2》就备受关注。至2014年4月18日开播之时，累计发布微博550余条，收获粉丝130多万。在《舌尖2》开播前夕，@央视新闻等媒体微博有意开始预热，仅当月1日至18日开播前，@央视新闻发布相关微博就达到26条，被网友转发超过19万次。3月24日，搜狐新闻客户端宣布成立美食自媒体平台“吃货自媒体联盟”，仅隔一天，CCTV－9纪录频道携《舌尖2》入驻该平台，数日内吸引了4万网友订阅关注。至22日12点，《舌尖2》收视最高的优酷网点播量达到了1200万次，大幅超越第一季的单集点击量。《舌尖 2》24 小时讨论量迅速攀至新浪微博话题榜首位，相关微博超过 100 万条。

2）舆情分析

a. 数据显示，《舌尖 1》播出的 2012 年 5 月 14 日至 27 日，新闻网站、论坛、博客、微博等新媒体共获取相关舆情信息 212143 条。《舌尖 2》开播至 2014 年 4 月 23 日 13 时，相关话题位居当日舆情热点排行第三位，已有累计超过 2000 万网友参与讨论和超过 150 万条网民评论。

b.4 月 18 日，“《舌尖上的中国》第二季开播”当天，相关微博由此前的 12 万余条暴增至超过 70 万条。而《舌尖上的中国》第二季开播后的第一个工作日（4 月 21 日），相关网络新闻更是超过 3500 篇。截至 4 月 23 日 15 时，此话题的单日相关网络新闻已超过 1500 篇，单日相关微博超过 25 万条。

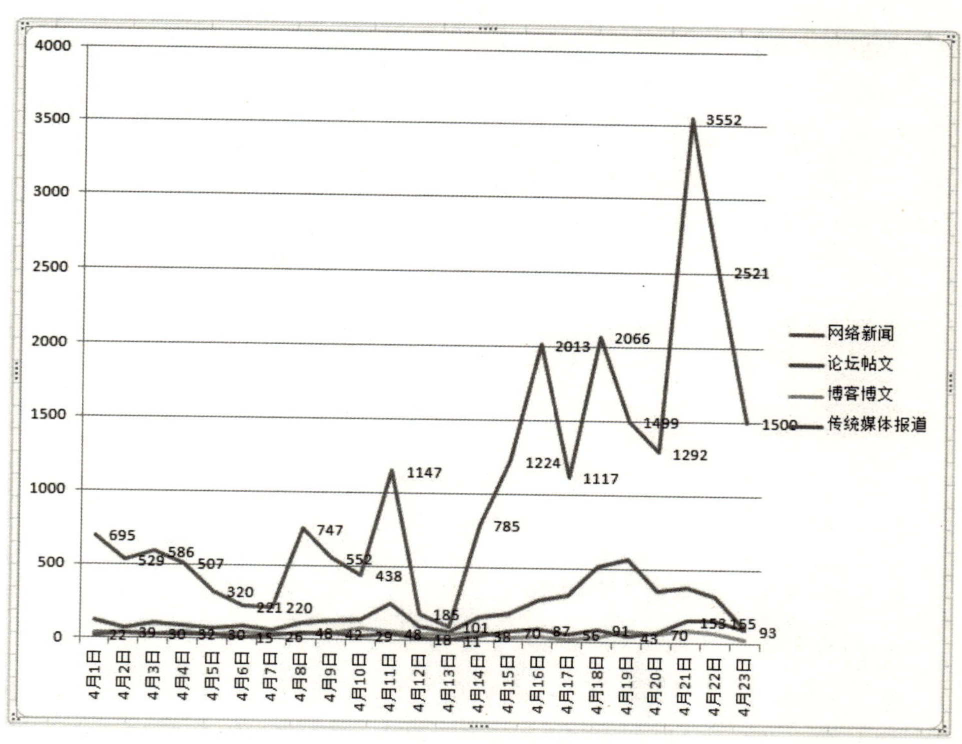

4 月 1 日以来“《舌尖上的中国》第二季开播”话题媒体关注度

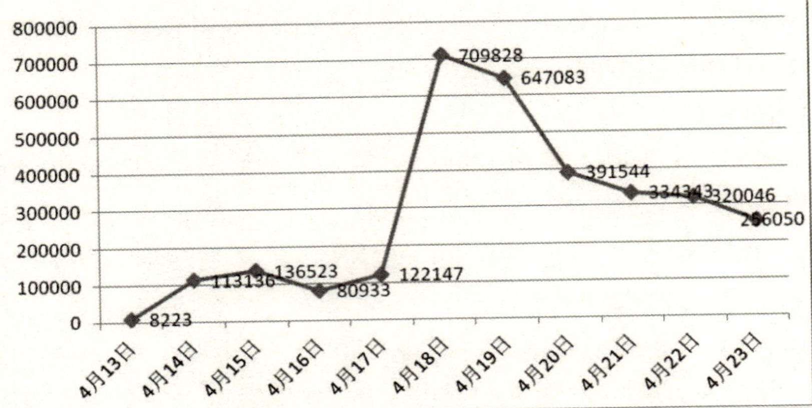

4 月 13 日以来“《舌尖上的中国》第二季开播”话题微博关注度

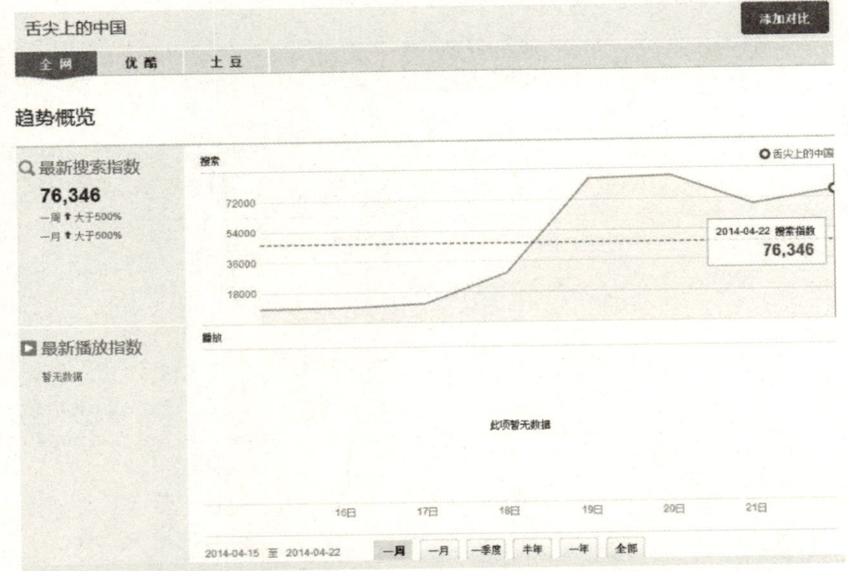

4 月 15 日以来“《舌尖上的中国》第二季开播”话题网络视频指数

3）收视率上

a.《舌尖 1》自播出就形成了巨大的涟漪效应，收视率节节攀升，平均收视率达到 0.5%，第 4 集《时间的味道》收视率最高，达到 0.55%，这个成绩已经和 BBC 纪录片所能达到的收视率差不多，并超过了所有同时段电视剧，创下纪录片收视奇迹。

b.《舌尖2》首集《脚步》开门红，收视率达1.57%，24小时讨论量迅速攀升至新浪微博话题榜首位。平均收视率高达1.7%，第6集《秘境》达到2.01%，赶超了黄金档电视剧。

c.与此同时，该片还以9种语言版本，发行到全世界27个国家和地区，创造了首轮海外销售额35万美元/集的佳绩。

4）产品营销上

a.《舌尖1》走红后，在网上按图索骥购买相关食材的粉丝，一周内涌现了近600万人。

b.《舌尖2》开播后两个小时，就有200万吃货通过手机登录天猫搜索相关食材。在第二集《主食的故事》中，“裹粽哥”给人留下了深刻的印象。节目播出后，五芳斋的电话响个不停，官方微博粉丝数激增至近5万。

c.淘宝网数据显示，节目播出后的五天内，有584万余人在该网站搜索零食特产，2005万人浏览过相关美食页面，成交729万余件。毛豆腐、松茸、诺邓火腿、乳扇，销量增长最快的食品都是节目介绍过的，其中徽派土特产“毛豆腐”，搜索量暴涨了48倍，云南诺邓火腿5天内成交量增长了17倍。

仅4月19日至4月20日这两天，在天猫推出的“舌尖”官方体验平台上，《舌尖2》第一集里出现的相关食品中，雷山鱼酱的月销售记录为618件，全部为这两天所下的订单；西藏林芝的野生蜂蜜月销售记录为1583件，其中的2/3是这两天下的订单；四川烟熏香肠的月销量达3539件，也有1/3是新订单；销售西藏林芝的野生蜂蜜网店，主打的99元/瓶的野生蜂蜜，在片子播放过程中就收到了120多单；销售四川烟熏香肠的网店，近1个小时，也收到了104位买家1~5包不等的订单；片中提到的三门湾望潮（小章鱼），近1个小时卖出了约78斤；连一闪而过的卷饼卷烤鸭的镜头，都带动了全聚德46只烤鸭的订单。

5）具体收益

a.《舌尖1》当年创下单集4万美元（约合人民币25万元）的销售纪录，目前已经销往30多个国家和地区，播出覆盖领域达100多个国家和地区。而《舌尖2》在2013年年初的一次国际影视节目展上就启动了首轮海外版权销售，单片销售额达到35万美元（约合人民币219万元），创造了近些年中国纪录片海外发行的最好成绩。

b.苏泊尔、四特酒分别花了4532万元和4399万元，成为《舌尖2》的全媒体合作伙伴。整个纪录频道2013年的广告签约额为4亿元，《舌尖2》已占四分之一，成为央视纪录频道名副其实的“吸金王”。

2. 人文价值

相比《舌尖1》,《舌尖2》融入了更多的人文元素，更为鲜明地加强了对社会文化层面的挖掘。2014年4月16日《人民日报》刊发的报道中，陈晓卿再次强调，“我们传递的价值观非常明确，这也是中华民族的传统文化中蕴含的价值观。观众能在《舌尖2》中看到美食，还能看到升学、单亲家庭、富士康、陪读等社会话题……我们呈现的是一个更有质感的中国。”4月21日,《人民日报》再发评论文章肯定，“从不同角度讲述小人物的草根故事，从他们的歌哭悲欢，去触摸时代脉搏，这是可贵的原创，也是对正能量的有效弘扬。”很显然，好的文化内涵与情感表达，才真正决定着文化作品的传播品质与口碑久远。

3. 准确定位

《舌尖》定位准确是其成功的前提，这包括收视群体的定位和时间的定位。

中国是一个“民以食为天”的文化大国，从古至今人们对吃的追求从未停止过，从烧、烤、炖到蒸、炒、煎、炸……每一种烹饪方式的出现都经历了漫长的时间，都体现了人们对于美食的追求，美食也顺理成章成了一个美丽的信仰和精神传说。现在的国民已近达到温饱，正在步入小康，在这个过程中人们的追求不再是能不能吃饱，而更多的则是追求吃起来的味道，是一种精神的小康。正是在这种大的环境下《舌尖》用一个简单原始的方式向人们介绍了中国的美食，带给人们精神上的享受，让人们能够在追求小康生活的同时在精神上也达到小康。

有了好的营销对象，接下来就是选准时机。《舌尖》成功地选择了两个较好的时机来营销自己。首先是社会背景，在食品安全问题不断出现的今天，各种添加剂、化学药品甚至有毒物质隐藏在食品中使得人们对于食品的安全随时都会充满恐惧和怀疑。而《舌尖》里面讲述的都是以最原始的方式和在现代人看来最为纯洁的食物原材料为基础而制作的美食。如：陶瓷制品、纯天然菌类、竹笋……这样就能够让观众在观看的时候看到最原始的食物的生产和制作方式，而这正是现在人们所追求的，每个观众在收看的时候不自觉地就会产生对这种原始的憧憬和向往，就会勾起人们的一种潜在的精神享受。

其次就是选择的播放时间，央视一套晚上10点半。在现代人们生活的黄金时间播出是“舌尖”成功的又一个保证。中央电视台纪录片频道通过多种渠道，打造国产纪录片播出平台，目前覆盖人口超过6.5亿，就是说全中国接近一半的人都会收看到这个节目，这样庞大的一个营销对象，再加上中央电视台的品牌力量。让《舌尖》得到了最大程度的认可。

4. 情感与内容价值

通过食材、主食、转化、储藏、烹饪、调和、生态7个不同的主题，和对一个又一个最原始、最生态、最环保、最传统的食物生产和烹饪方式朴素而细腻的描述，向人们讲述了中国人千百年来独特的饮食习惯。讲述的过程中充满了对普通劳动者辛勤劳动的赞美，同时也通过美食传递了一种人与人之间的感情，亲情、友情、爱情、感恩之情……一系列的情感在这里面都通过最朴实的语言和行动展现出来，带给人们一种亲切和久违的乡土感。通过追忆一家人一起制作享受美食的经历，激起内心深处的情感，通过情感价值来达到营销的目的。

除了情感价值，内容价值也是成功营销的一个关键。以松茸这一富贵、奢华、原生态的食物为例，通过对其自身的成长条件和劳动人民辛勤劳动的一系列描写，向人们展示了美食的产生过程离不开大自然的奖赏、无数劳动人民的辛勤劳动和人类的智慧这一主题。与此同时，也向渴望食品安全的现代人传递了一种健康生活的方式和理念。让人们在感慨这一切的同时充满向往，向往那种所谓的原始、向往那些简单、向往那些纯洁、向往那些美好。通过价值的体现得到观众的认可从而达到营销的目的。

5. 网络营销威力

众所周知，在21世纪的今天，网络已成为了人们的一种生活方式，而网络营销同样也是成功营销的一个关键因素。

网络营销可分为网内和网外。首先说说网内，《舌尖》系列制片人陈晓卿在新浪微博的粉丝超过18万，博客的访问量超过74万。他的微博内容，更多的是在宣传《舌尖》这部纪录片。这意味着，其每发布一条消息的同时就至少会有接近100万的粉丝群体去关注，这个庞大的群体力量是实现网络销售成功的基础，同样也是关键。

当然，网内的销售或许在很多人看来是一种自己夸自己的过程，相比网外可能效果不会那么明显。但是网内是网外的一个基础，设想网内的粉丝能够分享相关的信息到自己的微博，那么实际上就是间接对当前信息进行了网络营销，一个粉丝可能会具有千千万万个粉丝群体，这实际上就是一种“隔山打牛”，通过中间人的力量去达到营销目的。使得营销对象对数上涨，如此循环以达到最好的销售方式。

与此同时还有一种网外销售，就是现实生活的力量。在《舌尖》播出后网络上不断地会出现其他的一些“伪舌尖”，如《舌尖上的清华》《舌尖上的北京》。当然还包括《舌尖》中提到的美食也会在这个过程中发展。这就使得不少的“伪舌尖”在其销售的过程中以《舌尖》来宣传自己，当然同样也宣传了《舌尖》。那么此时对于不知道《舌尖》的群体会充满好奇地去了解舌尖。这样舌尖会在短时间内成为人们聊天的话题，传遍千家万户，传遍大江南北。

6. 共赢的营销（带动网购、旅游、户外行业等）

在现代商业营销理论中，最高境界或许是达到持续的共赢效果。因为只有相互获取了利益才能够持续发展，而《舌尖》可谓把这个共赢理论运用到了极致。

首先是电视台赢了。通过《舌尖》赚得了不少的收视率，从而会使得更多的电视台愿意主动去宣传《舌尖》和播出《舌尖》以获取收视率，从而带动该台其他的节目收视率提升。那么当下一次有类似节目的时候，就会有不少电视台主动出资来搭建这样一个免费的播放和营销平台。

其次是《舌尖》当中的美食和工艺赢了。《舌尖》的火爆带动了不少美食的火热，通过《舌尖》的宣传，让更多的人知道了这些美食，从而不少人会去尝试。这样使得一些传统的小吃得到了发展，传统工艺得到了更多的流传，而不至于在不久的将来渐渐退出我们的生活，这实际上也是对传统文化的一种保护。与此同时，更多的美食也会主动联系《舌尖》以求达到营销的目的，到那个时候，《舌尖》不会像前期那样主动去发现和寻找那些美食，而变成别人主动找上门来争取。这样实际上也会使得后面的《舌尖》更加精彩。

最后当然是作者自己赢了，赢得了千千万万粉丝的关注和信任。那么当《舌尖》再出续集或者类似的产品时，必然会有大量群体支持。

当然，在这个过程中，赢家还有很多。实际上，赢家越多，对《舌尖》的营销越有利，因为这些共赢都是以《舌尖》为中心展开的。

9.2.2 向《爸爸去哪儿》学什么?

【案例回放】

《爸爸去哪儿》是湖南卫视从韩国MBC电视台引进的亲子户外真人秀节目，参考MBC电视台节目《爸爸！我们去哪儿？》的模式，5位明星爸爸在72小时的户外体验中，单独照顾子女的饮食起居，共同完成节目组设置的一系列任务。第一季节目于2013年8月开始录制，10月11日播出，林志颖父子、王岳伦父女、田亮父女、郭涛父子、张亮父子组成嘉宾阵容，进行农村放羊、野外爬山、上船捕鱼等活动。

据主办方讲述，引进这档亲子节目，是因为都市的快节奏生活使父母和孩子间很难有机会共享天伦之乐，节目并不是为了秀一下星爸和星二代的生活八卦，而是为了给 80 后父母们展示出一部生活教育百科全书。

【品牌效应】

1. 关注度上

这一点在百度指数上体现得最为明显，关键词搜索量简直是平地起高楼，在 2013 年 10 月 12 日这天突然达到 62 万搜索量的高峰（见图 1）。这说明，网友对《爸爸去哪儿》很感兴趣，开始在搜索引擎上搜索相关的视频了。这就是“AISAS”原则——电视观众口碑的“Share”引发在互联网上的“search”，最终影响用户的观看行为。

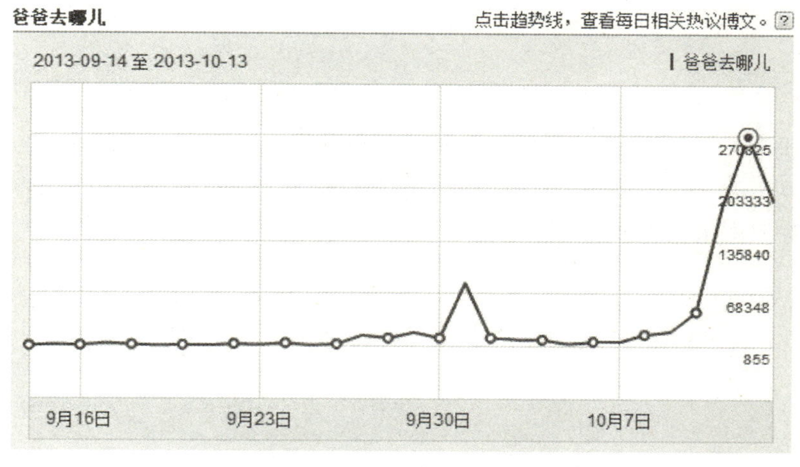

图 1

通过与各节目同时提及的正负面词汇进行统计，《爸爸去哪儿》创造了高达 89% 的美誉度，超过《中国好声音》《非诚勿扰》以及湖南卫视的《快乐男声》《快乐大本营》和《天天向上》等（见图 2）。

尽管父爱主题“男女通吃”，但分析得出的“爸爸粉”女性占到八成。当然，这与微博中整体较高的女性占比和她们更爱分享转评的习惯也有关。

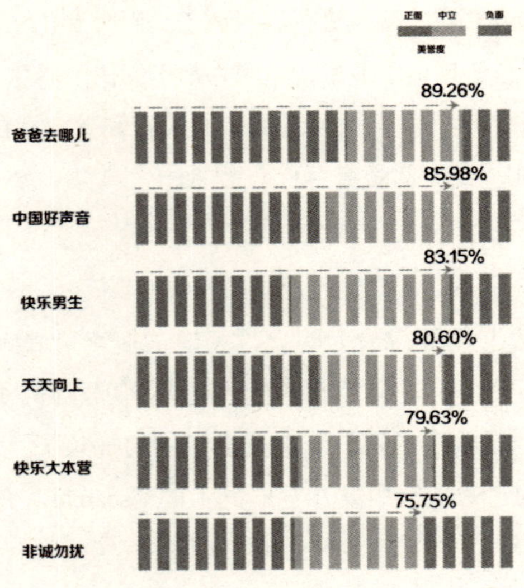

图 2　各热门电视节目口碑比较

除此之外，《爸爸去哪儿》的观众明显向GDP高地聚集。对湘派娱乐节目免疫力极强的京、沪、苏、蜀等地罕见上榜。《爸爸去哪儿》偏好度前十省份中，有 5 个 GDP 十强，涵盖 3 个直辖市（见图 3）。这是否说明，一部分“先富起来”的人，对亲子关系有更深的焦虑和期待？

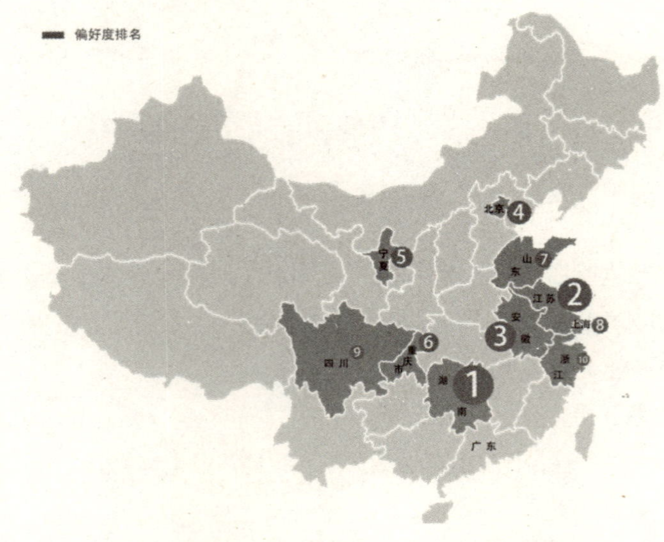

图 3 《爸爸去哪儿》提及用户的地区偏好排行

在几档人气节目中，“爸爸粉”的年龄总体适中，横跨“50后”至“00”后（见图4）。以北京为例，主体观众覆盖了从高中生到大学毕业10年左右的人群。不少适龄青年发微博称，“看到某某，我也好想结婚，想有个这样的儿子/女儿”。有趣的是，北京和上海的“爸爸粉”年龄明显偏高，不知是否与两地剩男剩女大量堆积有关（见图5）。

节目	平均年龄	2倍标准差(95.5%)
中国梦之声	24.52	10.58
中国好声音	23.15	10.84
爸爸去哪儿	22.18	9.08
天天向上	21.73	9.12
快乐男声	20.29	9.3

图4 热点电视节目的微博提及用户年龄分布

省 份	平均年龄	2倍标准差(95.5%)
北京	24.01	10.26
上海	23.45	9.61
天津	22.60	7.81
山东	22.38	9.23
平均值	22.18	9.08
湖南	21.51	8.45
贵州	20.90	8.30
甘肃	20.77	7.37
广东	20.56	9.55
海南	20.53	7.59
广西	20.29	8.18

图5 《爸爸去哪儿》提及用户的分省年龄分布

在受欢迎程度上，爸爸组中，张亮以其暖男形象和一手好厨艺征服广大女性观众，超越林志颖成为爸爸新楷模（见图6、图7）；萌娃子们，天天和森蝶的人气后来居上，超越Kimi和Angela，吸引了更多“爸爸粉”的目光。（见图6）

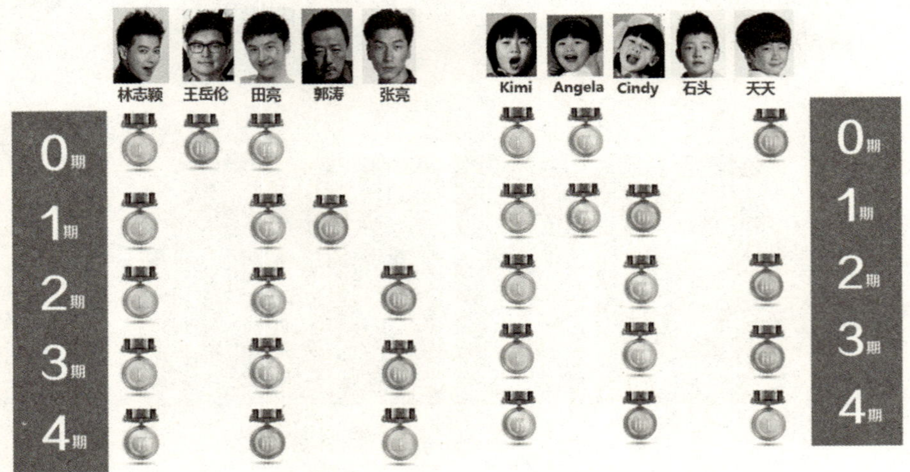

图6　十位明星的用户提及奖牌榜（第0期为第1期播放前一周）

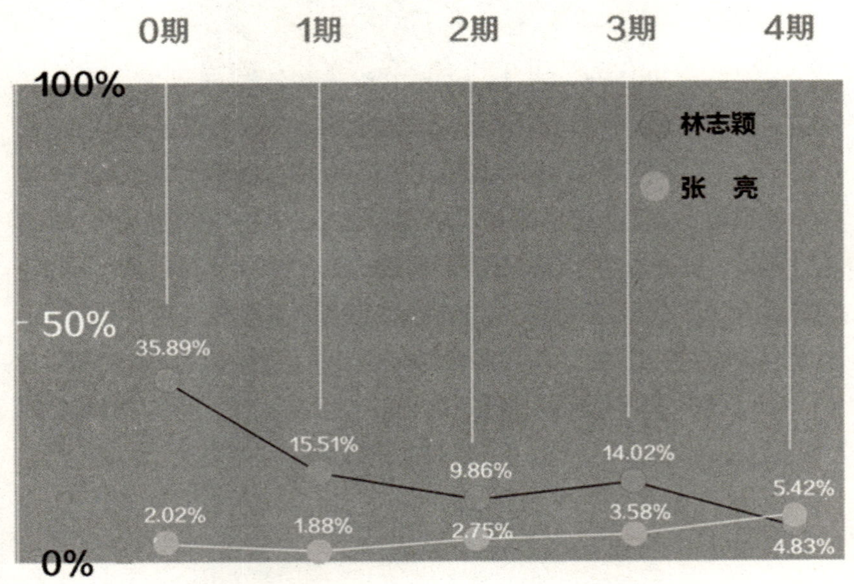

图7　林志颖、张亮的用户提及比例趋势变化（第0期为第1期播放前一周）

爱的表达可以创造，大数据的新词识别和梳理发现了它们。每一个笑点与泪点背后，是父亲和孩子终身难忘的成长故事，也是《爸爸去哪儿》留下的最温暖回忆。其中，“奥特曼的蛋”已在淘宝出现，不少还号称“正品包邮”。“爸比、北鼻、森蝶”，台湾腔与川味英语及网络语言天生没有违和感。（见图 8）

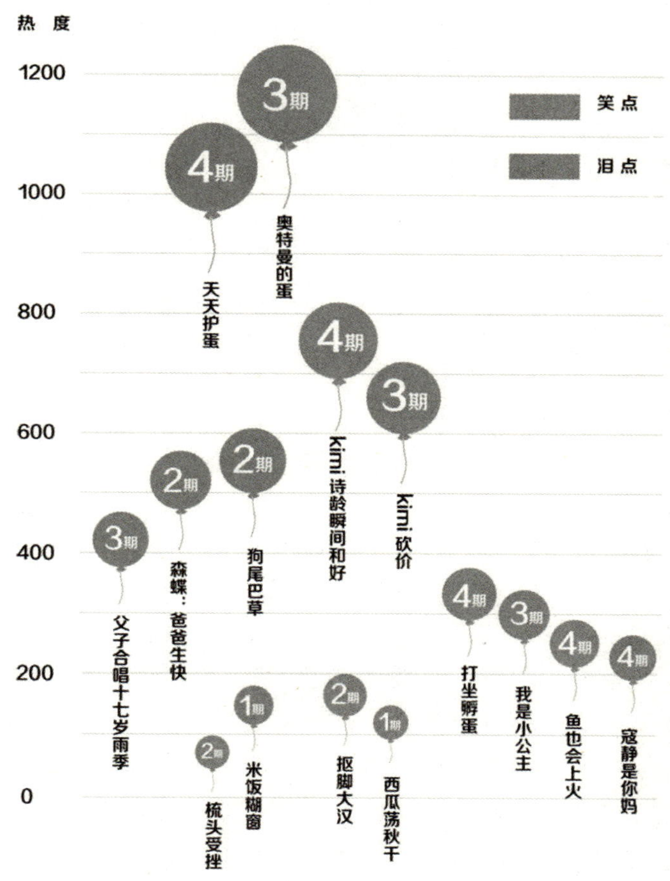

图 8 《爸爸去哪儿》节目中看点提及排行榜

以节目播出前后微博热值变化作为回报参考，三大主赞助商各有收获（见图 9）：主冠名赞助商强势冒出，在几乎没有社交媒体营销的配合下，微博热度强劲增长；英菲尼迪从第三期开始广告植入，话题增量立竿见影；思念水饺配合“爸爸吃神马”等线上线下互动促销，参与度有所增加。只是不知，三大赞助商的投入是否与这一结果契合？

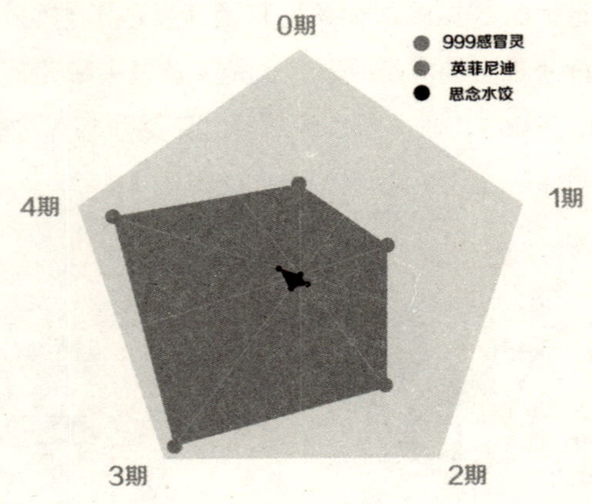

图 9　赞助商提及热度趋势变化

2. 收视率上

市场统计机构CSM 46 城数据显示（见图 10）:《爸爸 1》第四期，CSM全国网收视率 2.16%，市场份额 13.70%，同时段排名第一；第三期，CSM全国网收视率 1.8%，市场份额 13.47%，同时段排名第一；第二期，CSM全国网收视率 1.67%，市场份额 11.45%，同时段排名第一；第一期，CSM全国网收视率 1.1%，市场份额 7.67%，同时段排名第一。

播出日期	CSM全国网			CSM46城市网（第七期开始数据采用48城测量）		
	收视率	收视份额	同时段排名	收视率	收视份额	同时段排名
第一期 2013年10月11日	1.1	7.67	1	1.423	6.74	1
第二期 2013年10月18日	1.67	11.45	1	2.588	11.53	1
第三期 2013年10月25日	1.8	13.47	1	3.116	14.43	1
第四期 2013年11月1日	2.16	13.70	1	3.471	15.26	1
第五期 2013年11月8日	2.13	14.47	1	3.851	16.73	1
第六期 2013年11月15日	2.30	15.92	1	4.024	18.16	1
第七期 2013年11月22日	2.69	18.37	1	4.748	20.68	1
第八期 2013年11月29日	2.71	18.38	1	4.760	21.10	1
第九期 2013年12月06日	2.90	18.68	1	4.980	22.12	1

图 10　市场统计机构CSM 46 城数据

《爸爸2》首期节目也不负芒果台厚望，在同类节目中拔得头筹，CSM 50城市网收视率3.927%，市场份额16.824%，创下中国季播综艺首播收视最高纪录，微博话题#爸爸去哪儿#的阅读量增至14.2亿，高居热点话题榜首，连世界杯也不得不拱手让位。

3. 具体收益

1）2013年12月2日，伊利以3.1亿元拿下湖南卫视《爸爸去哪儿》第二季独家冠名权。蓝月亮、富士达电动车、乐视TV分别以7299万元、5299万元和4500万元投放《爸爸2》电视广告。2013年12月19日，银鹭和蓝月亮分别以6600万元和3000万元获得爱奇艺《爸爸2》网络冠名权和联合赞助权。

2）“五天就拍好”的《爸爸去哪儿》电影两天收获1.7亿元票房。

【营销解析】

1. 引进国际成熟模式，进行本土化包装

作为文化类产业，山寨是最难突破的拦路虎。中国电视节目模式上没有形成流水线、工业化式的生产，创意程度和产业化程度远远低于发达国家。《爸爸去哪儿》节目版权和模式购自韩国MBC电视台的《爸爸！我们去哪儿？》，此节目在韩国一经推出，收视率便一路飘红，稳坐该时段收视率冠军宝座。从受众人群的角度，中韩文化差异性相对较小，韩国观众喜欢的节目复制到中国不会水土不服，且明星爸爸与可爱宝宝的组合卖点十足，有足够的受众基础。从节目制作的角度，引进韩国团队制作经验，扫除了节目制作的硬件问题。

中国的观众有着自己的特点，在目前浮躁、快节奏的社会环境下，观众喜欢简单直接的刺激感受。韩国版《爸爸去哪儿》受韩剧影响内容拖沓，显然不适合中国本土观众的观看习惯，湖南卫视将原版拖沓的环节省去，换成了接地气的快节奏剪辑，马上让人耳目一新，迎合了中国观众的口味。

2. 利用新媒体和社交网络助推传播

1）与视频网站深度合作，丰富线上节目宣传。跟喧嚣的选秀节目相比，《爸爸去哪儿》的推广算是低调的，就连前期宣传也似乎少了很多气势。没有炒作，没有绯闻，没有微博的话题推荐，它的成功可以说是靠节目内容口碑的自然聚合和传播。但在节目播出和推广期间，它综合运用了电视、报纸等传统媒体，并结合网络、短信平台、微信平台、微博平台等进行宣传推广。它与爱奇艺、腾讯视频、PPS开展深度合作，如爱奇艺影视推出“独家策划”“妈妈在这儿”“星爸育儿经”“亲子阵容”“现场趣图”“亲子生活”“亲子节目”“奇谈热议”板块，让观众了解和回顾节目细节。

2）携手360手机助手，开发手游《爸爸去哪儿》。《爸爸去哪儿》360社交版，是湖南卫视与360手机助手合作开发的一款休闲益智跑酷游戏，二者的携手也成为电视媒体与无线互联网合作的典范。

3）新媒体提供平台，实行口碑营销策略。该节目还开通了官方微博，节目播出期间，电视屏幕下方字幕与观众实时互动，不仅有戚薇、明道等明星的微博话语，还有网友、观众的评论。湖南卫视电视互动社交智能手机客户端“呼啦”的运用，让明星成为该节目的粉丝。关于爸爸教育问题的讨论，也在很长时间内成为微博的热门话题。该节目的播出赢得了“零差评”，受众对于该节目的认可度和喜爱度可见一斑。

4）借助卫视栏目平台，加大品牌宣传力度。该节目的开播不仅得到了湖南卫视王牌节目《天天向上》黄金时段的让位，还得到《快乐大本营》的邀请宣传，青海卫视的《老爸老妈看我的》也邀请张亮、李湘等讲述他们儿女的故事。这些都为该节目在成长期和成熟期的品牌宣传提供了社会化的营销和传播平台。

5）网友自发传播，社交网络助推品牌宣传。该节目播出后，网络上出现了不少关于五对嘉宾的搞笑短片、漫画以及网络流行语。如田亮牵着森蝶的照片被网友互换父女头像，模拟森蝶长大后的情景；张亮和天天的漫画亲切可爱；“×××上辈子拯救了银河系……”等网络流行语出现。网友自发运用不同形式表达自己对《爸爸去哪儿》的喜爱，促进了该栏目的品牌推广，同时这种“病毒式营销”策略也影响了更多的网友，扩大并巩固了该节目的受众基础。

3. 情感营销带来的产品差异化

在狼烟四起的荧屏上，观众们对于千篇一律的选秀类、相亲类节目早已经视觉疲劳，泛滥的煽情手法，更使得消费者产生厌烦，选秀逐渐成为比惨。父子/女搭档真实、温馨的小清新情调，唤起了观众内心最温柔的情感。突破传统综艺节目的窠臼，才能抢占收视率。《爸爸去哪儿》将室内综艺升级为野外综艺，将虚假的比惨变成突出节目的记录性而忽略综艺性的真人秀。

4. 明星造势

剥离掉亲子真人秀的新鲜形式、暂且忽略这类节目貌似朴素的包装，会发现《爸爸去哪儿》的核心是对明星的消费。“明星爸爸+星二代”的组合，满足了普通观众的窥探心理，使家庭节目升级为更具娱乐性的真人秀。与此同时，由于节目的家庭型定位，一个人的观看可以带动全家人的观看。

在消费者用“脚”说话的时代，无论是综艺节目还是一个产品，都需要为受众或消费者带来无可替代的物质体验与精神体验。《爸爸去哪儿》的成功是偶然中的必然，同时它也将带领中国综艺节目进入野外综艺时代。相信随着收视率的屡创新高，其广告价值也不可小觑。

5. 后期剪辑

《爸爸去哪儿》除了内容上含金量十足，在形式上还得感谢剪辑制作团队对整体节奏的拿捏到位和对细节的幽默处理。虽然节目本身的内容量庞大，但经过后期剪辑，并没有出现拖沓、冗长的现象，反而节奏明快、一气呵成。不仅如此，游戏“魂斗罗”和“超级玛丽”的配乐，以及各种揣摩五个孩子心理活动的有趣字幕和配图，都令该节目的“笑果”大大加分。

6. 品牌契合的冠名艺术

选定适合的冠名栏目，更重要的指标是栏目与自己品牌的契合度——冠名栏目能否传递出品牌的独特销售理念？以999感冒灵为例，999感冒灵传递的品牌内涵一直是“温暖”“贴心”，从其广告语“暖暖的，很贴心”就可以明显感觉到。亲子真人秀互动节目《爸爸去哪儿》主打的就是温情牌，所以两者不谋而合。也正是与其冠名节目贴合度高，契合度满分，才能实现双赢目的。

对于现在的消费者，他们的注意力已由关注产品功能转移到关注品牌文化价值。999感冒灵凭借其疗效，早已深入人心。要想稳坐国内第一感冒药品牌的交椅，还需要进一步提升品牌在消费者心中的分量。在其他药品仍在宣传功能性的狂轰滥炸之中，999感冒灵反其道而行，将其营销理念转为与消费者的情感交流和人文关怀。以周华健为品牌代言人，核心诉求点就是家人的关爱，以情感取胜。正是这样独特的营销理念才促成了它冠名《爸爸去哪儿》的成功。

7. 开拍电影延伸节目品牌

《爸爸去哪儿》电影的开拍，无疑是对该节目的延续和拓展，也是一种成功的营销手段，观众的意犹未尽可以在电影中得到满足，同时，也为下一季《爸爸去哪儿》节目的开播打下了基础。

9.2.3 《流言终结者》：科普节目也能娱乐化

首播日期：2003年1月23日（至2012年8月）

总播出集数：197集

总节目时间：218 小时（包括特辑）

总流言个数：833 个（证实：194 个；有此可能：178 个；破解：461 个）

总试验次数：约 2510 次

总爆炸次数：792 次

总录制时数：大于 6255 小时

摧毁汽车数量：146 辆

使用胶带长度：30632.4 米

节目使用炸药重量：13.5 吨

有关鲨鱼的流言数目：23 个

【案例回放】

被艾美奖提名的《流言终结者》节目，用科学的方法并融入百分之百的热情，再加上朴实无华而不失精巧的实验，为我们揭示了一个又一个广为流传的谣言和都市传奇背后的真相。这档被誉为“最佳电视科普节目”的《流言终结者》从 2003 年以来播出的 189 集里，为我们验证了 769 条流言（数据只到第九季），它们或是得到了证实（Confirmed）、有此可能（Plausible），或是被彻底揭穿（Busted），当然也有一些还不能肯定。

虽然不是每次实验都能成功，但 Jamie、Adam 和制作小组始终坚持用科学的方法，进行合理的实验。他们最初的想法就是寓教于乐——把科学和娱乐结合起来。后来《流言》竟大受欢迎。在世界各地，《流言》每周有 1000 多万观众收看，迅速成为探索频道收视率最高的节目。一般每集会有一个专题，解决 2 ~ 4 个相关的流言。《流言》还有一些主题节目，如和热门电影相关的流言：《加勒比海盗》秀、《大白鲨》秀，以及观众推荐的流言。

节目流行以后，两位主持人甚至在热门的推理情节剧《犯罪现场调查》（*CSI：Crime Scene Investigation*）中客串表演。

作为一档颇有人气的科普类节目，《流言》的成功有如下原因：

1. 印证了科学命题的同时又有相当深厚的群众基础，因为所谓的流言都是大家能接触但是持怀疑态度的东西，传播广泛，有很深的群众基础，非常接地气。

2. 形象的设计和设置。主持人特点相当分明，一个是很正式、不苟言笑的传统科学家，另一个负责出洋相，互补且具有戏剧性。（后来虽然增加到 6 位主持人，但也

是分成三组，遵循这种设置理念）

3.科普栏目的实验设计是非常讲究的，可视性非常高，国内的很多栏目生命力短暂就是因为没有可视化，因此能够影像化的要影像化，不能的改变形式也要影像化。

4.悬念设计很有特点。大致分为三个阶段：提出流言，设计实验方式是第一步；第二步一般是失败的试验案例；第三步修改实验，想尽一切办法达到应有的效果。三个步骤平行展开，步骤穿插，再加上小花絮的运用，整个栏目的运作手法是相当成熟的。

5.广告和品牌的植入也相当成熟，早期的所有logo都会打马赛克，确保了栏目的权威性，不滥植入广告使得栏目质量及附加值更高。

6.真人实验是栏目亮点。真实、夸张，从最初的几个人在车库连玩带拍到最后的惊动白宫，极具视觉冲击力的实验设置是关键点。

7.板块编排灵活但核心不变，在这种界定之上运用片花或小插曲活跃气氛。道具的运用丰富、物品化、拟人化，赋予了节目生命力。两组主持人在实验上的对抗，所产生的戏剧冲突很有看点，整个栏目能调动观众的情绪。

8.主持人搭配有典型特点，能非常有效地带动观众情绪。

9.流言从网站征集，因为实验要有社会根基，找大家都知道的，更容易形成共鸣。

10.栏目的科技水平虽然不高，但过分的高科技带入反而会使栏目失去真实感，最淳朴的手段更可信。

【品牌效应】

美国总统奥巴马曾于2010年12月8日参与录制《流言》的《阿基米德的死亡光线3.0》节目。奥巴马在白宫中说：“我很高兴欢迎两位流言终结者杰米和亚当来到这里。今天，我终于能够宣布，作为特别嘉宾，我会出现在他们的节目中，尽管我没有终结任何流言……我对此觉得有点遗憾！”

此举是白宫推动科学教育的努力之一。在这集节目中，奥巴马挑战亚当和主持人杰米，督促他们解决一个备受争议的古老谜团：希腊科学家和学者阿基米德是否仅用镜子和反射的太阳光就点燃了入侵的罗马舰队？为了测试这则流言，亚当和杰米动用了前所未有的方式。他们定做了500面镜子，并在一面贴了古铜色的胶带纸；买来一艘救生艇，改装成古罗马的船的样子；由麻省理工学院的人来做500名士兵。但无论他们用“铜”镜，还是现代镜，都无法使船着火，只能让温度升高。最后，流言被终结。

【营销解析】

1. 节目板块编排灵活多样

在《流言》中，每一集节目都会关注两个或三个（偶尔会更多）流传已久的流言。而节目通常会选择其中一个需要经过复杂的准备和实验去验证的流言作为该集节目的主轴与核心，同时再搭配一至两个能简单验证、或是较少能够在视觉上形成强烈冲击以及戏剧化效果的流言。例如在《迷你流言大集合》节目的前半段中，需要动用高科技进行验证的流言“人在熟睡时将其手放在温水中会导致人尿床”是重点，而且由于实验必须是在人熟睡且将其手放入温水中 5 分钟内没有察觉才有效，如此苛刻的实验条件不一定会一帆风顺，因此在节目编排上，此实验就被当作重点部分来介绍。

但是在较长的实验准备和验证的过程中，为了避免观众产生收视疲劳，节目又穿插了验证过程并不是很麻烦但是仍具有一定戏剧性效果的流言“耳垢可以做成蜡烛”进行调节，这样的内容编排使得节目的重点更加突出，同时又让两个悬念相互叠加，因此也更容易吸引观众的眼球。

2. 模型道具丰富，成电视传播视听符号

《流言》中的模型道具也是节目的一大亮点，尤其是以弹道凝胶和碰撞测试假人——Buster 最为知名。弹道凝胶是一种胶的混合物，节目组用它来模仿人的肉体。如果动物的尸体在实验中达不到效果，弹道凝胶就派上用场了。节目组人员把用于制作凝胶的粉末混合起来，加入防止起泡沫的物质，接着把混合物放在冰块里使其变冷，然后添加一些防腐剂，最后制作成人形，这样就可以用这些轻微摇晃的假人做实验了。人们可以通过观察假人在面对冲击时的情况来了解真人受到如此打击的反应，包括轮胎、纸牌等，用什么都行。如果需要，《流言终结者》也会毫不犹豫地用榴弹炸凝胶假人。

《流言》的两位节目主持人都有着多年制作各种模型的经验，在节目中他们也能够充分发挥自己的优势，运用多种学科理论创建不同的模型，从而对那些带有猜测性、没有经过科学论证的流言进行验证。丰富形象的道具和模型，不仅增强了节目的娱乐性、趣味性、可看性，更为重要的是，这种建立在科学基础上、透过模型道具来释疑解惑的传播方式，既有说服力，同时也丰富了电视传播的视听符号。这种强调用通俗易懂的形式普及科学知识的理念，在电视科教类节目可接受性和易接受性方面做了大胆的尝试。

3. 选题视角更加丰富多样

国内的电视科教类节目，特别是和《流言》定位类似的节目，其关注的选题一般都是与日常生活中的衣食住行方面有关，尤其以百姓健康方面的选题为首选，如“无糖食品是否一定不含糖”“添加膨大剂的西瓜对人有危害”“喝茶时要将第一遍茶水倒掉，因为这样可以冲洗掉残留农药”，等等。相比之下，《流言》的选题范围更广，涉猎的领域也更多，它既包含日常生活中的一些流言，如“汽车音响能震破车子”“坐飞机上厕所，坐在马桶上就冲水的话屁股会被吸住”“酒后运动可以解酒”，同时也对更多的科技流言非常感兴趣，如“把一张邮票贴在直升机旋翼上是否会让直升机失去平衡而坠毁”“在圣诞树上喷洒液态氮是否能发生爆炸”……针对流传已久的科技流言进行科学实验，也许可以成为国内科教类节目在选题上创新的增长点。

此外，《流言》还会对电影情节中的若干现象进行科学实验，如：“子弹真的会转弯吗？”“飞翔的帽子能否把雕像的头砍下来？”“能否通过现实中的红外线警报器而不触动警报器？”等等。这些选题大大提高了节目的趣味性、娱乐性以及和观众的互动性。而相比较而言，我国类似的节目在选题视野以及选题的性质定位上还有待进一步提高，过多拘泥于日常生活的柴米油盐只会降低节目的科普性质，而更凸显服务性质，其实是不利于培养和提高公众的科学素养的。

澳大利亚传播学者T.W.Burns认为：科学传播的目标与价值在于使用恰当的方法、媒介、活动、对话，让公众对科学产生意识、兴趣、理解和愉悦的情感反应,能形成自己关于科学问题的判断和观点。《流言》用科学实验的方式来验证生活流言的真伪，既可以让公众意识到科学对于日常生活的重要性，同时又可以在进行科学实验的过程中，让公众见识到一些闻所未闻的科学设备与仪器，领略到科技的无限魅力，唤起公众对科学的兴趣与爱好。特别是通过科学实验的方式破解一个个流言，不仅能够告知公众一个个科学真相，拉近公众与科学知识的距离，更为重要的是，借助于严谨的科学实验，破解与社会热点相关的各种流言，有助于培育公众的科学精神与科学素养，提升公众的科学批判能力。

总之，从公众的日常生活出发，探讨与百姓生活相关的科学话题，传递与日常生活相关的科学知识，通过科学合理的体验求证和专家释疑解惑，注重科学过程的展示，让公众了解与日常生活息息相关的科学知识，辨别坊间传言的真伪，从而寻找可以被公众理解和接受的答案，这是《流言》对国内相关科教类节目的启示。

9.2.4 中国好声音：精品内容+社交化传播

【案例回放】

《中国好声音——The Voice of China》，源于荷兰节目*The Voice of Holland*，由星空传媒旗下灿星制作公司以350万元三季的价格从注册在英国的版权代理公司IPCN手中购买*The Voice*的中国版权后，联合浙江卫视强力打造的中国大型专业音乐真人秀节目，于2012年7月13日正式在浙江卫视播出。《好声音》不仅仅是一个优秀的选秀节目，更是中国电视历史上真正意义的首次制播分离。刘欢、那英、庾澄庆、杨坤四位著名歌手作为明星导师言传身教，为中国乐坛的发展提供了一批怀揣梦想、具有天赋才华的音乐人，树立了中国电视音乐节目的新标杆。

【品牌效应】

1.2012年的《好声音》，开启了"精品内容+社交化传播"中国娱乐节目的2.0时代。从第一期1.5%的收视率，到此后的2.77%、3.09%、3.42%……一直持续上涨；微博平台上《好声音》的讨论达到上千万条，全国上下已经掀起一股《好声音》舆论热潮。

2.除了收视率，《好声音》也获得了不错的广告收益，2012年7月13日在浙江卫视开播后不久，15秒的广告报价就从最初预设的15万元暴增至36万元。仅仅一个多月时间，收益已经过亿元。

3.由于第一季的成功，中国好声音第二季的网络播出版权费狂飙百倍，最终被搜狐视频以1亿的天价购得。在全国已经成功合作及举办各类演出及明星演唱会近2000场次，同时为国内各类企业策划"明星广告代言"成功案例数百家。

【营销解析】

1. 制播分离背景下的生产线构建

《好声音》由灿星传媒联合浙江卫视制作，在浙江卫视的平台上播出。该节目改变了以往制播分离节目的利润分配模式，变"电视台定利润"为"市场开发利润"。正是这一变化，促使节目生产线随之改变。

1）成熟而规范的生产流水线

为保证《好声音》的质量，浙江卫视和灿星传媒全线介入生产，浙江卫视提供技术支持，灿星传媒负责节目制作，双方共同组成节目制作团队，负责节目的前期准备、内容安排、导师选择、学员挑选、舞美设计等。当然，节目在生产线上的成熟

和规范也是“站在巨人肩上”的结果，版权方附赠的《制作宝典》细致到音响调试、灯光色彩、明暗调校、接线方法等都有一套严谨的制作流程，这无疑对节目生产起到了专业的指导作用。

2）细致而严苛的制作标准

2012年暑期，多档音乐选秀节目混战省级卫视荧屏，《好声音》之所以能脱颖而出，在于其将“好声音”发挥到了极致，这种心无旁骛的执着来自于制作方在节目标准制定上的细致和严苛。以学员选择为例，《好声音》完全没有海选环节，节目从筹备开始，导演组就分成网络组和线下组，赴各地进行“地毯式”搜索，而每一位学员的最终入选，还需要经过总导演、副导演及音乐总监的把关和确认，审核遵循“五分制”，3分是演唱分，2分是故事分，两者相加达到4分，才能顺利入围。这样严苛的选拔标准，保证了每位学员都有相当不错的音乐唱功，无形中也提升了节目整体的音乐水平。不得不提的是，节目对细节的把控，比如，四位天价导师转椅从英国空运而来，巨型LED屏幕的运用，金牌音响总监金少刚、明星级伴奏乐队的加盟，这些都从点滴之处显现了节目对于品质的不懈追求。

2. 媒介融合背景下的整合营销策略

伴随着电视娱乐功能和产业属性的凸显，营销的重要性日益突出。从《超级女声》的家喻户晓到几年前《中国达人秀》的大获成功，再到一夜爆红的《好声音》，各种营销方式和手段的运用，可谓让节目锦上添花，尤其是微博营销的广泛运用，推动中国电视告别传统单一的营销模式，进入到借助多方资源，实现多方共赢的整合营销时代。

1）微博营销注重粉丝效应

与之前选秀节目通过电话与短信投票来聚集人气不同的是，以《好声音》为代表的“新”选秀节目把微博作为提高观众影响力的主要渠道。节目尚未播出前，节目组就利用四位导师的号召力邀请一些明星朋友为节目捧场，姚晨、冯小刚、王菲、李玟等多位明星的观后反馈，更为节目收视的节节攀升起到了重要的推波助澜作用。除明星粉丝外，更多普通人在微博上对《好声音》的围观与热议，让节目在短时期内人气指数直线上升。截至2012年8月31日，节目官方认证微博粉丝数量已经超过100万，官方微博量和微博热度都位居歌曲类选秀节目第一位。

2）推介营销打好特色牌

与其他节目在开播前大力推介不同的是，《好声音》在开播的同时陆续在全国十多个城市展开不同形式的推介会，每次推介会还会邀请不同的明星参与助阵。比如北京推介会上导师庾澄庆亲自上阵，郑州推介会则由胡彦斌、黄雅莉两位新生代助阵，天津推介会是胡彦斌联手吉杰亲临现场，与现场观众、歌迷切磋歌艺。除节目推介会外，浙江卫视还联手爱奇艺独家打造了“中国好声音学员推介会”，旨在更大范围地扩大节目的社会影响力，找到更多、更优质的“中国好声音”。

3）内容营销符合观众收视习惯

《好声音》充分考虑到了中国观众喜欢故事的收视习惯，在展现“好声音”的同时，更注重了对声音背后故事的挖掘。每期节目中，十组左右的学员在演唱后都会和导师互动，除去个人基本信息之外，就是讲故事的时间，在短时间内如何讲好故事，是节目研究最细的方面。正是通过这种故事营销，观众不仅记住了学员的声音，更深深地记住了每个具体的人，人的形象和价值被放大。

4）话题营销不断制造兴奋点

开播以后，《好声音》一直话题不断，从学员身份造假到导师天价报酬，再到上亿元的广告冠名费，以及“卖凉茶的华少”话题等，不同时间不同阶段，节目组不断地制造具有营销价值的新闻和事件，以多种媒体渠道、海量式投递的推广方式，让节目一直处于话题讨论的旋涡中心，以达到品牌影响力渗透和知名度扩展的营销目的。这种话题营销带来的效益多倍于传统的营销方式，对公众的意识和行为也起到了巨大的影响作用。

5）广告营销挖掘节目潜在价值

从最初广发英雄帖，到后来广告商络绎不绝，制作方对《好声音》的广告价值有着充分的预期和研判。首先第一步，节目广告费从每 15 秒 15 万，飙升到每 15 秒 36 万，且已经占满 90 分钟节目时长中的 22 分钟广告时间；第二步，围绕《好声音》打造延伸节目带，比如推出《酷我真声音》《舞动好声音》等节目，弥补节目因时间有限而带来的广告损失，提升核心节目的边际价值。

总的来看，《好声音》能迅速爆红，有四点原因：

一是节目形式创新，给人耳目一新的感觉，很容易就吸引受众关注；

二是内容制胜。包括选手的质量、音响的质量、内容形式的设置都很突出；

三是体制的创新。不走常规电视栏目那种付费方式，而是采用分红制。从制作方到电视台，乃至导师，都竭尽全力投入这个栏目，激励效果非常好；

四是传播手段高明。充分利用社会化媒体的传播渠道，包括微博在内，无论炒作、还是新闻点的抓取，都时刻保持了大家对节目的关注。

9.3 微视兵法之广告

广告片：内容营销越来越重要

说到这里，不得不提一下最近开始火起来的内容营销。2012年，总部位于马萨诸塞州坎布里奇的互联网营销软件公司HiveFire对近400名营销专家进行了调查。结果显示，营销人员正在放弃诸如搜索营销的传统营销策略，并把内容营销作为强化品牌形象所使用的最多策略。

HiveFire的研究人员发现，如今有82%的B2B营销人员把内容营销作为一种营销策略。被远远抛在其后的是SEM，有70%的人使用它；再往后，有68%的人使用事件营销，64%的人使用公关，32%的人使用纸媒、电视或广播广告。

传统媒体整合新媒体，将把电影tvc演绎得淋漓尽致，将线上内容和新媒体整合运用得炉火纯青。

9.3.1 王老吉：如何一炮而“红”？

作为一款区域性色彩颇浓的地方性饮品，王老吉一直被视为大单品运营成功的典范。到底这个神话是如何被创造出来的呢？广告策略在其中又发挥了怎样的作用？

【案例回放】

针对王老吉当红未红的三大软肋，2003年春节后成美给红色王老吉做了重新定位——预防上火的饮料。这一定位立足于全国市场，对红色王老吉的品牌做出全面的调整，并把品牌定位用消费者容易理解和容易记住的一句广告词来表达——“怕上火，喝王老吉”。这一简洁明了的定位，既彰显了红色王老吉的产品特性，也有效地解决了王老吉原有的品牌错位。

配合新形象推广，王老吉在2003年短短几个月投入4000多万元广告费，同年11月再斥巨资购买了中央电视台2004年黄金广告时段。除此以外，还在红色王老吉销售红火的地域重点投放其他电视广告。

【品牌效应】

1.在1年时间内，迅速成长为一个全国性的强势饮料品牌。2003年红色王老吉销量激增400%，年销售额从此前的每年1亿多元，猛增至2003年的6亿元，出现了一个“王老吉飙红”的营销现象。

2. 在多个地区，成为名副其实的品类冠军。例如浙南的温州等地，可乐的销售额始终落后，最终可口可乐和百事可乐几乎放弃了在该区域的广告投放，王老吉取得了压倒性的胜利。

【营销解析】

1. 定位非常明确

王老吉现在主打的系列广告，例如王老吉上火篇、王老吉聚会篇、王老吉火锅篇、王老吉喜庆篇、王老吉新年快乐篇、王老吉吉祥年篇等，这些广告都是围绕王老吉的产品定位来创作的，王老吉视频广告的音乐歌词通常都会有这样一句话：不用担心什么，激情享受生活，怕上火，喝王老吉。“专业的降火饮料”，这个广告定位非常明确。

王老吉系列广告主要强调“上火”的概念，它不断淡化王老吉之前的“凉茶”形象，使它的“专业降火饮料”形象突出。在广告创意上，王老吉广告以“怕上火，喝王老吉”来强调它的降火功能。一直以来，中国市场上几乎没有专业降火功能的饮料，这样的广告词不仅可以第一时间吸引消费者眼球，同时也传达出王老吉饮料是降火方面的“专家”。广告以“怕上火”三个字为第一幕情景，以“不用担心什么”为主要背景音乐，不论是视觉上还是听觉上都抓住了消费者。有点类似脑白金的广告，“怕上火，喝王老吉”这几个字的不断重复，对加深消费者对该饮料的记忆起到了极大的作用。广告最后再次提到王老吉的降火功能，再一次强调了产品功效。

2. 广告策略恰当

从时间上来看，王老吉的广告投放时间为 18 点 59 分 39 秒，央视一套。这个时间段正是中国大部分人等待《新闻联播》放映的时间段，王老吉的广告选择了最佳时间段，使广告受众数量达到最大化。

从季节上看，王老吉的广告投放季节为夏季，夏季正是人们容易上火的季节，王老吉选择了最适合的季节，一方面避免了全年投放广告的巨大费用，节省了成本；另一方面在夏季加大广告宣传对产品的销售效果更好，使得广告的针对性进一步加强。

王老吉将广告投放点选在了央视，这是因为，长期以来王老吉的消费群主要集中在广东一带及一些南方城市，在央视推出广告无疑将产品推向了全国。王老吉广告的不断播出，使得王老吉打败了同类竞争对手，把品牌推向了全国市场。

品牌形象塑造方面，王老吉品牌并不只是单一的凉茶，在对王老吉凉茶的推广时，同时也宣传了王老吉的品牌形象。

3.完美运用“中国红”

王老吉系列广告以红色为主色调。红色是中国的传统喜庆色彩，也代表着一种吉祥含意，比较容易让大众接受。春节见红更是中国人的传统思想——图个吉利。同时红色调正好与王老吉的红罐包装吻合，加深了王老吉产品广告形象，红红的罐透着喜庆的味道。广告抓住大众喜迎新春的心理，丰富大众的物质文化和精神文化，增强大众的团结。

4.恰当运用感性诉求

为了更好地唤起消费者的需求，电视广告选用了消费者认为日常生活中最易上火的五个场景：吃火锅、通宵看球赛、吃油炸食品薯条、烧烤和夏日日光浴，画面中人们在开心地享受上述活动的同时，纷纷畅饮红色王老吉。结合时尚、动感十足的广告歌反复吟唱“不用害怕什么，激情享受生活，怕上火，喝王老吉”，促使消费者在吃火锅、烧烤时，自然联想到红色王老吉，从而购买。

5.电视广告的“心智链接”

“心智链接”这种独特的电视广告策略方法，就是把“品牌”变成了消费者欲望的一部分。

大家看“王老吉”的电视广告，都没注意到“王老吉”是如何预防上火的，它的口味好不好，更没有思考过它是不是比其他产品降火功能更好。大家只看到了刺激的美食、刺激的聚会、刺激的运动。这是为什么呢？因为，追求刺激才是很多人与生俱来的欲望，而凉茶本身不是他们的欲望，“王老吉”这个名称更不是。

整个系列广告是鼓励人们追求刺激带来的快乐，而“王老吉”在电视广告中，只是适时地在刺激的场景里反复出现，加上“怕上火，喝王老吉”，使人们下意识地在关于“刺激带来的快乐”的元素里，从此加上一个“王老吉”。因此，当受众下次享受“刺激”时，很容易就想到了“王老吉”。欲望、享受、解决问题，和谐而统一。

9.3.2 “土豪”手笔砸出恒大冰泉

恒大冰泉的横空出世，堪称近年来为数不多的事件营销的经典案例，借助 2013 年 11 月 9 日恒大足球俱乐部获得亚冠联赛的轰动效应，恒大集团顺势推出恒大冰泉，可谓一夜成名。

【案例回放】

2013年11月9日，2013赛季亚冠联赛决赛第二回合在广州天河体育中心打响。代表中国出战的广州恒大足球俱乐部最终战胜韩国首尔FC队，获得亚冠联赛冠军，这是中国的足球俱乐部第一次获得亚冠联赛冠军。

恒大俱乐部获得亚冠联赛冠军新闻效应巨大，成为那段时间最大的头条新闻，2013年11月10日恒大集团就在广州总部举行恒大冰泉上市发布会，全面解开恒大冰泉的神秘面纱，正式对外宣布进军高端矿泉水市场。为此，除了高调请来全国100多家新闻媒体参与报道外，还邀请世界名帅里皮、郎平、前世界足球先生菲戈以及前西班牙兼皇马双料队长耶罗做恒大冰泉全球推广大使。

紧接着，恒大冰泉的电视广告开始在以央视为主的全国性媒体上狂轰滥炸，这样的媒介投放策略在当今已经显得很是另类，据悉，在短短的20天时间里，恒大集团就在媒体上砸下13亿元的广告费，恒大冰泉的品牌知名度也在短时间内获得了迅速提升。

【品牌效应】

用两天时间在五洲四海打响冰泉品牌，来势汹汹。30天收获57亿元订单，两个月砸下13亿元广告费后，恒大冰泉宣布在半年内铺下363个分公司、110万家门店，成功打开便携水这个拥有最大消费人群的新市场。未来哪怕只是做透局域市场，恒大冰泉的销量和利润也相当可观。

【营销解析】

1. 事件营销，借势而为

趁着很多人还沉浸在亚冠的欢乐冲击波之中，恒大借势开始了一轮闪电行动。9日刚刚夺冠，10日已启动恒大冰泉上市发布会，开始高调招商。一切井然有序，高效缜密，就像之前介入恒大女排、恒大足球一样。懂现代资本运作、懂现代管理和经营、更懂现代营销的恒大玩起跨界来样样是好手，完全不像刚刚涉足其中的外行人士。

2. 用火药味十足的广告语吸引眼球

恒大冰泉广告将矛头直指农夫山泉。恒大冰泉在广告中指出："不是所有大自然的水都是好水，恒大冰泉，世界三大好水，我们搬运的不是地表水，是3000万年长白山原始森林深层火山矿泉。"大家都知道，农夫山泉广告文案强调："我们不生产水，我们只是大自然的搬运工"，是天然水，并将水的质量与生命直接挂钩。这下好了，在恒大冰泉眼中，大家都是搬运工，但农夫山泉搬运的属于地表水，并不一定属于好水，而自身搬运的则不但年代久远，而且是深层火山矿泉。

3. 营造财大气粗、资金雄厚的氛围

2014年春节前夕，恒大集团再显“土豪”本色，推出分别由成龙和范冰冰代言的恒大冰泉新版广告，在同一个时间段，一个产品，一样的诉求内容，由两个重量级明星代言，分别推出不同版本的广告同时投放，这在中国的企业营销中也是非常罕见的。然而，“土豪”气魄还远不止于此，在韩剧《来自星星的你》席卷中国的时候，恒大冰泉再次重金聘请两位主角为产品代言。这一切，给消费者的印象只能是“太有钱了”。

恒大冰泉的广告究竟是什么策略呢？从成龙、范冰冰，突然跳到金秀贤和全智贤，这其中的逻辑是什么？第一种：没有逻辑，钱烧的。不找合适的，专找贵的。第二种：展示恒大冰泉的雄心。恒大冰泉的战略目标是：一处水源供全球。估计全世界任何一家矿泉水品牌都没有这么大的口气。

今年100亿元、明年200亿元、后年300亿元——这是恒大集团董事会主席许家印在恒大冰泉全国合作伙伴大会上首度披露的销售业绩设想，他同时强调，恒大冰泉“只许成功，不许失败”。这种激情式的雄心，注定了恒大广告“土豪”“乡土”的定性。

4. 精准定位

恒大冰泉的价位与王老吉和脉动相当，定位实行差异化，高端品质，亲民价格，既是低端饮用水系列里的高端，也是昂贵一族里的低端。而且产品优势和特点讲述清晰到位，健康长寿、天然纯净，对消费者具有影响力和说服力（不管实际是否真正如此）。

从这个角度来说，恒大的复合营销方式显然是适合这种差异化价格定位的——高端人群信奉品质和尊贵，中高端人群拥戴放心和品位，中低端人群在某些特定情况下也同样会为某种心理感觉而埋单。做低端水，自然没有这样的价格定位，而恒大冰泉在这方面更灵活，更能吸引渠道，也能拥有更好的获利空间。否则以恒大的大手笔，恐怕连广告费都平衡不回来。

商业的经营之道即是让消费者感觉花得值，值得花，有更多的人群愿意选择，乐于选择，忠诚于选择。而从企业家的角度，何时该做投入，何时该要成效和回报，早已设定了清晰的时间轨迹，企业经营哲学不会只花钱不要业绩和回报，而只会秉承优质、高效、投入产出成正比。

9.3.3 益达木糖醇：酸甜苦辣的爱情滋味

广告产品：益达无糖木糖醇（酸甜苦辣完整版）

广告对象：一般指向当代对生活热血、有朝气的年轻人

广告长度：14′ 38″

广告代言：彭于晏、桂纶镁以及连凯

【案例回放】

整个广告分为两部，第一部讲述的是男主角（彭于晏饰）与女主角（桂纶镁饰）的相遇及发展以至最后的分别，分为缘起和酸甜苦辣五个短篇；第二部则讲述两人重逢后发生的故事，同时加了人物客栈老板（连凯饰），共分为三集。

第一部中男主角骑摩托车到加油站加油，与女主角相遇并互相产生好感，然后开始了两人的旅程。在旅程中，两人经历了生活中的酸甜苦辣，女主角更是品尝了甜的糖葫芦、酸的醋、辣的肉串和苦的咖啡，最后两人尽管相爱，但都没有勇气表达，无奈之下，女主角带着那酸甜苦辣选择了离开。

第二部女主角已在客栈老板那里做服务员，两人已产生了感情，这时男主角因缘分突然出现，打破了女主角原本平静的生活，于是三人之间的情感故事展开。最后客栈老板选择放手，女主角跟男主角和好并继续了他们的旅程。

【品牌效应】

1.1 个月内，超过 261 万人次点击查看了益达的互动内容，有 53505 人点击关注二维码；

2. 第三方调查显示，本次投放的受访者总体回忆度高达 98.5%；

3. 第三方调查显示，受访者喜好度 100%；

4. 高达 98% 的广告认知者表示，这个广告会吸引其购买益达产品。

5.27% 的受访者通过二维码登录了官方微博。

6. 从“益达广告完整版”这个词的百度指数上来看，益达广告开始引起关注的时间大概是 2011 年的 7 月份，而最火爆的时候是在 2012 年的 8 月，指数达到 2300 多。虽然不知道这个广告直接带来了多少销量，但从品牌推广的角度讲，广告的效果无疑是非常好的。

【营销解析】

1. 内容优势

作为一部“有故事”的广告片，该片本身就具备了很多优势。

1）帅哥美女的组合。广告男女主角非常养眼，气质卓然，让人有好感。

2）选题新颖。广告选择了一段发生在沙漠上的唯美爱情故事，与别的广告相比有一种截然不同的感觉，让人耳目一新。

3）主角的身份设定。桂纶镁在片中饰演一个沙漠加油站女工，非常男性化的一个职业，而彭于晏则饰演一个机车骑士。桂纶镁的身份打破了传统广告中美女一般的身份定义，彭于晏的身份则让人倍感兴趣——一个流浪的旅人。

4）情节设置巧妙，冲突戏剧化。

广告片一开始出现了沙漠深处一加油站，一辆摩托车随风而至，一首《给我一个吻》的经典老歌在加油站里悠扬荡漾。骑士往里叫道：“兄弟，加满。”随后，他从瓶里倒出最后几粒“益达”无糖口香糖往嘴里放，并忙着照镜子，瞧自己的牙齿。这时，一位戴着帽子的女工往他车里加油，瞧着骑士这副样子，她随口言道：“不错呀，兄弟。”骑士注意到了眼前是一位美貌惊人的女孩，他赶紧道歉：“对不起，我没看到你是女生。”女工边加油边应道：“没事儿，你只顾着看你的牙齿嘛，下一站去哪里？”

骑士一瞧有戏，一个劲往女工身前靠，心里想着说点什么词来着。不巧，女工把油枪一拿，说了句“好了，满了”，转身就走，这让骑士大失所望。当骑士准备走时，女工却叫住了他，“等一下，你的益达也满了”，往他车子小架上放进一瓶“益达”无糖口香糖。载着爱情初始甜蜜的骑士行驶在路上，心里想着，忍不住笑了。最后，广告片标版出现了“‘益达’无糖口香糖，关爱牙齿，更关心你”的字样。故事情节环环相扣，最后的结尾仿佛得到了爱情又仿佛没有，既暧昧又点到即止。

5）背景音乐吸引人。片中每个背景音乐都很经典，有《我的心里只有你没有他》《我要你的爱》《给我一个吻》以及《情人》。这些歌曲都与爱情有关，尤其是在两人相遇的时候，女主角听着《给我一个吻》，更能体现她对爱情的追求。这些歌曲对于年轻人来讲都是很流行的，很容易使这些消费者产生共识，让他们介绍自己的广告，自己的产品。

6）诉求感性，符合主题。益达一向走“甜蜜爱情”路线，最后桂纶镁的那句“你的益达也满了”一语双关，既是益达也是爱情。

2. 情感营销

该广告的代言产品是益达无糖木糖醇，其消费对象也主要是年轻人，而广告的故事情节也是围绕感情来讲述的。在广告中，益达在两人的爱情中起着很大的作用，让两个人相识，又让两个人相爱。从某种程度上符合了当代年轻人的一些人生态度，可以使他们对此产生共鸣。

该广告的故事情节也很吸引人，尤其是其中每个片段都会出现的读白。讲述两个主人公的爱情经历，也讲述了益达对其爱情的辅助作用。首先，“缘起——缘分像杯烈酒，充满着浓烈的味道，却也回味无穷，就像……”，整个故事的开端，把所有故事归于味道，符合后边的酸甜苦辣，也符合产品的作用。然后，“甜——甜蜜的开始，总是充满美味”“酸——越觉得心酸，越是在乎对方”“辣——火辣的争吵，是爱的调味剂”“苦——最苦的总是，爱得不够勇敢”，四个片段，讲述两人在旅程中经历的酸甜苦辣，也讲述了两人爱的味道。生活五味杂陈，但益达是不变的，它可以适应各种变化，带给人不同的感觉。

9.3.4 蒙牛酸酸乳超级女声：门当户对的联姻

2004 年下半年，蒙牛集团开始筹划 2005 年蒙牛酸酸乳的市场推广策略，希望这一高附加值的乳酸饮品能在来年为蒙牛带来更大的收益。

在此之前，蒙牛通过搭载“神五”将蒙牛牛奶“强壮每一个中国人”的品牌核心价值深深植入中国消费者心目中，此次，更加注重将品牌与内核相同的活动、事件有机结合，实现品牌营销的成功，本着这一原则，开始为蒙牛酸酸乳物色合适的“对象”。

【案例回放】

当时湖南卫视 2004 年度的超级女声活动已经接近尾声，新颖的节目创意、突出的收视效果让这一节目纳入了蒙牛的注意视线。他们发现，超级女声活动的参与者、目标观众与蒙牛酸酸乳的目标消费群体是那么吻合，两者的核心理念都表现为青春女生勇敢、率真地展现真实自我，品味成长过程中的酸甜滋味。同时超级女声的主办媒体湖南卫视被公认为是国内最具活力的时尚娱乐频道，频道品牌地位与蒙牛可谓门当户对。

经过分析研究，蒙牛认为超级女声是一个非常适合蒙牛酸酸乳的传播载体，二者的结合一定可以带来营销和传播上的成功。于是，双方通过接触之后酝酿策划了日后轰动社会的“蒙牛酸酸乳超级女声营销活动”。

2005年2月24日在长沙，中国乳业巨头蒙牛与国内娱乐风格鲜明的湖南卫视联合宣布，双方将共同打造“2005快乐中国蒙牛酸酸乳超级女声”年度赛事活动。自此2005年超级女声活动与蒙牛酸酸乳正式联姻。

【品牌效应】

蒙牛酸酸乳的这次广告活动，凭借科学的市场预测分析、实效的工作态度和超强的执行力，在力促并伴随“超级女声”的人气中取得了相当大的规模效应，使得酸酸乳的销售量从2004年的7亿元人民币飙升到2005年的30亿元人民币，为蒙牛乳饮料完成了一个优质的营销整合，无疑是一个非常经典的成功广告案例。

【营销解析】

1. 广告品牌与活动内核统一的成功

首先，赞助品牌和活动本身的形象、内涵应该是一致的。不仅蒙牛酸酸乳与超级女声活动所宣传的精神内涵高度契合，蒙牛当时的品牌地位与湖南卫视的媒体形象也可谓旗鼓相当。这种内核高度一致的强强联合，才有可能产生互惠互利的双赢结果。这是活动、事件营销的基本切入点。

2. 各路媒体整合传播的成功

2005年蒙牛酸酸乳超级女声活动之所以能够进行得风风火火、热热闹闹，活动创新、吸引人是一方面，媒体的造势宣传同样功不可没。蒙牛酸酸乳赞助超级女声的营销活动之所以受到营销业界如此关注，其媒体整合运用的巧妙之处正是外界品评的焦点。超级女声是湖南卫视主办的一档娱乐活动，但其宣传渠道并未局限在一个省级卫视上。电视、报纸、杂志、网络等多种主流媒体都成为了宣传炒作2005年快乐中国蒙牛酸酸乳超级女声活动的媒介。

活动开始以后，蒙牛酸酸乳开始在央视各主要频道的晚间黄金段投放专为此次营销活动制作的15秒广告片。借助中央电视台的强大宣传力度快速将蒙牛酸酸乳赞助超级女声这一事件传播出去，并树立起青春女生勇敢、自信、健康、时尚的品牌形象。同时，蒙牛酸酸乳在超级女声的主办媒体湖南卫视的硬版广告投放也不放松，活动宣传片与产品广告片交相呼应，将活动与赞助品牌的宣传效果放大至极致。同时超级女声针对各赛区的媒体宣传，与当地强势频道结合共同打造超级女声，让活动影响力快速渗透到当地。活动宣传片在赛区城市的地面频道上频繁出现，大大提高了活动影响力。

平面媒体的宣传也被有效地运用起来。蒙牛在超级女声活动的几大赛区都选择了当地的强势报纸，对活动及产品进行了大范围的双料宣传。从赛事的举办及内涵，报名及比赛资格介绍、比赛全程报道，到蒙牛酸酸乳的“酸甜”新口味、代言人张含韵的介绍及产品核心定位都做了系列的报道，有效地聚集了广大青春少女的目光，普及了“蒙牛酸酸乳”在消费群体心中的认识。同时，蒙牛与湖南卫视还在《国际广告》等各大广告、财经类杂志上进行了一定力度的宣传，使广告界的传媒都兴奋起来，使其主动关注本次赛事活动，扩大了宣传的效应。蒙牛为宣传此次活动在网上搞起了“蒙牛连连看”和“超级FANS”的互动游戏，开设了“张含韵吧”网络论坛。同时蒙牛酸酸乳广告片的主题曲《酸酸甜甜就是我》也成为网络下载的热门歌曲。

一方面是蒙牛和湖南卫视在各路媒体上的主动造势，另一方面随着《超级女声》这一活动逐渐成为一个社会性话题，电视、报纸、网络上的各种报道纷至沓来，虽说正面、负面报道皆有，但却有效地扩大了这项活动的影响范围，蒙牛酸酸乳和《超级女声》从中获益匪浅。

3. 注重多种营销要素细节的成功

营销活动中细节繁多，但细节往往决定了成功的完美程度。此次蒙牛酸酸乳赞助超级女声的营销活动，各种营销要素密切配合也是活动成功的亮点之一。此次营销活动中的每一个细节都经过深思熟虑，不同要素配合了整体营销目标，将营销效果放至最大。

1）代言人：蒙牛选择张含韵作为酸酸乳的代言人，不仅因为其青春甜美的形象很适合蒙牛酸酸乳，还因为她是2004年《超级女声》季军。在代言人的选择上与《超级女声》的暗合，体现了蒙牛与湖南卫视的良苦用心。

2）活动时机：选择3~8月全面展开超级女声活动，是为了配合乳酸饮料的销售旺季。销售季节与营销推广时机的一致性，在重点销售阶段不仅树品牌，同时创业绩，将产品推广成功转化为销售业绩。

3）赛区选择：2005年的《超级女声》在全国开设了广州、杭州、郑州、成都、长沙5个唱区，城市赛区的设立让当地选手倍感亲切，活动在赛区当地的影响力不言而喻。选择这5个赛区不仅因为各地文化特色不同，便于将各赛区主题差异化，还因为蒙牛可以借助该活动在当地的影响力，完善销售通路，影响终端消费，最终完成蒙牛酸酸乳成为当地乳酸饮料第一品牌的市场目标。

4）产品包装：蒙牛没有放过任何一个宣传蒙牛酸酸乳《超级女声》的机会。为帮助扩大《超级女声》的影响力，蒙牛酸酸乳利用自己的通路优势，在20亿产品包装上印刷了超级女声的比赛信息，有效扩大了活动影响范围。

5）促销手段：蒙牛还在各大赛区的卖场外办起了热闹的露演活动，将宣传浪潮推向顶峰。

9.4 微视兵法之“病毒”视频

9.4.1 依云《滑轮宝宝》：让生命更年轻

伴随着录音机里传出的说唱音乐声，一群穿着纸尿裤、笑容满面的可爱宝贝滑起了旱冰，在闪转腾挪之间轻松搞定各种高难度动作。这段在互联网出现并迅速蹿红的视频，不是美国好莱坞电影片段，而是法国依云（Evian）矿泉水公司推出的一则广告。

【案例回放】

这段《滑轮宝宝》视频共60秒，主角是清一色的外国婴儿。一开始，伴随着说唱团体“糖山帮”的Hip Hop单曲《说唱者的喜悦》（*Rapper' s Delight*）的音乐声，几名穿着纸尿裤的宝宝脚踩旱冰鞋，隆重出场。他们忽而跳跃，忽而跳上栅栏，忽而翻跟头，摆出各种酷酷的姿势，甚至大跳Hip-Hop。这段视频一经推出就受到了网友们的热捧，人气一度飙升。这条片子是先由轮滑高手拍摄动作，再通过电脑将婴儿的形象合成。虽然都只是镜头效果，但独具匠心的内容还是吸引了大批观众。广告的利益点简单又清晰：喝Evian纯净水，让生命更年轻。

《信息时报》是这样报道这段视频的：“我们或许能想象包着尿片的婴儿，他们能提前说话、走路，因为许多天才儿童都是这么过来的。但是我们绝对想不到他们居然能穿着滚轴溜冰鞋在街头玩花式轮滑，金鸡独立、空翻、倒立！”

作为法国依云矿泉水厂商的一个创意广告，本片旨在体现依云矿泉水“保持年轻”系列的宗旨，并将成为矿泉水品牌——依云“Live Young”（保持年轻）国际电视与网络视频广告宣传大战的组成部分，在电视上播出推广。

【品牌效应】

1.从2009年7月3日被上传至Youtube网站，该视频五天内就有了超过2900万的总点击量；不到半个月时间，累计被下载800万次；不到半年时间，仅Youtube这一家视频网站的浏览量就达900多万次！

2.2009年，该公司推出了旱冰宝宝广告，其至今仍是官方吉尼斯世界纪录中点击量最多的在线广告，到2013年4月为止已有超过6500万次的点击量。

【营销解析】

1. 满足消费者情感需求

近年来依云在很多国家的传播策略都是以强调事实为基础——重新诠释纯天然矿泉水的概念，以及说明依云是如何保护自然资源和环境的。但是消费者期望从品牌那里获得更多情感和梦想的东西。“为了迎合消费者的这种期望，我们推出了这次广告战役。”

作为全球著名的矿泉水品牌，依云以前很少投放广告，而是通过赞助高尔夫球女子大师赛和美国网球公开赛等活动提升自己的品牌美誉度。而这次，依云公司尝试了制作这支时长60秒的广告片，结尾的广告语“保持年轻”（Live Young），一语点睛道明品牌诉求。

2. 品牌传播推广策略

在讲究整合营销传播的时代，单纯依靠网络媒体显然无法有效覆盖到目标消费者。因此，依云可爱旱冰宝宝广告除了主攻网络媒体之外，也选择了在世界上一些传统媒体进行投放，比如英国的GMTV电视台、德国的RTL电视台，以及美国的*Access Hollywood*和*Good Morning America*节目等。

借助网络传播也是这则广告能够迅速走红的另外一个原因。互联网在信息的二次传播方面能力非常强。当一个人看过这则广告后，只需要轻点鼠标，通过复制和粘贴链接地址的方式就可以传递给其他人。而如果是电视上播出这则广告，那么即使是有人想与他人分享，也只能是口头或文字表述的方式，在传播的速度、广度和效果上都要比网络传播相差很多。

3. 创意与倡导精神相吻合

依云所倡导的年轻不仅仅指年龄，更是一种心态与个性表达。活出年轻的内涵包括了机体感官和精神层面的追求，以活力、健康的姿态享受每一天。品质健康、天然纯净的依云天然矿泉水将源于阿尔卑斯山的大自然礼物分享给每一位追求高品质生活的人，而坚持每天300多次的水质检测以及无人工接触、化学接触，水源地直接装瓶的生产工艺也是依云对于消费者的责任体现。希望借由依云天然矿泉水激发身体、思维的活跃，带来积极乐观的生活态度，凭借这种乐观精神无论身处何时何地，都能活得年轻。

在这一创意原则的指导下，创意人员开始了一场头脑风暴。最终创意人员发现，由于富含丰富的矿物质，依云矿泉水在法国是可以分配给产房里的婴儿饮用的，而这正是依云区别于其他水饮料品牌的地方。这就是旱冰宝宝广告创意的最初来源，后来依云公司决定采用可爱小宝宝作为广告片的主人公，创意是他们离开了温暖舒适的妇科产房，用滑旱冰方式开始一场环球旅行。

4. 音乐的作用

音乐，是这则广告片的另一大特色。制作公司特意邀请了优秀的音乐制作人来制作好听的说唱音乐。在金融危机的大背景下，观众需要乐观的情绪。广告传递的乐观向上的情绪，能激发人们面对金融危机带来的各种危机的勇气，成为一剂良好的情绪解药。

5. 口碑形成病毒传播

进行病毒式营销最重要的就是要有口碑传播的素材，可爱旱冰宝宝这段视频虽然在形式上是广告，但它传递的却不单纯是广告信息，而是一群可爱宝宝滑旱冰这样一个事件。由于这一事件非常吸引人，是一个很好的口碑传播素材，所以自然也就成为了众人关注的焦点，具有很强的话题性和传播性。

6. 宝宝的元素

运用儿童作为创意表现元素的广告不胜枚举，为什么依云的这则广告会引起轰动呢？奥妙就在于广告中儿童的表现超出了消费者的心理认知，给人意外和惊喜的感觉。他解释说，首先这些穿着纸尿裤的宝宝在形象上就非常惹人喜爱，其次他们滑旱冰的技术如此之好，这就超出了一般人的认知水平，让人觉得非常新鲜。很多人在看过后会讨论是否真有这样滑旱冰的宝宝，以及谈论这则广告是如何拍摄的，原因就在于此。

广告创意中有一个著名的“3B”（Baby、Beauty和Beast）理论，即如果在广告创意中加入儿童、美女或者动物的元素，那么这则广告就具有很强的吸引力。依云可爱旱冰宝宝这则广告之所以受欢迎，运用“3B”理论中的儿童元素就是其中原因之一。

9.4.2 The Epic Split：最优美的汽车广告

在沃尔沃卡车的最新现场测试视频“史诗一字马（The Epic Split）”中，好莱坞动作明星尚格云顿（Jean-Claude Van Damme）在两辆倒车的沃尔沃FM系列卡车之间表演了他闻名世界的标志性“一字马”动作。只有沃尔沃动态转向系统才能成就的这一令人惊叹的世界顶级特技表演，在让观众瞪大双眼的同时，也让他们记住了沃尔沃这样一个史诗般的杰作。

【案例回放】

沃尔沃卡车尚格云顿一字马广告，于2013年11月播出。

这是一次极其出色的病毒视频营销事件。即便这次事件的炒作主体是与我们大部分人没有什么关系的沃尔沃卡车产品，但这丝毫不妨碍这段视频在社交媒体中疯传。视频中，自称是李小龙粉丝的老牌动作巨星尚格云顿在两辆行驶中的沃尔沃卡车上完成了高难度的“劈腿”动作，全片一气呵成，不采用任何剪辑和特效，令人赞叹不已。

广告主要展现了沃尔沃卡车动态驾驶过程中的稳定性和精确性，台词不多，但尚格云顿在两辆卡车之间的180度一字马，配上背景音乐《only time》，技术、创意和意境都令人惊叹。这个广告被称为史上最优美汽车广告。

【品牌效应】

1. YouTube浏览量超一亿次（该广告从2013年11月13日上传到Youtube，5天内点击量突破两千万）；

2. 800万线上分享；

3. 成千上万次效仿（额外增加五千万浏览）；

4. 沃尔沃重卡粉丝飞速增长。其中YouTube粉丝从4600增加到90591，增长幅度达到1870%；Facebook粉丝量从22700达到334859，增长幅度达到1375%；

所获得的媒体价值高达1.7亿美元、潜在用户增加46%。

【营销解析】

1. 广告创意

广告创意巧妙，可操作性强：追逐，本牛节，音乐、剪辑、情绪的渲染，都十分有感染力。舒缓的节奏，配上悠扬的音乐和尚格云顿的独白，提出了主张流畅的概念。内容和表现形式高度统一。

2. 尚格云顿一字马技艺与沃尔沃卡车性能的符合

尚格云顿曾获欧洲职业空手道协会重量级冠军。不仅多次获比赛冠军，还是好莱坞动作巨星和“健美冠军”。尚格云顿于20世纪80年代早期进军影坛，成为与史泰龙、施瓦辛格和史蒂文·西格尔齐名的动作巨星。

这部80秒影片中的结果非常感人！站立于两辆卡车的外部后视镜之上，随着两辆卡车逐渐分开，尚格云顿保持了一字马的高难度姿势。“我就在你们面前：雕塑过的身体追求完美，两腿生来就是为了挑战物理定律，精神状态有能力去驾驭最惊人的一字马。”在表演之前，尚格云顿如是说。

3. 系统功能与视频的精彩融合

沃尔沃动态转向系统是沃尔沃卡车新开发的一项创新系统，大大提高了各种驾驶状况下的精准操控性和稳定性。此系统通过一台每秒调整约2000次的电控电机工作，由此实现高度精确的转向。倒车时，沃尔沃动态转向系统可帮助驾驶者以最小的力量实现最大的控制。

“该视频完美展示了沃尔沃动态转向系统实现的方向稳定性。”沃尔沃卡车动态转向系统软件的开发工程师Jan-Inge Svensson解释道：“稳定性和控制性能非常棒，即使卡车长距离倒车也能确保很高的精准性。这正是我们要在这部视频中展示的优点，性能必须完美——精确到厘米。”

低速行进时，沃尔沃动态转向系统可让驾驶者几乎不费吹灰之力地进行转向，并提高了可操控性。电机还可自动调整转向，并在侧风或路面不平等状况对方向盘造成影响时进行补偿，因此大大减少了持续微调转向的需要。而且，沃尔沃动态转向系统还可使方向盘被松开后自动回正，从而进一步减轻驾驶员的负担。

在视频“史诗一字马（The Epic Split）”中，正是沃尔沃动态转向系统帮助卡车中的两名驾驶员在倒车时保持完全相同的距离和速度。尚格云顿的运动能力和驾驶员的高超技术对于特技表演的成功至关重要，但如果没有沃尔沃动态转向系统，这项表演将无法成功完成。

9.4.3 Blendtec：有什么不能搅碎？

Will It Blend

类型：资讯型广告，病毒营销。

原创：George Wright、Tom Dickson

主演：Tom Dickson

国家／地区：美国

语言：英语

制片人：Kels Goodman。

外景：犹他州

机位：Kels Goodman

首播频道：YouTube

播出日期：2006.10.30—至今

【案例回放】

在全球最大的视频网站YouTube上，一个名为“Blendtec”的用户上传了一系列名为《搅得烂吗》的视频短片。短片中的主角是一个文质彬彬、头发斑白的老头，叫作“汤姆”，他穿着白大褂，戴着黑框的护目镜，很像一名科学家。如在《搅得烂吗之iPhone》中，他手里拿着一部刚刚上市的iPhone手机，“我喜欢我的iPhone手机，它能做好多事情，但是它搅得烂吗？这是个问题。”说完，他忽然把iPhone扔进了旁边的一部搅拌机里。在慢镜头回放的时候，iPhone已经在巨大声响中变成了一堆黑色的粉末，还冒着烟雾。紧接着，老头揭开搅拌机盖子，说了一句：“冒烟了，别去闻！”现在，所有人都知道iPhone被搅烂了。

“汤姆”几乎把所有能够想到的玩意儿都塞进了桌上的搅拌机里，扑克、火柴、灯泡，甚至是大理石！每段视频的开头，老头儿都会戴着防护眼镜来上一句：“搅得烂吗？这是一个问题。”

事实上，“Blendtec”并不是一个无聊的人，而是一个公司的名称，粉碎iPhone也不是为了显摆，而是为了显示那个搅拌机的强大功能。Blendtec公司位于美国犹他州的奥勒姆市，是一家专门生产搅拌机、沙冰机等食品加工器具的企业。视频中那个将iPhone扔到搅拌机里的“汤姆”，就是公司的创始人兼CEO，63岁的汤姆·迪克森（Tom Dickson）。

为了展示他们的搅拌机，Blendtec股份有限公司与汤姆决定拍摄一系列资讯型广告放到YouTube与Will It Blend网站。第一次视频制作只花费了50美元，乔治用这些钱买了一件白大褂，注册了一个网址，还采购了一系列用于搅拌的物品，包括一把园艺耙子、一只烤鸡和一套麦当劳巨无霸套餐等。节目通常会以汤姆·迪克森说的“Will it Blend? That is the question.”（这能搅碎吗？这是个问题。）作为开场白，一段短促的音乐后汤姆会以一个“背景故事”带出接下来要搅碎的物品，该物品会放入搅拌机内然后以特定的搅拌设定开始进行搅拌，同时会出现字幕说明该物品是否适合在家中自行尝试搅拌（例如 24 张信用卡、牛油果、冰块与麦当劳巨无霸超值套餐安全，而苏联钻、高尔夫球与弹珠不安全）。最后搅碎的物品会放到一张厚纸板或玻璃杯上，有些物品搅碎后的灰尘可能会有害健康时，汤姆 · 迪克森还会提醒不要去闻它，最后通常会以“Yes, it blends!”（是的，这玩意儿能被搅碎！）作为结尾。

【品牌效应】

1.2006 年 10 月 30 日，乔治往 YouTube 上传了第一个《搅得烂吗》视频，视频演示的是将大理石放到搅拌机里的情形。这段只有 56 秒的视频很快就跃上 YouTube 的点击率排行。随即，其他网站开始争相转载，一周之后这段视频的总点击量达到了令人咂舌的 600 万次。

2.《搅得烂吗之 iPhone》这段不到两分钟的搞笑视频，很快就吸引了众人的注意，浏览量迅速上升，一周便攀上了 YouTube 排行榜前列。这段视频两个月内被观看了近 270 万次，很多人还把该链接转发给亲朋好友，一时间引起了很多关注和议论。

3.2006 年 11 月初期，数集 *Will It Blend* 于 YouTube 上刊登后立即成为焦点，高尔夫球一集拥有超过 1500 万次点击率，其他较旧的数集分别拥有 30 万~50 万次点击率。

4.2006 年圣诞节期间 Blendtec 因搅拌 iPod 的一集 *Will It Blend* 再次登上 YouTube 首页，被搅碎的 iPod 放到拍卖网站 eBay 用作慈善拍卖。

5.《华尔街日报》《商业周刊》和《福布斯》等著名媒体都对《搅得烂吗》系列视频进行了报道。

6. 自从《搅得烂吗》视频推出以后，Blendtec 的家用搅拌机总销量增长了 7 倍，是公司成立以来最佳的业绩，《搅得烂吗》系列视频也被营销界喻为“最好的虚拟营销手段”。公司营销部门也从成本中心变成了赢利中心，因为除了带动家用搅拌机的销售大幅上升之外，公司还从视频网站广告、各类商业演讲，以及跟其他厂商合作推广品牌等活动中获得了不少收入，其数目已接近 6 位数。

【营销解析】

1. 好奇心是营销的驱动力

好奇心能使一个人产生一种强大的获取信息的动力，期望去对事实真相一探究竟。在这个《搅得烂吗》的案例中，Blendtec 正是借助人们的好奇心，将一个普通的搅拌器化身为一个无所不能的搅拌“金刚”，以低成本的表演方式、出人意料的表演内容，迅速吸引了观众的注意力。观众在会心一笑中也记住了Blendtec搅拌器的强大功能，可以说，Blendtec借助消费者的好奇心，从而使自己的知名度暴涨。Blendtec的《搅得烂吗》系列视频营销浑然天成，与其他案例借由另一件相关的创意来牵扯到自己不同，Blendtec巧妙地应用了自身的功能来宣传自己。其以50美元一则视频的营销投入，创造出惊人的7倍的销售增长，更是堪称营销传奇。

2.增加视频的趣味性、互动、参与度

为了增加视频的趣味性，Blendtec在公司的网站上已专门列了一张表格，向网友征询可以用来搅拌的物品。倘若哪位有好的建议，只需填上并写明原因，留下自己的邮箱，然后提交给Blendtec就可以了，只要觉得合适，他们就会采纳然后制作。以不同的物品吸引不同的人，造成强烈的刺激。

9.4.4 《江南style》为什么能全球爆红？

【案例回放】

《江南style》是韩国音乐人PSY的一首K-Pop单曲。这首歌曲作为PSY第六张录音室专辑《PSY 6甲 PART1》的主打歌于2012年7月发布，首次进入韩国国家公认音乐排行榜“Gaon Chart”就登上榜首。2012年12月21日UTC15：50左右，《江南style》成为互联网历史上第一个点击量超过10亿次的视频。

2012年9月，这支音乐录像带还打破吉尼斯世界纪录，成为YouTube历史上最受人“喜欢”的视频。

这个作品在发表之后，通过互联网的快速传播，很快在全世界成为一种流行文化，并引发了大量的二次创作。

【品牌效应】

1. 自2012年7月发布到当年12月22日，《江南Style》音乐视频在YouTube的点击量突破10亿次，创下历史纪录。此前，《江南Style》已凭借好评数和点击率创造两项新的世界吉尼斯纪录，同时摘得了美国、英国、巴西、比利时等35个国家iTunes单曲榜第一名。

2.《江南Style》创造了YouTube历史上“最受人喜欢的视频”的吉尼斯世界纪录：这部视频仅用76天就突破了3亿点击数，打破了由詹妮弗·洛佩兹发表的*On the floor*139天（排名第二）以及贾斯汀·比伯发行的*Baby*188天（第三名）保持的历史最快纪录。2012年11月24日，这首歌曲超越了由加拿大歌手兼歌曲作者贾斯汀·比伯发行的歌曲*Baby*保持的8.03亿次点击量的吉尼斯世界纪录。

3. 截至2013年5月1日，这支音乐录像带在YouTube网站的点击量为15.78亿次。

4. 跳着《江南Style》这套搞怪歌舞的韩国歌手朴载相（PSY），昵称“鸟叔”，PSY其貌不扬，小眼睛，有肚腩，是个小胖子。刚进入娱乐圈时，因为长相问题，唱片公司的人一度开始讨论“要不要给朴载相戴上面具”或“花多少钱带他去整容”。他入行11年，走模仿当红艺人路线，推出过6张专辑，虽然大部分是自己作曲、填词、编舞，可是首两张专辑内容被评为不适宜18岁以下人士购买。这还不止，根据韩国当地媒体报道：这位鸟叔负面新闻不断。他曾推出“低俗露骨”的音乐而被禁止向未成年人出售，也因为吸毒而进过监狱。

如今，鸟叔凭借《江南Style》，不但成为罕有的登上美国Billboard榜的亚洲歌手，并连续七个星期居于亚军，又获在德国举行的MTV欧洲音乐颁奖礼最佳音乐影带奖，成为首位夺此奖的韩国歌手。单就广告而言，朴载相的身价暴涨至8亿韩元，创下韩国新高。

【营销解析】

1. 定位精准、接地气

《江南Style》讲的是主人公鸟叔窥探有钱人生活的搞笑故事，在“屌丝文化”盛行的今天，非常符合广大“屌丝”自嘲的心理，从而迅速吸引到更大量“屌丝”围观和参与。有些人指责《江南Style》内容低俗，但正是这种“低俗”的定位，为其赢得了最广泛的消费群体，所谓“高雅”的受众毕竟是少数，更多的消费者还是更乐于选择通俗的、平易近人的娱乐产品，《江南Style》通过精准的定位牢牢抓住了观众的眼球，为其成功打下坚实基础。

2. 内容设计独特

极具幽默的穿透力，角色的转换，身份的落差，形成了戏剧性冲突，让MV非常有看点。

江南本是韩国首尔有名的富人区，江南style就是江南豪华的生活方式。韩国社会历来以吃苦耐劳、自我牺牲为传统美德，而近几年一些人依靠金融或房产投资一夜暴富的现象，无形中激怒了很多人。于是可以看到，PSY在《江南style》歌中的言语动作低俗绝非富人，但是又自称江南style，其实是嘲讽富人装绅士淑女。这种讽刺不管外国人是否看得懂，但讽刺的表现形式却让人觉得幽默搞笑。

PSY有着完美的中年大叔气质，当其貌不扬的他在MV中幻想着各种炫富的幼稚行为时，实际上却达到了令人喷饭的效果。比如在一开始，PSY沉溺于阳光沙滩上，一位美女给他扇着风，直到镜头拉出来才显示出他实际上是身处于一个儿童公园，美女也只是他的想象。而后，他又装作是黑帮大佬在蒸桑拿，结果文身男出现之后，暴露出PSY卑微的本质，他胆怯地挨着另一个男人。随后，他又继续做出雷人的举动，比如在公共的澡堂里潜水；趾高气扬地搂着两名漂亮女模特却突然吹来了大量垃圾和纸屑；在高速公路立交桥下，与无所事事的退休老人下棋；想要骑马，却只是在大街上装模作样地跳马步舞，或者是在游乐园里玩旋转木马；坐着快艇，鄙视着坐鸭子船的人，然而实际上，真正富人坐的是游艇……在这一切自欺欺人的行为之后，PSY以其特有的，被称作“死猪不怕开水烫”的气质，气势汹汹地说出一句“Oppa江南style”（哥就是江南范儿）。这句歌词反映出了一个典型的韩国屌丝心态，而对于那些爱炫富的人，也是一种赤裸裸的讽刺。

3. 显著的USP（产品独特卖点）

如果说《江南Style》有USP（产品独特卖点），那么骑马舞就是它的USP。Cube Entertainment艺人培训部门总监朴在贤指出他理解中《江南Style》一夜爆红的理由：“如果PSY没跳‘骑马舞’也不会红，这支舞有意思，谁都能跟着跳。当初WonderGirls大红的*Nobody*也是这样，总有一个亮点动作，让人简单易学，而且谁都喜欢。”骑马舞的精髓是“穿得正经跳得贱”，这造成了骑马舞极为平民和业余的效果，有一种“发现屌丝的自己”的喜剧感。

4. 洗脑式节奏

一样东西，人们接触得越多，认知度就越高。这首歌的高潮部分，那句简单并且不断重复的“Oppa江南style”就像魔音入脑，让每一位观看过的观众都能够余音绕梁。在音乐里，“重复就是力量”。节奏明快、清晰，能够在很复杂的环境声音里，迅速吸引人们的注意。专业人士分析过神曲的特点，就是简单重复，加上朗朗上口。《江南Style》这首歌曲以3.6秒的周期将五个音节重复4次，整首歌，五个音节的核心节奏重复了100次以上。这个节拍数和慢跑30分钟以后呼吸急促那一瞬间的心脏跳动数几乎一致。听到这个节拍后，人们会不自觉地晃动身体。

5. 社交媒体提携，网络中爆发

《江南Style》在韩国发布之初，并没有后来那么火爆，但它被PSY的团队上传到了Youtube，并由韩国GomTV在其星际争霸2联赛GSL以及GSTL中开始播放，之后被欧美星际2玩家所熟知并广为宣传。

《江南Style》选择在YouTube上进行首发是一个非常聪明的选择，这个全球性的网络营销平台直接将其置身于全世界潜在消费者面前，迅速积攒起第一波人气，为其红遍全球做了有效预热。随后YouTube上的《江南Style》MV视频被转载于各大社交网站及其他视频网站，迅速放大了这一热潮。如今国外的Facebook、Twitter，国内的微博、人人网等网络社交平台，已经成为年轻人工作生活的一部分，名人的推荐和朋友的转发，都在无形之中为《江南Style》做起了低成本高效率的广告，尤其是明星大腕的推荐和参与，对于《江南Style》的走红起到了不可估量的推动作用。

除了YouTube，千万别忽视了Twitter在传播《江南Style》方面的莫大功劳。2012年8月21日，同样是通过YouTube上一曲*Ur So Gay*名声大噪的“水果姐姐”凯蒂·佩里在Twitter里提到了《江南Style》，此时神曲的点击数达到4300万。8月28日，“美国甜心”布兰妮·斯皮尔斯也在Twitter里感慨：“我太爱这个视频了，太有趣了！正想着是不是得学学这支舞蹈呢，有人能教教我吗？哈哈。”《江南Style》的点击量随即飙升至7900万次。

另外，在这个过程中，诸如Facebook、Twitter等社交网站的网络分享功能，让《江南Style》获得了爆红的基本条件。国内的各类神曲，虽然坐拥人数众多的中国市场，但因为大众无法自由登录YouTube这类国际通用网站而遭遇人气瓶颈。

6. 宽松的版权态度

《江南Style》选择放弃了MV的版权，任何人都可以制作相关的MV上传网络。于是，无论是明星精英还是无名小卒，只要有想法都可以录一段属于自己的“江南Style”与别人分享，上至联合国秘书长潘基文、下至普通网民，《江南Style》在全球范围内掀起了一场模仿盛宴。虽然损失了不菲的版权费，但全民模仿狂潮为《江南Style》带来了更大的知名度和美誉度。所以，看似放弃了部分利益，其实却获得更多，甚至可以说创造了一种更佳的商业模式。例如，朴载相及其经纪公司在出场费、演出费等其他方面获得的收益，就远远大于放弃的版权费。

产品跟踪服务，真可谓是一箭多雕。

9.5 微视兵法之宣传片

企业形象广告四要素

企业形象广告不同于产品广告，它要表达的是抽象的形象、个性，或是一种企业精神、情感，一般用一个场面、情节等来表现。也就是说一般企业形象广告都会运用虚实相生的表现手法。这其中，AI和VI是两个极为重要的方面。

AI，即听觉识别，是根据人们对听觉视觉记忆比较后得到的一种企业形象识别的方法，是通过听觉刺激传达企业理念、品牌形象的系统识别。比如歌词“康美情，长相恋，你我写下爱的神话”，再加上激情略带沧桑的旋律，让人们很容易记住“康美”，这比起简单直白的介绍，传播效果要好出许多。

VI指视觉识别，其意是将企业的一切可视事物进行统一的视觉识别表现和标准化、专有化。通过VI，将企业形象传达给社会公众。无论秀丽山川，还是潺潺流水，引人入胜首先都得有感知体验，才会进入更深层次的理解阶段。广告必须给人一种美的视觉享受，虽然每一个画面不一定都能给人留下深刻的印象，但整体画面美的印象会让人记住。这对企业是正面积极的形象，一个企业的任何一种行为都往往容易引起人们关于企业的联想，因此这种最直接的感知也易给消费者留下积极的心理暗示，直接拉近企业与消费者的距离。

综合分析目前国内企业形象推广的成功之作（如《康美之恋》），不难看出，作为企业形象广告应该具有以下要素：

（1）可变性

即企业的形象广告定位不是一成不变的，而是随着时代和具体环境的变化而变化的。随着时代的变化，人们的价值定位和审美观念都会有所不同，为了迎合受众，与受众产生共鸣就要求企业形象广告要不断变化。因此形象广告不能像以往广告那样，只是一味地介绍产品和企业，而应该着重强调企业的宗旨和核心价值观。类似的经典广告除了《康美之恋》，还有台湾三菱汽车的《回家》。

（2）简化性

即它不能是复杂的、多结构的，而应该具有单一性，但其含义却要留给受众以想象的空间。企业形象广告所要表达的是一种抽象的形象、个性或者说是一种精神、情感，这就决定了它不可能复杂得如电视连续剧，所以在实际的操作中，企业形象广告往往采用虚实相生的表现手法。例如《康美之恋》，用最简单的画面表现了一个夫妻二人携手创业的故事，只截取了雨中采药，制药，踩水车，抓药，熬药等片段，留给大众的是一个很广阔的空间。

（3）差异性

这是企业定位的目的所在，即要有自己独特的东西，以此吸引消费者。雷同的形象广告不仅会让受众混淆，还会失去企业本身所具有的竞争优势。比如广告歌曲，本身作为一首歌就是对企业自身的一种宣传，这是别的广告歌曲所没有的。

（4）整体性

企业形象广告定位如品牌建设一样，是一种长期投资，必须保证其在一段时间内的整体性和稳定性，才能给消费者留下深刻印象，达到宣传的目的。将企业形象广告做成一首歌，在广为流传的同时就是对企业的一种长期宣传。

9.5.1 一个“马桶”的逆袭

《马桶编年史》是由思跋刻网络传播公司制作的一则讲述马桶历史的趣味短片。其幽默诙谐的语言，搞笑的动画表现形式使其在视频网、微博、论坛中得以迅速病毒式地传播。无疑是企业微博营销的经典案例之一。

【案例回放】

新浪微博于2011年5月17日出现了一段名为《马桶编年史》的视频，这段视频上线7小时后，就有161人回复，评论27条；5月20日，播放逼近15万，大多主流视频网进行了首页推荐；5月21日，播放量达302987次，拥有了1662名粉丝，在百度上的相关网页达到了87400个；5月22日，播放量达到508237次；截至5月24日中午，在YOUKU的播放量达到651417次；到六一儿童节这天，已播放1000530次。不到两个月，马桶编年史累计点击已经突破1000万大关，而且这个数字还在不断被网友刷新。时至今日，《马桶编年史》仍然在不断地被传播！

大量微博名粉转发评论是本次传播取得爆炸性效果的重要推力，当时包括粉丝数近200万的“@创意工坊”和粉丝数60万的知名杂志“@vista看天下”等知名博主转发，还有不计其数的企业经理人、媒体人、专业策划人的给力转发与高度评价。进行转发的各博主的总粉丝数预估超600万，短时间内形成网民搜索热词；在新浪微博上，有9587条关于“马桶编年史”的微博；甚至在搜狗上，出现了“马桶编年史”的搜索新词，在百度搜索上，关于“马桶编年史”的搜索结果有588000个。

【品牌效应】

1. 视频引发了大量评论，用户主动参与互动，和朋友分享，甚至进行搜索。

2. 借助视频，让特陶品牌成为了第一个做有中国人文历史味的马桶品牌。

3. 短短 6 周时间内，没有电视广告、没有传统媒介，却做到了传统品牌推广模式可能需要几百万几千万资金才能做到的事情。

【营销解析】

关于马桶有很多方面可以讲，但是大部分都被人讲过了，比如科技、文化、人文、情感等。但是，分析发现：

1. 所有马桶品牌的历史都小于马桶的历史；

2. 历史可以包含许多方面的题材。

于是，《马桶编年史》诞生了。经大量的研究分析，它要有这方面的内容：包括马桶的演变、马桶与名人、马桶的趣事、马桶的功能。这些知识点必须具有有趣、有益、好玩、熟悉却不了解、平常不平凡的特点。让用户对内容产生兴趣并留下深刻印象，引发反响、评论形成互动，乐于在人际中传播分享。

鉴于以上分析，《马桶编年史》的巨大成功，在于真正做到了以下几点：1. 巧妙地植入广告，实现品牌的到达；2. 做到被用户主动快速传播；3. 能建立不一样的品牌感知，形象鲜明，语速快，节奏强。

9.5.2 五粮春：演绎名门之秀

2007 年，由北京太阳圣火广告有限公司拍摄制作的白酒宣传片《爱到春潮滚滚来》，让五粮春成为当年白酒行业最名利双收的一家企业。

该片由著名导演童年、梁勇执导，付笛声、任静夫妇演唱，男女主角分别由李学东、黄圣依扮演，讲述了一对侠客情侣在世外桃源寻觅到五粮春的酿制竹舍，饮过选用上好甘泉、粮食精心酿造而成的五粮春后留恋驻足的故事。以音乐为背景，视觉影像为主轴，阐述了五粮春虽自立为隐者，然而“酒香不怕巷子深”，依旧吸引高雅之士慕名而来，更含蓄地表达了五粮春“系出名门，丽质天成”的特点。

【案例回放】

广告MV以竹林为背景，以雨声为开头，以流动的江水为依托，以一曲《爱到春潮滚滚来》为音乐，以一对男女的爱情故事为线索，衬托出五粮液的产地——四川宜宾市，也给了消费者一个明亮的声音：五粮液在水源上选择的精细。

片中侠客情侣在竹林相遇，又在竹林深处寻觅到酿酒竹舍，多次出现竹与酒的形象。从传统意义上来说，竹象征着生命、长寿、幸福和气节。竹和酒相遇，即有了淡泊坦然的隐士情怀。该片拍摄于四川“蜀南竹海”，正是五粮液集团所在地：宜宾。这里山水相伴，五谷生长，人和气顺，天、地、人得到完美结合。具有悠久历史的五粮液，也在酿酒行业继往开来和承前启后方面发挥着重要的作用，体现着大型企业的社会责任和人文情怀。

一段美妙的音乐，一帘美丽的风景，如诗如画般的MTV，清新、唯美、高清晰，令人惊艳、着迷。歌曲如精酿出的酒一样醇香，回味悠长。一对武林神仙眷侣竹林共舞，相视对饮！是一个令人惊艳的酒类广告艺术片。淡化了企业推广中的商业气息，增添了几分艺术气息和文化气息。不论场景、人物造型还是建筑物，都显露出一种古色古香的氛围。竹林、湖水，以及男女主人公的绿色汉服，白发老翁、年轻力壮的酒坊少年……更是让人耳目一新。

【品牌效应】

通过酒的浪漫爱情故事，以艺术唯美的文化表现出独特的产品文化与让人倾慕的品牌精神。五粮液借此实现企业形象、品牌档次、产品文化三位一体的提升，拉近与消费者的情感距离，巩固在行业中的领先地位。并带动销量持续增长：2009年五粮液收入突破百亿大关，2010年净利润达32.5亿元，同比大增79.45%，成为近三年净利润增幅最大的一年。

【营销解析】

1. 广告的创意：一首歌曲，一部MV，诠释了一个品牌的典雅，这样的广告，少见而引人入胜。

2. 广告意境优美，给人无限的遐想。MV中，男子和女子都身着绿色传统服饰，与竹林的绿相呼应，构成一幅唯美的画卷，在《爱到春潮滚滚来》的音乐衬托下，创造出一个优美的意境，给人以想象。他们恰似在嬉闹，却又好像在寻找着什么，给人以一种悬念，让人有想继续看下去的冲动。

3. 暗示：利用优美真实的情景，暗示产品的优势，纯美的爱情故事暗示产品的精神价值。一群壮年男子手提装满水的水桶，走过浮在清澈见底的江桥上时，就更让人觉得，五粮液酿酒选用水源的纯净与甘美。画面中，酿酒的过程，闪烁出古代中国人对酿酒技术的独到见解，再现了古代人们的聪明才智，更渲染出了“五粮液”历史的悠久。

4. 画面优美，尤其在色彩的运用上，翠绿的竹子，身着绿色汉服的男女主人公、白衣少年、蓝衣少女、德高望重的白衣长者，晶莹透白的酒坛子和酒瓶，勾起人们对美酒的向往。

5. 整个MV采用对仗的样式，凸显出一种平衡式的美感，男女不论在数量还是穿着上都是平衡的；男女在画面中出现和消失的方向也很对称，将画面切割得十分完美。尤其是置于大自然中，显示出自然悠闲和静态之美。作为一首广告歌曲，拍得十分完美。

6. 道家闲适神情自然流露。无论是装束还是衣着，都显示飘逸之美，这与宣传者——酒——要彰显的气质是很符合的，喝酒要的就是一种精神享受。

7. 整个MV运用的拍摄技巧恰到好处，慢摇，给人一种流离之感，使画面更加流畅。

8. 另外，一些自然流水和竹叶随风的声音，也给人以原生态的听觉享受。

9.5.3 康美之恋为何成功?

在著名企业音乐电视展播中，出现频率较高的大都是酒行业，医药行业做音乐电视广告的屈指可数。而康美药业不仅做了，还做得非常出色——许多之前对康美药业一无所知的观众，在欣赏完唯美文艺的音乐电视广告片后，不仅把药业的名字记住了，就连主题曲都唱得朗朗上口。仅从这一点，就足以看出康美药业在产品营销方面的实力。到底，这种成功是如何做到的呢?

【案例回放】

《康美之恋》是为广东康美药业股份有限公司制作的MTV音乐电视，由广东康美药业股份有限公司在2007年投资制作，在央视《著名企业音乐电视展播》中播出。《康美之恋》由影视明星李冰冰、任泉担纲主演，由著名作曲家王晓锋与著名导演童年全力打造，歌星谭晶演唱片中歌曲。作品风格优雅、情深意长，美妙动听的歌曲诉说着创业的信念与情怀，李冰冰与任泉在桂林神奇秀丽的山水间倾情演绎了一段相互爱恋、共同创业的感人故事。

【品牌效应】

1. 画面美

剧组汇集了国内一流的创作人才，组成了一百多人的摄制团队，三百多人的演出阵容，调用大批国际尖端的影视设备，整个拍摄串起了桂林的浪石滩、遇龙河、相公山、会同桥、老寨山以及中越边境德天瀑布等广西9大著名风景区。《康美之恋》中优美的画面如同人间仙境的设计也是别具匠心的：如今工作在城市里的人们早已厌烦了白天感受城市喧嚣，晚上回家打开电视却又是商业味浓郁的广告。而本广告以清新的天然美景满足了人们对自然山水的渴求。

2. 音乐美

可以说“一首歌火了一个广告”。本广告歌曲的演唱者是著名歌唱家谭晶，在这首歌中雨点慢慢飘落，河水潺潺而流，花苞柔情开放，情人的笑脸羞答答地张开。她极具韧性的声音，刚好把能把歌中的这种意境表现得恰到好处，诠释得迷人并富有诗意。

3. 情节美

以故事情节制造悬念，调动观众的收看欲望，关键时刻点明广告主题，以期达到既好看、又好记的目的。讲故事听故事，是人们最基本的阅读和欣赏习惯，广告若能满足人们的这一基本心理需求，其广告诉求就一定会实现。本广告的故事围绕一对青梅竹马的恋人共同创办“康美药业”这个主题展开，从最初的男子采药、配药，女子熬药、晒药，进行一道道精细而严密的制药工序，到最后“康美药业”正式开张和男女主人公婚庆双喜临门的完美结局，浓浓的情意正像歌词诉说的那样，“春秋十载，风雨人生写下爱的神话”。

4. 情感诉求

情感诉求是当代广告的一个重要审美取向。情感，实质上是一种审美的价值评价，这在《康美之恋》中也表现得恰到好处。仔细品味，这则广告在改变消费者的情感上使用的心理学原理非常值得学习。它在不直接影响消费者的信念或行为的条件下，利用条件反射（“康美药业”四个字在歌词与广告画面中的反复出现），将观众对广告本身的情感转移到企业品牌上，再加上在央视黄金时段黄金频道反复播出的强力推广，赢得观众对品牌的极大好感。

【营销解析】

感官上的唯美享受加以情感上的诉求，是《康美之恋》得以成功的最大秘诀。

1. 开创行业先河

音乐电视特色品牌形象识别体系在医药行业中，康美药业开创了先河。与一般广告相比，该片摆脱了直白的叫卖，广告创意不再是直接的产品广告和简单的纪录片式诉说，而是文艺唯美间接表达企业文化内核，可谓开药品行业之先河。在减弱广告商业信息的同时，巧妙地将商业广告与艺术创作结合在一起，再加上出色的AI

(《康美之恋》这首歌优雅动听的旋律和富有情感的歌词，是这则广告成功的重要元素之一）和VI（整个拍摄串起了桂林的浪石滩、相公山、会同桥、老寨山以及中越边境德天瀑布等广西9大著名风景区，画面唯美动人）设置，极好地宣传了企业文化精神理念。

2. 情感诉求

情感诉求是当代广告的一个重要审美取向。视觉、听觉所承担的都仅是感知层面，而感知所得的表象运动永远是沿着逻辑概念的路线前进，而无法进入以形象想象为思维特征的审美领域。

3. 名人效应的运用

药业行业广告大多采用名人效应的手法，尤其是产品广告，所以康美药业的广告片中名人元素并不是其独特之处，但是若没有名人的使用，效果会大打折扣。本则广告阵容强大，尤其是任泉、李冰冰、谭晶的加盟，其本身所具有的人气就已经吸引到众多的观众。不可否认，名人效应尤其形象健康的名人给企业带来的效益是不可小觑的。

4. 效果分析及面临的挑战

音乐电视广告这一独特的广告形式将影像艺术、明星效应、企业文化及电视媒体的普及等多方面优势整合在一起，成为品牌宣传攻势中的又一利器。另外，康美药业这些年坚持投放该系列的电视广告片也是其积累口碑，增加影响的因素之一。然而，这种新的广告形式也面临着诸多挑战，例如明星符号常常过于抢镜，从而夺走品牌的风头；播出时间临近午夜，减少大量受众收视等。因此综合考量，笔者提出如下建议：

1. 整合媒体传播策略。企业可以考虑整合媒体传播，实现信息的多点接触。之前播放时间是晚23：00后，这无疑减少了大批观众的收视。科学的媒体组合，能够整合不同的媒体传播优势，提高广告整体传播的效果。因此，除了投放适量电视广告外，可同时将多种传播媒体纳入企业传播和沟通活动的整体系统中，如利用广播广告、平面广告、户外广告对电视广告进行多元化整合。

2. 迎合受众细分趋势，聚焦目标受众群体。以康美后来的电视广告《国参传奇》为例，人参是相对高端的产品，那么投放就应瞄准高收入人群。未来广告将更为精细化，针对特定人群，反映特定人群的生活理想与思想形态，也将会更具有个性化的特征。按照传播学的观点，对受众进行细分，可以提高传播效力。因此，精准定位目标受众，不仅是广告人，也是营销人士需要考虑的问题。

9.5.4 新西兰航空的意外之旅

新西兰航空公司的乘机安全指南宣传片一直以新奇闻名，经常会出现新西兰名人和国际名流的面孔。但你一定不会想到，居然有一天还能看到电影中的奇幻人物来为你做安全示范。但是，他们确实做了…….

【案例回放】

2013 年年底，为吸引更多外籍游客光临新西兰，新西兰国家航空公司与《霍比特人》展开跨界合作推广，特意与全球知名的新西兰视觉特效公司威塔工作室合作，将一架波音 777-300 飞机“改装”成了霍比特人专用座机，让机组人员扮成《魔戒》中的经典人物，拍摄了一部创意十足的乘机安全宣传片。

许多看过《魔戒》和《霍比特人》系列电影的观众，惊喜地发现，在夜间飞行须知示范中，咕噜姆同学亲身上阵，演示如何在熄灯后找到自己的座位。

除此之外，大导演彼得 · 杰克逊也在宣传片中露了个脸。这部 5 分钟的宣传片让人不得不感慨，新西兰航空跨界营销做得真是好，有趣又有爱！

而借助《魔戒》的强大影响力，新西兰航空公司此片一出，乘客顿时耳目一新，兴趣大增，并直接带动了新西兰入境旅游大幅提升。

【品牌效应】

1. 这段 5 分钟长的影片上传至网上 24 小时内就吸引了 200 多万人点击。

2. 60% 的游客因为这次《霍比特人》宣传片对新西兰发生兴趣，一些中国游客也开始因为《霍比特人》或《指环王》而考虑到新西兰旅游。

3. 据新西兰旅游局的数据显示，通过去年电影《霍比特人：意外之旅》期间的市场宣传活动，82% 来自世界各地的调查受众都表示提高了自己对新西兰的兴趣和认识；而今年 1 月至 3 月入境的游客中，有 8.5% 表示，霍比特人三部曲正是吸引他们来到新西兰的主要原因。

【营销解析】

让我们来看看，此次宣传片营销有哪些独到之处。

1. 重金推广

为配合这一全新霍比特人主题短片的全球发布，新西兰航空特别推出“观看全新霍比特人主题短片，赢双人奇幻之旅”的线上推广活动。2013 年 11 月 20 日至 27 日，霍比特迷们只需登录新西兰航空活动页，观看短片后正确回答问题，即有机会赢得四个史诗级奖品的其中之一：三位得奖者将赢取双人往返美国洛杉矶之旅，并出席《霍比特人：史矛革之战》全球首映礼；一位得奖者将赢得新西兰五天的“双人奇幻之旅”，游历真正的中土世界，并且旅程包含机票、住宿及租车服务，十分诱人。

2. 用名人和电影效应推动旅游业

这部别开生面的安全宣传片一反千篇一律的乘机安全提醒，由机组人员和乘客扮演的电影人物全程演示了在飞机上需要注意的安全事项。无所不能的机智巫师——甘道夫在驾驶室里开飞机；精灵女王和精灵王子充当空乘，介绍飞机上的安全事项，如飞机起飞前需将个人的行李物品妥善放到行李架处，并保证电子设备处于关机状态等。在夜间飞行须知示范中，小怪物咕噜姆亲身上阵，演示如何在熄灯后找到自己的座位。除此之外，宣传片还请到了《魔戒》作者托尔金的后人参演乘客，连《魔戒》导演彼得·杰克逊也“屈尊露脸”，真可谓阵容强大。

新西兰航空公司市场营销和传播部总经理迈克·托德表示，以“霍比特人”（《魔戒》中的虚构民族）为主题的“万米高空的意外之旅”宣传片，再一次向全世界展示了新西兰人顶尖的创意才华。同时，让电影中的虚拟人物走出电影，出现在新西兰航空公司的安全宣传片上也是一个创举。新西兰航空亚洲区总经理鲍迅捷指出，新西兰航空公司航班上独特的霍比特人元素及来自“中土世界”的服务，让乘客在登机伊始就可以轻松感受到浓浓的中土风情，来到这个充满魅力的奇幻国度。

新媒体时代，微营销遍地开花！

微博是自媒体，微信则是兼具自媒体和用户管理的双重身份。微视呢？

微博是一对多，微信是一对一，更具有针对性。微视呢？

微博更偏向传统广告，微信则是真正的对话。微视呢？

微博的曝光率极低，微信的曝光率几乎是 100%。微视呢？

微博有点扰民，微信没有这个麻烦。微视呢？

微博是开放的扩散传播，而微信是私密空间内的闭环交流。微视呢？

微博是弱关系，微信是强关系，用户价值更高。微视呢？

微博是一种展示工具，微信是一种联络工具。微视呢？

微视营销，移动互联网时代下最值得我们思考的问题！

PART 10

“微”整合，
做“微”江湖霸主

10.1 “视”与“信”：朋友圈变“直播”圈

我们身边的微信

微信，相信大家都不会感到陌生。它是腾讯公司在 2011 年 1 月 21 日推出的一个为智能终端提供即时通信服务的免费应用程序。微信支持跨通信运营商、跨操作系统平台通过网络快速发送免费语音短信、视频、图片和文字，提供公众平台、朋友圈、消息推送等功能，用户可以通过“摇一摇”“搜索号码”“附近的人”“扫二维码”方式添加好友和关注公众平台，同时可以通过微信将内容分享给好友以及将用户看到的精彩内容分享到微信朋友圈。

相关数据资料显示，在微信营销后的一年多时间内，微信的用户数量就达到了庞大的 1 亿，截至 2013 年 11 月注册用户量已经突破 6 亿，发展堪称恐怖，毫无疑问，微信已经成了当下最火热的互联网聊天工具，是亚洲地区最大用户群体的移动即时通信软件。而且随着智能手机的逐渐普及，微信已经慢慢地从高收入群体走向大众化，几年之后，或许会出现这样的一个场景，中国智能手机软件市场上微信屹然占据了霸主地位，就类似于如今电脑聊天工具中的QQ地位一样，无法撼动。

悄然兴起的微信营销

微信作为时下最热门的社交信息平台，也是移动端的一大入口，正在演变成为一大商业交易平台。伴随着微信的火热，微信营销作为网络经济时代企业营销模式的一种创新发展起来。认为微信营销具有优势的传统观点是怎样的？微信不存在距离的限制，用户注册微信后，可与周围同样注册的“朋友”形成一种联系；用户订阅自己所需的信息，商家通过提供用户需要的信息，推广自己的产品，从而实现点对点的营销，微信深度运营，成为企业最忠实的粉丝群体；微信里产生的用户口碑传播出去，让更多的人了解，甚至形成“事件营销”。基于微信的种种优势，借助微信平台开展客户服务营销也成为继微博之后的又一新兴营销渠道，餐饮行业、房地产行业、汽车行业、电商行业、婚庆行业、酒店行业、服务行业等众多行业都视微信为掌中宝。

微信营销弊端已现

曾经有媒体这样比喻，“微信 1 万个听众相当于新浪微博的 100 万粉丝”，之所以有这句话，是因为人们认为微信的用户一定是真实的、私密的、有价值的，区别于微博、博客存在很多无关粉丝，不能真真实实地带来客户；而且微信具有很强的互动及时性，无论人在哪里，只要带着手机，就能够很轻松地同你未来的客户进行很好的互动。

殊不知，在日新月异的互联网时代，虽然说微信营销目标针对性更高，但是微信营销存在的问题和弊端却也不少，例如僵尸粉、隐私等。很多营销大师常常会把“微博粉丝虽然多，但是会有僵尸粉，而微信就可以杜绝这个问题”作为吹捧微信的理由，实际上呢？微信虽然是基于手机的真实信息，可一旦人们加了你的微信同时也可以取消啊，一旦过了新鲜感，谁都可以取消谁；人们关注你是因为他们想了解你，一旦你对人们没有意义，或者说没有价值，人们就会抛弃你。可能一个信息推送不当，就会造成粉丝快速消失。其实现实很残酷，因为对于微信来说也只不过是个应用而已。

所以说，营销大师们口中的微信只不过是个吸粉工具罢了，前提还是你真的能吸引来粉丝。如果你连吸粉的个中玄机都没道破，那么所谓的微信营销基本与你没有任何关系了。微信是吸粉工具，那么微信营销从何赢利呢？粉丝的转化率很重要。粉丝也好，流量也罢，能变现才是王道，而让这一切变现的重要因素都在传播内容上，没有好的内容，你顶多只能把人引来，却无法把人留住。

微信做不到的那些事，让微视帮你实现

鉴于微信营销的粉丝转化率低，变现不高，更加突显出微视营销的优势。移动互联网时代下，信息碎片化趋势严重，对于视频来说，人们很难将一部长达 90 分钟的影片分秒不落地看完，而微视作为短视频的代表恰恰解决了这一麻烦，短短 8 秒或者短短几分钟，内容又充满了搞笑、创意等看点，就算连续向用户推送几条，在强大的视觉冲击下，也不会令用户感到厌烦，从而避免粉丝的流失。

相比于微信，微视能容纳更丰富的信息，易于品牌植入，达到润物细无声的营销效果；更易于嫁接创意，使营销本身成为一个优质内容，避免营销副作用产生；WiFi环境下自动循环播放的功能大大增强了用户印象；视频的模仿效应，使优质内容易激起用户的深度参与热情，形成热门标签话题；分享性使视频传播力更为广泛，极易形成病毒式传播；最后一点也是最值得说的一点是相较传统视频广告，它的制作成本更低。

早在2013年的10月29日，也就是微视刚刚上线一个月的时候，微视与微信的深度整合就引起了业内的极大关注。除了双方账号打通外，微信最新升级的加号功能在会话窗口里对应用进行整合，将微视列入第一默认应用进行推荐。在微信的好友会话里，用户点击“应用”还可将微视分享给好友，支持拍摄和选择已有微视两种方式。无疑，与微信账号打通，更加丰富了微信的表现力。

10.2 “视”与“博”：图文终会进化为视频

从神坛走下来的微博

微博曾是最火热的即时社交工具与平台之一，微博自其成立之初，就凭借着得天独厚的传播优势占据着很大一部分营销市场。到2013年上半年，新浪微博的注册用户达到5.36亿，相当于1/3的中国人在使用它。明星大腕、政府官员、都市白领、在校师生，无一例外地都在使用微博，它的高覆盖性让传播变得更加便捷。

好景不长，2014年的1月16日，中国互联网络信息中心（CNNIC）在京发布的第33次《中国互联网络发展状况统计报告》中显示，2013年微博用户规模较2012年年底减少2783万，微博使用率比上年降低9.2%，而整体即时通信用户规模在移动端的推动下提升至5.32亿。

红极一时的微博营销

微博营销以微博作为营销平台，每一个听众（粉丝）都是潜在营销对象，企业利用更新自己的微型博客向网友传播企业信息、产品信息，树立良好的企业形象和产品形象。每天更新内容就可以跟大家交流互动，或者发布大家感兴趣的话题，这样来达到营销的目的，这样的方式就是新兴的微博营销。该营销方式注重价值的传递、内容的互动、系统的布局、准确的定位，微博的火热发展也使得其营销效果尤为显著。微博营销涉及的范围包括认证、有效粉丝、话题、名博、开放平台、整体运营等，当然，微博营销也有其缺点：有效粉丝数不足、微博内容更新过快等等，众多缺点早已使得当今的微博营销走下坡路。

微博营销为何日落西山

微博的用户为什么流失，微博营销为什么利润减少，以下几点劣势不容忽视。

1. 用户转化率低下。很多微博粉丝数字看起来很动人，实际上多数时候这些数字都是浮云，有购买需求且有购买力的用户根本没几个，绝大多数人是盲目的，如果你是通过相互关注的方式获得的粉丝，那么多数时候这些粉丝还不会在乎你的微博内容是什么，这便是为什么很多粉丝上万的微博主发出微博却只有一两次的转发，这说明关注你的人未必是真的关注你的微博内容。

2. 僵尸粉横行。 现在的新浪微博上面的僵尸微博数量简直不计其数，我敢肯定，转发数高的微博的博主有不少是刷粉丝起来的，简单来说那些粉丝都是工具实现的，所以，如果你准备找人转发微博，不要迷信僵尸微博转发的效果，现在有人可以给你保证，一天转发一千次，实际上如果都是僵尸微博转发，那么一天一万次甚至上千万次都是没有任何效果的。

3. 微博营销效果难测评。利用微博营销的企业中，线下企业的数量远胜过线上企业的数量。线上企业的网页、网店与微博平台能够实现无缝对接，其测量较为简易，但是线下企业的微博营销的效果测量就比较复杂，用户的行为转化难以测知，这恐怕不是网络技术力所能及的了。而且企业的营销推广渠道广多，究竟效果是否来自微博也未可知。除非对消费者进行访谈或问卷调查，但影响是多方面的综合，许多时候消费者自己都很难说清其行为的影响源或根本就无法回忆。

4. 可靠性受质疑。微博营销作为网络营销的一种是受到质疑的，网络媒体在公众心目中的可靠性远远不及传统媒体，诚信危机日益突出的当代社会，要想网友凭你140个字为你的产品或者服务埋单，恐怕有点困难吧。

5. 文笔要求过高。如何在140字的限制之下在保证趣味性、可读性、真实性的前提下将所要表达的商业信息淋漓尽致地传达出来，名副其实地将商业写手和莎士比亚拉到了同一水平线上。

微博做不到的那些事让微视帮你实现

面对这诸多弊端，如何行之有效地推广产品和服务，实现成功营销呢？微视营销，应运而生。微视营销比之微博营销的创新和优势体现在以下几点：

1. 用户体验。微视的视频不仅仅可以公开分享，有的视频也可以只分享给特定的用户。为用户提供一个分享的私密性，会让用户拍摄视频有更多的自由空间。这方面的创新会成为微视在产品层面不断改进的方向，通过增加分享的多种选择性从而提高用户体验，更容易被众多的用户接受。

2. 表现形式的创新。当前的社交平台例如微博、微信等基本上都是文字、图片、语音等的分享，而微视是一种以“动态社交语言”为载体的“V社交”（Video社交）概念，来开启移动社交的另一种可能，是对常规社交平台的一个补充，精彩的创意和丰富的内容展现形式可以让分享变得更加具有趣味性。

3. 可靠性强。微视通过8秒的短视频表现主题，将用户所想要表达的信息都融合到可观、可感、可靠性强的视频当中，无论是视觉冲击力，还是让人信服的程度，都明显更上一层楼。

4. 病毒式的传播性。现在的互联网经济是内容为王，不会有网友为你没有营养的文字免费转发。想要让广告大面积、高速度的传播，广告内容一定是要网友喜欢和可接受的，从而形成病毒式传播，有了曝光度，产品的销路还用愁吗？

双微合作互通有无

有人把微视比喻成能拍8秒视频的视频微博，相对于文字输入的耗时耗力以及图片上传过程中的不断转换，微视集视频拍摄与分享于一体，这就意味着你能够实现快速分享；微视还首创了原发与转发分离模式，每次转发都会留下对方的名字，解决了此前社交应用产品中原发内容分享后被抄袭的问题；微视的分段拍摄功能，则能够让简单的8秒拍摄变幻出魔术、搞怪等不同的创意视频，大大增强了产品的可玩性。

短视频大量出现在腾讯微博上，正是由于微视与腾讯微博已经相互打通，用户不仅可以分享短视频到腾讯微博，还可以发送名片到腾讯微博，邀请好友关注，让你身边的人随时看到你的动态，通过强弱关系链的作用，引爆话题点。这种相互打通，显示出腾讯微博与微视的关系是补充、加强及升级的关系。从微博到微视的迭代，实际上是社交方式从图文到视频的升级，内容表现上更加直观，丰富了腾讯微博的表现力，也进一步提升了其媒体属性。

在今年两会上，国务院开通了官方微视中国政府网，首次视频征集网友建议，并在腾讯微博平台进行转载，微视用户直线上升，并迅速成为两会的亮点。而大批媒体记者也利用腾讯微博和微视双平台对两会进行直播，新颖的报道形式让网民直呼过瘾。包括中新网在内的多家媒体通过与微视深度合作，不仅在微视中开设官微，更是将微视重点内容放到腾讯微博官方账号上，让更多网民参与到讨论中来，让报道鲜活起来，获得了不错的效果。

在国外，微博与微视频进行互通早已不是新鲜事，Twitter在Vine推出之前就将其收购，正是看中微视频这个细分市场的巨大潜力。相关数据显示，目前微视用户拍摄的微视作品有高达19%都会同步到腾讯微博进行分享，借助与微视之间的互通、互动，腾讯微博在用户体验上提升明显，有效刺激和促进了双平台的正向发展。也有业内专家表示："微视的意义在于打破了当前的社交产品形态，实现了从文字、图片到视频的升级，也增添了更丰富的社交元素。"

4G已到来，作为短视频代表的微视对于腾讯微博的意义表现将更为明显，成熟的网络环境将为腾讯微博和微视提供更多的延展层面，让这里的社交氛围更加活跃，借助移动短视频本身在内容方面的优势，这个共通平台上的社交形态会产生不可替代的价值。

10.3 "视"与"媒"：搭台唱戏，自己做主角！

十几年前，是互联网时代，有自己PC网站的企业，就成功了。

七八年前，是WAP时代，有自己的WAP网站的企业，也成功了。

现在，是移动互联网时代，即使企业有自己的PC网站及WAP网站，也无法在这个时代脱颖而出了，想要依靠企业PC网站或WAP网站在移动互联网市场分得一杯羹，显然不可能了！

现今的互联网上，微博、博客、微信、论坛、贴吧等都是企业关注的营销"面包"，每一种营销渠道的出现必然带动行业小浪潮。以互联网为载体，以符合网络传播的方法和理念来展开实施的营销活动，成为企业延伸品牌的公信度与品牌影响力、增强经济效益的有效途径。整合营销正切合当下企业营销需求，达到最佳营销效果，是领先的营销方式，未来也将主宰互联网营销。

就如微视的运营中借鉴了微信的一些成功运营经验，同一账号登录，通过微信、手机QQ可以直接调用微视，同时，微视视频可以在QQ、微博、微信等各种平台自由流转。微视基本可以实现全平台的应用。凭着8秒视频的多平台分享、分段拍摄的魔术创意功能以及聚集了娱乐、搞怪等各种应用特点，微视已经在用户中形成了独特的风格个性，成为移动社交新宠儿。

其实，这种基于开放社交关系链的短视频应用在国外早已流行，如Twitter的Vine，Facebook的Instagram，已经聚拢了千万级用户群并开始商业化尝试。在业内看来，微视的意义在于打破了当前的社交产品形态，实现了从文字、图片到视频的升级，也增添了更丰富的社交元素。但从更多的社交层面来看，微视的出现或许还预示着更多的社交潮流趋势。

互联网刚兴起时，网络社交是以聊天室、BBS、QQ为主，前几年，开心网、人人网等SNS社区异常火爆，随后，微博、微信成为80后、90后这类社交人群的主要社交应用。今年，因为有图有声有表情的差异化特点，能够传递更及时、更丰富的信息，微视又成了新的社交分享平台。虽然，微视的发展还要受制于国内的网络硬件环境，但随着3G、4G网络以及各个城市WiFi热点的普及，这一切将变得更加简单，“微视圈子”正在快速发展。

不单单是微视，乐视、PPTV、腾讯视频、爱奇艺、优酷、PPS，都陆续推出了自家的App，而且社交网络巨头Facebook也在今年7月初宣布，公司已与视频广告技术公司LiveRail达成了收购协议，以进一步拓展其在线视频广告业务。

这些事实说明了什么？说明了移动视频这块蛋糕大家都在争，味道香甜而体积庞大的蛋糕，试问谁会不想分一杯羹呢？

而微视作为其中最为闪耀的一颗星，将在未来几年之内完成在移动短视频领域的品牌塑造，成为领航旗舰。

PC视频用户开始流失，超3成视频用户将转至移动端。

全天收视时段：PC、平板、手机各占6个，电视优势时段仅占2个！

周视频观看小时数：PC ∶ 电视 ∶ 平板 ∶ 手机=12.6 ∶ 9 ∶ 8.3 ∶ 7.2，跨屏观看趋势明显，不同终端重合用户比例渐增。

———DCCI：中国网络视频蓝皮书

这组数据也有力地证明了移动视频领域全面发力，尤其以微视为主导的微视频分享社交平台，将毫无疑问地成为移动互联网营销的新贵。

微视发力，搭台唱戏，这戏台，微博、微信等工具已经搭好了，吸粉也吸来了，关注也有了，观众买好了票坐下了，下面需要什么呢?

演戏!

微视的角色就是戏子，微营销的主角将很快浮出水面，在内容为王的年代里，微视会利用8秒短视频原创性高、病毒传播性强等特性迅速占领新营销市场，掌握微视营销的技术，主导你自己的人生。